アプローチ法学入門

編
山川　一陽
根田　正樹
和知賢太郎

弘文堂

はしがき

　はじめて法律を学ぶということは、それが専門の学問であるということからなかなか大変である。これを教える立場からしてもここで教えなければならない情報量なども膨大なものにおよぶところから、そのすべてにわたって丹念に触れていくことは不可能であるし、法律を学ぶに際して当然に知っていなければならないことなどのひとつひとつに触れていくことも困難である。そこで、法律学という専門科目を学んでいく前提となったり、あるいは各法律の狭間にありこれを結びつけるものなどについて各法律専門科目の講義において触れていくこともむづかしいところである。そこでこのような法律専門科目を勉強するにあたってどうしても必要となる諸知識については法学の講義のなかで取り上げられることになる。その意味からすれば法学という学問はいわゆる教養科目の勉強から専門科目である法律学研究へのかけ橋となるものという位置づけをすることができるであろう。ここで予定されている「法学」はこれに引き続きあるいはこれと並行して法律専門科目を勉強することを前提として編集されたものである。

　また最近の法学部においては法学という科目について振り当てられる時間が比較的短いものとされてきているようである。このような状況にあって法学の授業に期待されることはその学問的な価値を維持しつつ、必要最小限度の知識を講義することが要求されることになる。そこで本書は、このような目的に従ってかなり内容的にも無駄のない必要最小限度の問題にしぼった形での編集がされている。執筆者についても次代を担い新たな問題意識を有している研究者に加わって頂き、本書ないし法学という学問の将来への発展を期待することとした。

　本書が、多くの読者の学問的な意欲を向上させ、活用されることを期待したい。

　　2017年1月

　　　　　　　　　　　　　　　　　　　　　　　　　　　　編　者

◆ 目　　次 ◆

第 *1* 編　法 と は……なんのために法はあるか

第1章　法とは何か……………………………………………………*1*
1 ．法の概念………………………………………………………*1*
［ 1 ］　「法」の意義……*1*
［ 2 ］　常識から見た法（Rule）……*1*

第2章　法 の 意 義……………………………………………………*3*
［ 3 ］　法の定義……*3*
［ 4 ］　政治的に組織化された社会における存在であること……*4*
［ 5 ］　社会の構成員により法としての承認を受けるものであること……*4*
［ 6 ］　客観的強行性の必要性……*5*

第3章　機能から見た法の類型………………………………………*5*
［ 7 ］　法の類型と機能……*5*
［ 8 ］　行為規範としての法……*5*
［ 9 ］　裁判規範としての法……*7*
［10］　組織規範としての法……*8*
［11］　法規範の構造はどうなっているか……*8*
［12］　権力と法……*9*

第4章　社会規範としての法…………………………………………*10*
［13］　社会とルールの関係……*10*
［14］　国家社会と法……*11*
［15］　社会規範の特徴……*12*

第5章　法とその他の社会規範………………………………………*15*
［16］　社会規範と行為規範……*15*
［17］　法と慣習……*17*
［18］　法と宗教……*19*
［19］　法と道徳……*20*
［20］　法と道徳の差異……*22*

第2編　法の形式

第1章　国家機関が制定する法 …………………………………………25

1．制定法の意味と存在理由 …………………………………………25
- [21] 制定法の意味……25
- [22] 制定法の存在理由……26

2．制定法の種類 ………………………………………………………27
- [23] 制定法の種類を確認することの意味……27
- [24] 制定法の種類……27

3．制定法相互間の効力関係 …………………………………………31
- [25] 制定法相互間の効力関係……31
- [26] 制定法の段階構造（「上位の法規範は下位の法規範に優先する」）……32
- [27] 同格の制定法相互関係……35
- [28] 一般法と特別法との関係……35

第2章　社会の慣習や裁判などから生まれる法（不文法）…………38

1．慣習法（法たる慣習）………………………………………………38
- [29] 不文法としての慣習法……38
- [30] 慣習法の要件……39
- [31] 慣習（事実たる慣習）……41
- [32] 「法たる慣習」と「事実たる慣習」……42
- [33] 任意法規と強行法規……45
- [34] 現代における慣習法……46

2．判例法 ………………………………………………………………47
- [35] 裁判の機能と判例……47
- [36] 具体的な判例……51

3．行政先例 ……………………………………………………………53
- [37] 行政先例（判例に類するもの）……53

第3編　法と法学の歴史……法がたどってきたみち

第1章　原始法と法の発展 ……………………………………………55
- [38] 原始法の特色……55
- [39] 社会の組織化にともなう法の変遷……56

第2章　古代・中世の法と法学 …………………………… 56

[40] ローマ法……56
[41] ローマ法とゲルマン法……58
[42] ローマ法の復活……58
[43] カノン法（教会法）……59

第3章　近世大陸法の発展 ……………………………… 60

[44] ローマ法の継受……60
[45] 法典編纂へ……61
[46] 各国における法典編纂など……62
[47] フランス民法典の成立……62
[48] ドイツ民法典の編纂……63
[49] ドイツ民法典の成立……65
[50] その他の諸外国……66
[51] ヨーロッパ大陸法学のその後……66
[52] EC（EU）法の展開……68

第4章　英米法とその発展 ……………………………… 69

[53] イギリス法の歴史と発展……69
[54] アメリカ法の歴史と発展……72

第5章　日本の法と法学の発展（日本における西欧法典継受） ………74

[55] 不平等条約と民法制定の必要性……74
[56] 法学教育……76
[57] 法典編纂……77
[58] 刑法・刑事訴訟法典の成立……78
[59] ドイツとドイツ法への傾倒……79
[60] 大日本帝国憲法の成立……80
[61] 民法典の成立……81
[62] 法典論争と旧民法の敗退……82
[63] 旧民法の敗退後の民法編纂……85
[64] その他の法典の編纂……85

第6章　日本における法典編纂以降の法学の進展 ……………… 86

[65] 法典編纂から法典解釈へ……86

［66］　概念法学の発生と展開……*87*
　　　［67］　自由法論の発生と展開……*89*
　　　［68］　法社会学への発展……*91*
　　　［69］　社会主義法学……*92*
　　　［70］　全体主義法学から戦争へ……*92*

第7章　戦後法学の概観……………………………………………………*93*
　　　［71］　戦後におけるアメリカ法の影響……*93*
　　　［72］　世界の法の影響下の日本法……*94*

第4編　法の内容……どのような法が作られてきたか

第1章　市民生活に関する法（近代的市民法成立の基礎）…………*95*
　　　［73］　市民生活と法……*95*
　　　［74］　近代的市民法としての民法の成立……*95*
　　　［75］　近代的資本主義国家の成立……*96*
　　　［76］　個人主義法制の確立……*97*
　　　［77］　近代市民法における基本原理……*98*
　　　［78］　家族法に関する基本原理……*101*
　　　［79］　基本原理とその修正的発展……*101*
　　　［80］　所有権の絶対性と権利の濫用……*102*

第2章　現代資本主義社会の法 ……………………………………… *105*
1．市民社会から現代社会へ……………………………………………… *105*
　　　［81］　産業革命……*105*
　　　［82］　近代市民社会……*105*
　　　［83］　近代市民社会と近代法……*106*
　　　［84］　私法と公法の分化……*106*
　　　［85］　独占資本主義……*107*
　　　［86］　独占資本主義の修正としての現代法……*107*
2．憲法上の生存権・社会権 …………………………………………… *108*
3．労働法 ………………………………………………………………… *109*
　　　［87］　雇用関係と労働法……*109*
　　　［88］　労働法の歴史……*109*
　　　［89］　労働基準法……*110*

［90］労働基準法の基本原則……*110*
　　　［91］労働基準法の規定内容……*110*
　　　［92］労働組合法の意義……*111*
　　　［93］労働組合の資格要件……*112*
　　　［94］不当労働行為の種類とその対応……*112*
　　　［95］労働協約……*112*
　　　［96］労働争議の種類とその効果……*113*
　　　［97］労働関係調整法の意義……*113*
　　　［98］労働委員会の役割……*114*
　4．経済法 ………………………………………………………… *115*
　　　［99］経済法の意義……*115*
　　　［100］独占禁止法の意義……*115*
　　　［101］独占禁止法の規制行為……*115*
　　　［102］独占禁止法のサンクション……*116*
　　　［103］公正取引委員会……*116*
　5．社会保障法 ………………………………………………… *116*
　　　［104］社会保障制度……*116*
　　　［105］公的扶助……*117*
　　　［106］生活保護法の基本原理……*117*
　　　［107］生活保護の種類と方法……*117*
　　　［108］社会保険……*118*
　　　［109］社会手当……*118*
　　　［110］社会福祉……*119*

第3章　犯罪と刑罰に関する法 ……………………………… *121*
1．刑法の構成と社会的機能 ………………………………… *121*
　　　［111］刑法典……*121*
　　　［112］特別刑法……*121*
　　　［113］刑事訴訟法……*122*
　　　［114］矯正および保護法……*122*
　　　［115］刑法の社会的機能……*122*
2．刑罰の内容と本質 ………………………………………… *123*
　　　［116］刑罰の内容……*123*
　　　［117］生命刑……*124*

　　　　[118]　自由刑……*124*
　　　　[119]　財産刑……*125*
　　　　[120]　刑の執行猶予……*126*
　　　　[121]　刑罰の本質……*127*
　3．刑法の基本原理 ……………………………………………… *128*
　　　　[122]　罪刑法定主義の意義……*128*
　　　　[123]　罪刑法定主義の沿革……*129*
　　　　[124]　罪刑法定主義の派生原則……*130*
　4．犯罪の成立要件 ……………………………………………… *132*
　　　　[125]　犯罪の成立要件の意味……*132*
　　　　[126]　人の行為……*133*
　　　　[127]　構成要件該当性……*133*
　　　　[128]　違法性……*135*
　　　　[129]　有責性……*137*

第4章　国家の組織と作用に関する法（近代憲法の仕組み） ……… *138*

　1．国家と憲法 …………………………………………………… *138*
　　　　[130]　国家と憲法……*138*
　2．近代憲法 ……………………………………………………… *139*
　　　　[131]　近代憲法の意味……*139*
　　　　[132]　形式的意味の憲法と実質的意味の憲法……*139*
　　　　[133]　近代憲法の歴史……*140*
　　　　[134]　日本における近代憲法の導入……*142*
　　　　[135]　近代憲法の変容……*143*
　3．日本国憲法の基本原理 ……………………………………… *144*
　　　　[136]　国民主権……*144*
　　　　[137]　代表民主制……*146*
　　　　[138]　人権保障……*147*
　　　　[139]　日本国憲法の人権の体系……*148*
　　　　[140]　権力分立……*150*
　　　　[141]　法の支配……*151*
　　　　[142]　平和主義……*152*

4. 人権の総則的規定 … 153
- [143] 人権の享有主体……153
- [144] 外国人の人権……153
- [145] 人権保障と不可侵性……154
- [146] 個人の尊重と幸福追求権……155
- [147] 法の下の平等……157

5. 自由権 … 160
- [148] 精神的自由……160
- [149] 経済的活動の自由……165
- [150] 人身の自由……167

6. 社会権・国務請求権・参政権 … 171
- [151] 社会権……171
- [152] 国務請求権……174
- [153] 参政権……176

7. 国　会 … 178
- [154] 権力分立制の現代的変容……178
- [155] 国会の地位……178
- [156] 国会の組織……179
- [157] 国会の活動……181
- [158] 国会議員の地位と権能……184
- [159] 国会および議院の権能……185

8. 内　閣 … 187
- [160] 議院内閣制……187
- [161] 内閣の地位……188
- [162] 内閣の組織……188
- [163] 内閣の権能と責任……190

第5編　法の解釈

第1章　法の解釈の意味 … 193

1. 法の適用過程としての法的三段論法 … 193
- [164] 裁判による紛争解決と法的三段論法……193
- [165] 意味としての法規範とその表現形象としての法文……193

2. 法的三段論法における法の解釈と事実の認定 …… *194*
- [166] 〈要件＝効果〉図式としての法文の構造…… *194*
- [167] 法の適用過程に表われる法の解釈と事実の認定…… *194*

第2章　法の解釈の必要性 …… *195*

1. 理論面からの考察 …… *195*
- [168] 法文の性質の問題…… *195*
- [169] 法文の一般性・抽象性…… *195*
- [170] 法文の欠缺…… *197*
- [171] 法規範の修正…… *197*

2. 実践面からの考察 …… *198*

第3章　法解釈の方法 …… *199*

1. 言葉のなりたち（概念論） …… *199*
- [172] 概念論の整理…… *199*
- [173] 概念における内包と外延、それらの関係…… *199*
- [174] 法文における概念の内包と外延との関係…… *200*

2. 法の解釈の方法 …… *200*
- [175] 法解釈の出発点としての文理解釈…… *200*
- [176] 文理解釈を修正する解釈の技法…… *201*
- [177] 法的文脈を考慮する解釈方法…… *203*

3. 法解釈の二つの要請：法的安定性と具体的妥当性 …… *206*
- [178] 法的安定性と具体的妥当性との調和の要請…… *206*

第4章　事実の認定 …… *206*

1. 事実認定の意味 …… *206*
- [179] 事実認定の意味…… *206*

2. 事実認定における裁判官の自由心証主義とその基準 …… *207*
- [180] 事実認定の決定主体である裁判官…… *207*
- [181] 事実認定の基準…… *208*

第6編　法の適用……法に基づく紛争の解決

第1章　憲法訴訟の仕組み……211
1．司法権……211
- ［182］　紛争解決と法……211
- ［183］　司法権の意義……212
- ［184］　司法権の限界……213
- ［185］　司法権の主体……214

2．訴訟の類型……217
- ［186］　民事訴訟・刑事訴訟・行政訴訟……217
- ［187］　行政救済と行政訴訟……217

3．憲法訴訟……221
- ［188］　違憲審査制……221
- ［189］　憲法訴訟の具体例……222
- ［190］　違憲審査の対象……223
- ［191］　違憲審査の方法と基準……224
- ［192］　違憲審査の効力……226

第2章　民事裁判の仕組み……228
1．実体法と訴訟法……228
- ［193］　法の役割……228

2．民事裁判の手続……229
- ［194］　訴訟の開始……229

3．訴訟の審理……230
- ［195］　口頭弁論……230
- ［196］　立証と証拠……231
- ［197］　少額訴訟制度の創設……233

4．訴訟手続の終了……234
- ［198］　判決とその効力……234

5．上訴・再審制度……235
- ［199］　三審制の機能……235
- ［200］　再審……236
- ［201］　再審と上訴……236

6. 執行手続 …………………………………………………………… 236
　　［202］　執行手続の迅速性と確実性……236
　　［203］　執行手続……237
7. 民事裁判の基本原理 …………………………………………… 238
　　［204］　処分権主義……238
　　［205］　弁論主義と職権主義……239
　　［206］　弁論主義の具体的な内容……239
　　［207］　その他の諸原則の内容……240
　　［208］　直接主義……240
　　［209］　口頭主義……240

第3章　刑事手続の仕組み ……………………………………… 242
1. 刑事手続とは何か ………………………………………………… 242
　　［210］　刑法と刑事訴訟法……242
　　［211］　刑事訴訟法とは……242
　　［212］　刑事訴訟法と憲法……243
2. 刑事訴訟法の基本原理 ………………………………………… 244
　　［213］　刑事訴訟法の目的……244
　　［214］　当事者主義と職権主義……244
3. 刑事手続の流れ ………………………………………………… 245
　　［215］　犯罪の発生から刑の執行まで……245
　　［216］　刑事事件処理の実態……246
　　［217］　刑事手続の主体……246
　　［218］　犯罪の被害者……248
4. 捜　査 …………………………………………………………… 248
　　［219］　捜査のあらまし……248
　　［220］　任意捜査と強制捜査……249
　　［221］　被疑者の取調べ……250
5. 公　訴 …………………………………………………………… 250
　　［222］　国家訴追主義と起訴便宜主義……250
　　［223］　訴訟条件……251
　　［224］　公訴の提起……252

6．公判と証拠……252
- ［225］公判手続の諸原則……252
- ［226］公判の準備手続……253
- ［227］公判手続の流れ……254
- ［228］証拠裁判の意義……255

7．裁判と救済手続……257
- ［229］裁判とは……257
- ［230］裁判の効力と執行……257
- ［231］救済手続……258

8．国民の司法参加……258
- ［232］刑事司法と国民……258
- ［233］検察審査会制度……258
- ［234］裁判員制度……259

参考文献……261
事項索引……262

第1編　法　と　は
……なんのために法はあるか

第1章　法とは何か

1．法の概念

[1]　**「法」の意義**　法学において取り扱われる問題ないし対象といえば当然のことながら法ということになる。そこで、まず、この法とは一体どのようなものかを考えておくことにする。簡単に「法」というが、法とは何かということは容易に把握することができる問題ではなく、法学での各種の問題が十分に検討されることによってはじめて理解することができる問題であるといっていいであろう。この法概念について、カント Immanuel Kant（1724～1804）が「法学者はいまもなお法という概念に対して定義を求めている」といっているし、田中耕太郎も、「法の完全な定義を下すことはほとんど不可能である」といっているくらいである。

[2]　**常識から見た法**（Rule）　ここでは「法」（Rule）という問題について、法学という特殊な観点からする検討の前に常識的な角度からこれを見ておくことにしたい。広い意味での「法」という言葉はいろいろの角度からの検討をすることができる。法ないし法則というものを常識的に見れば、①自然科学的な側面からの法則、②経済法則などの社会法則、③法学でとりあげる法律法則などがあるということができよう。そこで、この①、②の法則についていえば、これには共通性があ

り、人間が一定の努力をしないでも当然にその法則に従った一定の結果が生じてくるということを指摘することができる。

そして、これとは反対に、③についていえば、人間の努力なくしてはその法則に従った結論を得ることができなくなるのが普通であるという点を指摘することができ、この点において①、②と大きく異なっている。具体的にこの問題をみれば、木から離れたりんごは真直に落下するという法則があるし（万有引力の法則）、「悪貨は良貨を駆逐する」（グレッシャムの法則）という経済法則も普遍的なルールである。もっとも、この両者の間には差異がないわけではなく、前者は、人間の社会とかかわりなく実現されるものであるが、後者は人間社会とのかかわりで生じるルールであるということができる。後者にあっては、前者のルールと異なり、例外なきものというわけではない。しかし、後者もこれを長期的、大量的な観察をすれば必然的なルールとなることもまた否定することができない。つまり、この両法則については人間の努力というものによってこれに変化を与えることはできないものといってもいいであろう。ところが法律法則は、それが人間社会において行われなければならない法則であり、人間の努力によってのみその法則に従った結論を維持することができることになるものである。つまり、法律法則は守られなければならないものではあるが、人間がこれが守られるべく努力をしないならばむしろその法則とは異なった現象が生じてくるとさえいえるのである。この法律法則は、後にも述べるように、「法規範」*と呼ばれる。ホッブス Thomas Hobbes (1588〜1679) がいうように、人間社会が「万人の万人に対する闘争」というように理解されるかぎり、この法律法則がいかに「盗むなかれ」とか「殺すなかれ」などと規定してみても、結果的には逆の方向をたどることにさえなりかねない。このように法律法則というものは、人間の意識的な努力によって初めて実現・維持されるルールであるということができる。法学を学ぶに際して、このような法律法則の特色とその他の法則との相違点というものを頭に置くことが必要となる。

＊　**法規範**　　規範という用語は一種の哲学用語でありむずかしい言語であるが、ものごとの判断や評価、行動などの基準となるものという意味である。

第2章　法　の　意　義

[3]　**法の定義**　　法学を学ぶにあたって、法は社会生活の基準であるという漠然とした把握をすることは困難ではない。いかなる社会であっても、それが人間の生活する社会であるならば、社会生活を営むにあたって「かくなすべきである」とか「かくなすべきではない」とする行動の基準となる準則が存在することは否定することができない。それが、自然発生的に生じたものであろうと、人為的に生じてきたものであろうとを問わずにである。このような社会生活の行動基準となるものや準則のことを「社会規範」と呼ぶことができるであろう。この社会規範に該当するものには様々なものがある。この社会規範に該当するものとしては法はもちろんのこと、道徳、宗教、慣習などさまざまである。このようなことを前提に、法についての概念を求めるとすれば、法とは人間が社会生活を送っていくために守らねばならない規範であるということができるであろう。しかし、法の概念について正確に把握しようとするとなると、その概念についての理解には様々なものがある。それが必ずしも完全なものというわけではないが、ここでは、とりあえず次のようにこれを理解しておくことにしたい。すなわち「法」とは、政治的に組織化された社会にあって、その構成員からの一般的承認を受け、これが守られない場合には究極的には物理的

な強制力にささえられた支配機構によって定立されまたは強行される規範であるということになる。

［4］　**政治的に組織化された社会における存在であること**　法とは、政治的に組織化された社会においてのみ存在し得るものである。つまり、この問題は、後述する法として認められるための要素となるものは何かという問題として検討される法の強行性とも関連する。

　すなわち、法の存在する社会が一定の政治的に組織化された社会でなければ法に客観的な強行性を与えることもできないし、法に対する違反行為がされた場合であっても、これに対して一定の制裁（サンクション）を与えることさえもできないことにもなりかねないからである。もっとも、ここで要求される社会は「政治的に組織化された社会」であり、政治的な統制さえもできない単なる人の集合ではあってはならないし、また、社会がある程度、政治的に統制することができるところまで達しているならば、それが国家というような存在にいたっていなくてもよいということになる。

　このようなことから、法の形は、時代が遡れば遡るほどに政治的組織化の程度が不十分となりそれだけに不明確なものとなることは否定できない。また、歴史が下れば下るほどに政治的な組織は堅固になり、これに従って法の概念も明確化してくる。

［5］　**社会の構成員により法としての承認を受けるものであること**　社会の構成員によって法として認められていないようなものは法たりえないことは当然である。当該社会の構成員が、そんなものは法とは認めないと認識しているようなものなどは法たりえない。それが、政治的権力によって支持され、強制されるようなものであってもそれを法と認めることはできないことになる。このあたりに「悪法も法たり得るか」といった問題があるといえよう。もちろん、これが構成員の各員全員によって法と認められるということは必ずしも必要はないのであって、社会の構成員による一般的な承認さえあれば足るということになる。

［6］　**客観的強行性の必要性**　法には客観的強行性が必要であるとされている。イエーリング Rudolf von Jhering (1818〜1892) は「法的強制のない法規はそれ自体矛盾であり、燃えない火、照らない燈火に等しい」(『法における目的 Der Zweck im Recht』)といって、法の客観的強行性ないし物理的強制力の必要性を説いている。確かに、客観的強行性ないし物理的強行性というものが多くの法に伴うものであることは否定できない(もっとも、学説によっては、強行性は、間接的なものであってもよいとするものもある)。しかし、強制力のない法があることも否定することはできず、この要件を厳格に要求することはおかしいということになる。そこで、法における強行性は、究極的な意味での強行性ということになり、その意味からすると「強行性というのは政治的な権力によって支持されているもの」という程度に理解すればよいことになる。

第3章　機能から見た法の類型

［7］　**法の類型と機能**　かようにして法というものの概念ないし定義がいかなるものであって、それにはどのような問題点があるのかを理解することができたであろう。このような把握がされる「法」というものについて、これをさらに深く検討してみると、法は、その機能する側面からみて、いくつかに類型化することができることが分かるであろう。そこで、この法の機能という側面から法規範というものの構造を分析し、その各類型について検討を加えてみることにしたい。

［8］　**行為規範としての法**　「法」は他の社会規範とともに一つの社会規範としての存在という性格をもっている。しかも、法は、この各種

の社会規範にあっても、もっとも強力な社会規範であるということもできる。さらに法は、私達が社会生活を送っていくうえで、それを守って行動すべき事項について事細かに規定しているものが多いということができよう。そのようなことからすると、法というものは、私たちが社会生活を送るうえで自己の行動を決定するための基準となるものであるともいうことができるであろう（行為規範としての法）。もちろん、すべての規定（法規範）が具体的に一定の行為を禁止していたり、具体的な行為を命ずるという形をとっているわけでないことはそのとおりである。しかし、明確な形でそれを規定していなくても、「故意又は過失によって他人の権利又は法律上保護される利益を侵害した者」には損害賠償の義務がある（民法709条）と規定することによって、他人の権利などを侵害してはならないということを命じたり、禁止していることになるであろう。また、同様に「人を殺した者は、死刑又は無期若しくは5年以上の懲役に処する」（刑法199条）と規定することによって人を殺害することを禁止し、人を殺害してはならないということを命じているわけである。

　しかしながら、法規範には、かような命令・禁止規範の形態ではなく、民法206条に規定されるように「所有者は、法令の制限内において、自由にその所有物の使用、収益、及び処分をする権利を有する」（許容規範）という形で間接的に他人の権利を侵害してはならないということを規定している場合もある。もっとも、このような許容規範は、このように規定することによって、その反面としては所有者以外の者は他人の所有権というものを尊重しなければならないし、これを侵害してはならないということを規定しているわけであるから、間接的にはやはり命令規範であるし、禁止規範であると理解することもできるのである。

　いずれにしても法規範には、命令・禁止・許容という形を採りながら、人間が社会生活を送っていくうえで自己の行動を決定するについての基準となるという役割を果たしているということができるであろ

う。

[9] **裁判規範としての法**　そこで、ではすべての法が私達のような人間の行為規範としての機能を果たしているのかというと、そうはいえないと思われる法がある。行為規範としては機能しないが具体的な裁判をするに際してこれが適用されることになり、これによって具体的な紛争が解決されるという機能を果たしている法がある。もちろん、多くの法においては、それが行為規範であると同時に裁判規範としての機能を果たしていることは当然である。しかし、たとえば、夫婦間の契約について、いつでもこれを取り消すことができるとする民法754条の規定*があるからといって、夫婦間の約束はいつでも破ることができるということを前提に自分の行為を決定するということはありえないであろう。したがって、この規定は行為規範としての機能を果たすものではないが、最終的に争いとなった場合にはこの規定によって裁判がなされることによって具体的な法律紛争が解決されていくことになるという意味ではこの規定は裁判規範としての機能を果たしているということになるであろう。また、民事上の時効**の制度などについてもこれを裁判規範として理解するのが正当であるということができる。つまり、私たちは日々の生活において一定の期間債務を履行しないでいると債務を免れる（債権の消滅時効）とか、他人の土地を自分のもののように勝手に使用し続けると自分がその土地についての所有権を取得することができる（所有権の取得時効）とかいうことを前提にして自分の行動を決定するわけではないことは当然である。しかし、具体的な法律紛争が生じてきた場合には、その紛争は時効ということを理由に終局的な解決をみることになる。

かような意味ではこのような時効規定というのは行為規範として機能するものではないがいわゆる裁判規範としての機能を果たすものであるということができる。

　　*　民法754条の適用に際しては、この規定が機能するためには夫婦関係が円満な状態にあるということが当然の前提となるということができる。そ

のために最高裁判所の裁判例においては、夫婦関係が破綻に瀕している状態では、この規定を適用することができないとしているのが参考となるであろう（最判昭和42年2月2日民集21巻1号88頁）。

** 時効については、このような制度がなぜ存在しているかということが問題とされる。これについては最近では従来いわれていなかった新たな主張がされているのが実状ではあるが、従来からいわれてきたところだけを挙げておけば、①時効を主張される相手方は権利の上に眠っていた者であり、このような者は積極的に保護する必要がない者である、②本来からすれば法律的な紛争は証拠によって確定・解決すべきところ、古い事実については証拠によって確定することが困難であるから、このような紛争については時効によって解決するのが合理的である、③長年続いた事実は、多くの人たちからこれが事実として尊重され、後々になって、これが崩されると多くの人に迷惑をかけることになるから、時効によることが合理的である、というような三つの存在理由が説かれている。

[10] **組織規範としての法** 法というものが、あるいは行為規範として機能し、あるいは裁判規範として機能するということは今までの説明で分かったと思う。しかし、もう一つのいわゆる組織規範としての存在としての法がある。簡単にこれをみておくことにしよう。

たとえば、憲法の規定ひとつをとりあげてみても、「内閣は、法律の定めるところにより、その首長たる内閣総理大臣及びその他の国務大臣でこれを組織する」（憲法66条）という規定などがあるし、あるいは会社法の規定をとりあげてみれば「株式会社を設立するには発起人が定款を作成し、その全員がこれに署名し、又は記名押印しなければならない」（会社法26条1項）といった規定などがある。これらの規定は、行為規範でもないし裁判規範でもないということができよう。このような性格をもった規定のことを「組織規範」と呼ぶことができるであろう。

[11] **法規範の構造はどうなっているか** かようにしていわゆる社会規範としての法というものは、行為規範、裁判規範、組織規範の三者から構成され、これらの各規範の結合によって全体としての法規範が構成されているということができるであろう。

[12]　**権力と法**　既にみてきたように法とは、政治的に組織化された社会にあって、その構成員から一般的に承認され、これが守られない場合には究極的には物理的な強制力にささえられた支配機構によって定立されまたは強行される規範であると理解されてきた。かような意味において、法が法として社会において行われるためには法は権力との必然的な結び付きを有することになる。権力に裏打ちされないような法はその本来の効力を発揮することさえ困難となるであろう。しかしながら、忘れてならないのは、法は、同時に権力との厳しい相克・対立の姿勢を示す関係にあるということである。つまり、権力者といえども法は平等に適用されることになり、法には権力をも統制するという機能が期待されることになる。このことは西欧の法がその厳しい闘いの歴史を通じて確立してきた原理であり、このことを端的に表わす原理がいわゆる「法の支配」*の原理（Rule of law）であるということができる。

＊　**法の支配**（Rule of law）　法の支配という原理は、中世の法優位の思想から生まれ、英米法の根幹として発展してきた基本原理である。それは、専断的な国家権力の支配（人の支配）を排斥し、権力を法で拘束することによって、国民の権利・自由を擁護することを目的とする原理である。
　この原理の本質については、ジェイムス一世の暴政を批判してクックEdward Coke（1552～1643）が引用した「国王は何人の下にもあるべきではない。しかし神と法の下にあるべきである」というブラクトンHenry Bracton（？～1268）の言葉がきわめてうまく表わしているといってよいであろう。
　法の支配の内容として重要なものは、現在、①憲法の最高法規性の観念、②権力によって侵されない個人の人権、③法の内容・手続の公正を要求する適正手続（due process of law）、④権力の恣意的行使をコントロールする裁判所の役割に対する尊重、などだと考えられている（以上については、芦部信喜『憲法〔新版・補訂版〕』13頁以下参照）。

第4章　社会規範としての法

[13]　**社会とルールの関係**　人間が本当に自由に暮らすことができるのは、ロビンソン・クルーソーのようにたった一人で、無人島で生活しているときのような場合である。もしその無人島にもう一人の人間が漂着したらどうなるのか。おそらく、生活していく上でのルールを決めていくことになる。例えば、居住場所を決めたり、トイレの場所を決めたり、食事を作るために当番制にしたりなど、一人生活ではありえないほど、ルールが定まっていくことになる。

　しかし、本来、ロビンソン・クルーソーのような生活はまずありえない。人間はだれかと共同生活することが求められる。つまり、共同生活は人間にとって生活の要件となる。ドイツ法学者のオットー・ギールケは「人の人たる所以(ゆえん)は、人と人との結合にある」と説いているように、人間の本性が社会的動物であるからである。事実、我々人間は家族、友達、会社、学校、市町村、国家といった様々な団体に属し、それらの構成員として権利を行使し、義務を履行している。これらの団体すべてが、社会ということになる。団体は複数の人間で構成されるものである。ということは、社会とは、端的にいうと二人以上の人間で構成されるものであるといえる。

　そして、二人以上の人間がいると、共同生活が始まると同時に、いくつかのルールができる。前述のように無人島に一人漂着することで共同生活が始まり、いくつかのルールができあがっていったような状況である。ルールができるということは、その共同生活を平和的に保つために一定の秩序が必要となる。つまり、社会は複数の人間で構成され、皆が幸せに、平穏・平和に生活をしていくために、一定の秩序を保つことが必要となる。

このように社会とルールは切っても切れない関係にある。ルールのない社会は無秩序であり、欲望の塊である人間が、その欲望のままに生きることになる。これが許されるのは、まさに無人島で、一人で生活するようなこと状況である。ルールなくして人間の共同生活の円満なる発達は望まれない。したがって、これら共同生活が秩序正しく維持されるためには、ルールが存在しなければならない。それゆえに、このようなルールを社会規範という。

[14] **国家社会と法**　社会とは、二人以上の人間で構成されるものである。人間が構成する社会とは、家族、友達、学校、地域、市町村、国家といったように様々な形態がある。そして、これら社会を規律するためにルール（規範）が存在する。例えば、家族であれば子供たちに対する門限やスマホ使用時間の設定などといった家の決まり事あるいは約束事、さらに会社であれば約款、市町村であれば条例、国家であれば法となるように、社会に応じて様々なルールを決めて、作ることによってその社会（団体）の秩序を維持する。

　人間は社会的動物である以上、なんらかのルールに従って行動する。特に様々な社会（団体）の中で、一番複雑な構造をしているのが国家である。国家は、社会の中で、人間が作りえる最大規模のものである。他方で、信頼関係が構築されていない見ず知らずの人間で構成されるのが国家であるため、もしルールがない場合、それぞれ人間は自分の目的や欲望に従って行動してしまう。これでは人間は、ばらばらに行動してしまい、その社会（国家）は無秩序状態となるであろう。これでは、とても平和な社会とは言えない。そこで、国家の秩序を維持するためルールが必要となる。それが社会規範たる法である。

　前述のように社会規範には、その社会単位において様々なルールが存在する。家族の中でのルール（門限など）、会社でのルール（約款）、市町村でのルール（条例）、国家でのルール（法）といったように、それぞれの社会にそれぞれのルールがある。それは、目に見えない暗黙

のルールや約束事から、文書にしてその社会の構成に知らしめるルール（例えば法律や約款など）まで、その社会に応じた形のルールが存在する。しかし、国家の場合、信頼関係を構築していない人間同士で構成されるため、なかなかうまくまとまらない。いくらルール（法）を作っても、それに従ってくれない。人間は、小さい単位の社会、例えば家族、友達関係、サークル、部活などでは、比較的容易に団体としてまとまり、秩序を保つことができる。それは、その社会の構成員である人間同士に信頼関係があり、信頼関係を壊したくないという心理によってルールに従う。それゆえ、場合によっては目に見える形でルール（規範）を作らなくても、暗黙のルールで秩序を保つことができる。

　しかし、国家はそもそも信頼関係を構築していない人間同士が、同じ社会の構成員として共同生活を営まなければならない。そこで、国家社会におけるルールである法は、他の社会規範と違い、はっきりと目に見える形で示され、そして強制（制裁）を本質とする。国家の構成員（国民）には信頼関係がない以上、信頼関係を壊すという事態が生じることは少なく、だれでも容易に国家社会のルールを破ることができてしまう。そこで、法に強制的に従わせるために、刑罰や損害賠償といった権力を用いて法を破った者に制裁を与える。制裁を予定したルールにすれば、だれも制裁を受けたくないという心理が働き、強制的に法に従うことになる。このように、他の社会規範と違い、法は強制＝制裁を本質とするルールとなる。

[15]　**社会規範の特徴**　法格言で「社会のあるところ法あり」といったように、現実的に考えても、われわれの日常生活は目に見えないが、しかし文書形式の「法」によって規律されている。法は、社会規範であり、特に国家社会を規律するためのルールである。人間が作る最大社会である国家における法は、他の社会規範とは違い、強制・制裁を予定する社会規範となる。

　この法をはじめとした社会規範は、人間が構成する社会において人

間が守るべき規律であるが、必ず守られているわけではない。規範は、共同生活における当為（sollen）に合致するものとして列挙され、かつ、それへの遵守が要請されるもので、人の生活基準である。その当為の内容は一定の事柄を実現すべきことである場合も、また一定の事柄を実現せざるべきことである場合もある。つまり、「～しなければならない」「～してはならない」といったように、法は当為の原則によって内容を構成する。この内容が実行されてこそ、その実現される当為は保たれ、社会生活は平和・平穏なものとなる。例えば、家族であればお母さんから子供に「門限は 18 時」と、家族のルールを決められた場合、子供は 18 時までに帰宅しなければならないという当為を求められる。また、刑法 199 条では「人を殺した者は、死刑又は無期若しくは 5 年以上の懲役に処する。」と書かれているが、これも国民に対して「人を殺してはならない」という当為を求めている。これを保つ、すなわち守ることで、その社会は平穏・平和が保たれる。

　このように社会規範は一定のあるべき状態を指すものである。これに対して実際にある状態を示している自然法則とは異なる。社会規範も自然法則も一定の決まりという形では共通しているが、その本質的部分において差異が見られる。まず、自然法則は一定の原因があれば必ず一定の結果が生まれる。例えば、水は 100 度を超えると沸騰し、0 度以下になれば凍るというのがこれである。これはまさに自然法則は必然的であることを示している。

　これに対して、社会規範は前述のように人間が守るべきものであるが、必ず守られているわけではない。例えば、家族のルールである「門限」は、お母さんと決めたとしても子供は必ず守るとは限らない。破られる可能性を大いに秘めている。また、殺人罪についても刑法 199 条で規定されているとはいえ、世の中から殺人がなくならない。これでは社会規範として何の意味もないと言われかねない。しかし、この殺人や約束を守らないというのは、人間の問題であり、その行為を行った人間を非難すべきである。自然法則と違い、原因と結果が必然的に

導かれるのではなく、その殺人や約束を守らないという行為を行った人間の決断、あるいは性格に問題がある。言い換えれば、その人間は世間から非難される。つまり、殺人や約束を守らないといった行為をする人間を非難することで、世間に規範に反するとどういうことになるか知らしめ、他方で行為を行った人間に対しては再教育・更正あるいは人間の社会生活から追放するといった制裁を与えることで、社会秩序を維持していくことになる。門限を破ればお母さんに怒られ、お小遣いを停止されたり、トイレ掃除をさせられる等といった罰が与えられ、非難されることで、再び子供が門限を破らないように教育をする。そして、子供ももう二度としないように努力する。この制裁は、社会が大きくなればなるほど強くなり、また違反行為をする決断が自由にできるのであればそれは強い非難を受けることになる。他方で、違反行為が必然的であればあるほど非難可能性は低くなり、違反という結果が必然的であったとすれば、もはや非難を加えることは不可能になる。

第5章　法とその他の社会規範

[16]　**社会規範と行為規範**　法は社会規範であると同時に、行為規範でもある。ルール（規範）は社会を規律するためにある。そして、国家社会を規律するために法というルールがある。ところで、社会を規律するためには、そもそも何を規律しなければならないのか。それは、人の行為である。ルールは、一人ひとりの行為を規律して、社会規範としての機能を発揮する。法は国民の行為を規律することで、国家社会を規律し平穏を実現する。つまり、法を含めたルールは行為を規律する行為規範であるともいえる。

　行為とは、人間の意思による動静という。行為規範は、基本的に人間の動きを対象とする。例えば、ナイフで人を殺す（刑法199条）、罵声を浴びせる（刑法230条、民法709条）、婚姻届（民法739条）を提出する…といったものは、ナイフを使う、声を出す、窓口まで行って届出をするという動きを伴うものである。しかし、動静といったように「静」も行為に入る。動かないことも行為とされる。例えば、乳児に母親がミルクを与えないと、殺人罪（刑法199条）となるのが、これである。これらは動作がないものの、行為が義務づけられているにもかかわらず、義務を果たさなかったとする不作為であり、法によって規律されているものである。

　行為は、動と静それぞれを指す。そして、この動静という行為は、人間としての意思がなければならない。つまり、意思のない動静は法の対象とはならない。例えば、寝相の悪い男は寝返りをし、そのときに隣で寝ていた彼女の顔面に拳が直撃し鼻血がでた場合、これは法としてはどう対処するのか。寝返りをした結果、彼女はケガをしたが、その動作は就寝中に行われたものであり、男はケガをさせるという意

思があって行ったものではない。それゆえ、法 (刑法 204 条) に反することはない。つまり意思のない行為となり、それは行為規範の対象とはならない。

　法は行為規範として、社会秩序の保持のために人間の行為のあるべき状態を規定しているものであるが、法のみが人間の行為規範であるわけではない。人間は社会生活において、多くの行為規範の規律を受けて行動している。前述のように人間が構成する社会とは、家族、友達、学校、地域、市町村、国家といったように様々な形態がある。そして、その社会事にルール (規範) が存在し、その規範はその社会を規律するだけではなく、社会を構成する構成員の行為を規律することになる。それゆえ、家族ならば家族内のルール、また集団 (会社、学校など) でのルール、地域特有のルールといったものは、すべてその構成員たちの行為規範となる。

　ヴィノグラドフ (1845〜1925) は、流行、風習・慣行、集団内部のしきたり、道徳、そして法、これらは人間生活の中で存在している行為規範であるとする。流行は、社会現象とも言われるが、目に見えないが人間の行為を支配する性格を持った規範である。服装や髪型など、多くの人は流行というものを考えて決定し、行動する。次に風習・慣行は、習俗、慣習、慣例といい、社会生活において人間関係を円滑にするための重要な規範といえる。あいさつや礼儀など社会の構成員として共同生活を営む上で、どの行為が適当であるかを決定するのに大きな役割を果たす規範である。そして、集団内部のしきたりは、一定の職業に伴うしきたり、集団の構成員が守るべき慣例的な規範である。武士階級の人間は武士という集団のしきたりとして武士道があり、武士にあるまじき卑劣な行為をしてはならない。これはその集団の構成員に対して義務づける行為規範となる。道徳は、人間の良心に基礎をおき、何がよい行いであるかの基準を与える規範となる。最後に法は国家社会に秩序を与える機能があり、強い制裁を伴う行為規範となる。

  ＊ **法の分類** 行為規範として法を捉える場合、それは法全般ではない。法は、国家社会を規律するための国民の行為の基準を定める行為法と組織のあり方について定める組織法に区別できる。人を殺してはならない、人のものを盗んではならない、人をわざと傷つけてはならないといったことを定める刑法や民法などは行為法であり、これら行為法に違反した者を裁くための裁判所について定める組織法である。本章で取り上げている法は、他の社会規範である道徳や習慣等と比較される行為法である。

[17] **法と慣習** 慣習は、習俗、風習、慣例などといい、一般社会生活におけるしきたりである。例えば、あいさつ、テーブルマナー、ドレスコードといったもの、特にこのような慣習を意識するのは、冠婚葬祭のときであろう。これら慣習は、日常生活全般を規律するものといっていい。また、人間の原始的社会においては、法という目に見える形で社会を規律するものがなく、慣習が原始的規範として全面的に社会を規律する作用を果たしてきた。人間はただ昔から続いてきた慣習に従って行動したのである。つまり、慣習にも一定の強制力がある。しかし、それは法の強制力のように、組織的・画一的なものではなく、必ずしも実力を背景とするものではない。法のように権力という実力を背景に強制する力は持たないにしても、われわれ人間にとって慣習による強制力は、決して弱いものではない。例えば、冠婚葬祭に際して服装のしきたりや作法に背いたりした場合（お通夜や葬式に派手は服装で出席する、結婚式に香典を持って行くなど）は、感情的な反発を招くだけではなく、今後のつきあいを断れる可能性もある。慣習に反する行為をした場合、人間関係を破綻させ、信頼を失うこともある。これらは人間が社会の構成員として生きていく、あるいは共同生活をしていくためには必要不可欠であり、そういったことから決して慣習の強制力が弱いということはない。

  ＊ **村八分** 以前は、地域社会における慣習を破る者に対しては村八分という厳しい制裁方法が採られていた。村八分とは、その地域から仲間はずれにし、葬式と火事の二つのこと以外は絶交するというものである。

慣習は、人類の進歩と共に二つの方向に分化する傾向になった。すなわち慣習は道徳（内面的）となり、法（外面的）となる。慣習は人間の共同生活のなかで無意識のうちに生まれた社会意識であって、それが人間の道徳となり、常識となり、社会における共同生活を円滑にするため、社会秩序を規律するための目に見えない規範となっていく。また、人類の進歩により「法」という規範を生み出し、国家権力を背景に組織的・画一的な規範を持って秩序を維持するようになる。その法の内容に慣習が関わってくることがある。例えば、法の実効性は慣習を無視して保持することが相当困難であることである。また、法においても慣習が重要な役割を果たしている場合がある。

　まず、法の実効性と慣習については、例えば民法上の婚姻についてあげることができる。明治31年に施行された民法では、婚姻の成立要件として届出を必要とした。届出をすることで法律上の婚姻となり保護される。しかし、当時のわが国では結婚式を挙げた後に届出をするという習慣はなく、多くの夫婦が届出をせず今までの通りに過ごし、法律上では内縁のままであった。内縁関係はもちろん法律上の婚姻ではないので、法律によって保護の外に置かれる。そうすると、当時の日本の多くの夫婦が不都合となった。例えば、夫による妻の一方的な追い出しを不当であるとして裁判になった事例（大判大正4年1月26日民集21巻49頁）で、本来であれば夫婦は同居義務があり、そのような不当な追い出しに対しては法律によって保護される。例えば、妻が夫に対して損害賠償を求めることができるのが、これである。しかし、届出をしていない夫婦に対しては、法律上の婚姻ではないため、そのような法律による保護は認められない。ところが、裁判所は一方的な追い出しは不当であるとしてたとえ届出をしていなくても、妻の損害賠償請求を認めたのである。つまり、内縁関係の事実婚状態でも法律上の婚姻と同じ保護を与えた。この事例からわかるとおり、法を実効的なものにするため、慣習を無視せず、慣習の内容を考慮している。

　また、法においても慣習が重要な役割を果たしている場合とは、商

法第1条2項では「商事に関し、この法律に定めがない事項については商慣習に従い、商慣習がないときは、民法の定めるところによる」と規定し、商法では民法よりも昔から続いている商慣習をあげている。さらに法の適用に関する通則法第3条では「公の秩序又は善良の風俗に反しない慣習は、法令の規定により認められたもの又は法令に規定されていない事項に関するものに限り、法律と同一の効力を有する」と規定し、慣習が法令に認められた場合と、法令に規定のない事項について、慣習が法として認められるとする。

　このように公序良俗に反せず、法律に定めがない場合、法自体が慣習を法として認めた場合、これを慣習法という。

[18]　**法と宗教**　古代においては、祭政一致が認められ、法は神の意志の表現であると言われた。昔は、宗教的権威を背景に政治が行われ、その政治によって生み出されてきたのが法であるため、必然的に法は、神の権威が付与されているものとなっていた。

　わが国においても、古代から政治のことを「政＝まつりごと」といい、祭事と政治が同視されていた。例えば、卑弥呼は邪馬台国を治めていた女王であるが、その政治は占いや祭事によって行われていたといわれる。また、天皇はわが国の歴史上において中心であり、象徴であるが、昔より祭事と政治を行ってきている。例えば、天皇は新嘗祭等の祭事を行うと同時に、勅令を発したり、征夷大将軍や諸大臣を任命することで政治にも関与してきた。

　しかし、社会が発達し、多様性を持つ複雑な構造を持った国家へと発展してきたこともあり、一つの国家で多様な宗教が存在するようになる。したがって、一つの宗教で国家すべてを治めていくことは困難となる。そこで、法と宗教との相違が次第に明らかにされ、今日では法と宗教とは分化してきている（政教分離）。

　宗教は信仰を中心とし、神または仏の力によって維持される。それゆえ、最後の判定者は神または仏である。法は、国家によって維持さ

れる。したがって法における最後の判定者は国家（特に裁判機関）となる。

[19] **法と道徳**　道徳とは、社会生活において重要な規範である。道徳は一般的に良心を基礎に置くものであるといわれ、善悪の判断基準となるものといわれている。「人の物を盗んではならない」や「親を敬う」といったものが、これである。

　道徳と法は共通のことが多く、密接な関係にある。法はヨーロッパの言語で、Recht や droit という。これらの意味は、「正しいこと」という意味を持つ。つまり、法と正しいことは同じ言語で表され、まさに法と道徳的な正しさは共通していることを表している。漢帝国の高祖（劉邦）が法三章を制定し、「殺すな。傷つけるな。盗むな。」というたった三つの項目から成る法を制定した。これら三つは、法で定める以前に人間としてやってはいけない悪いことであり、つまり道徳的にもよくないことである。このように昔は、法と道徳は同一視されることが多かったと言われている。

　現代の法においても、その具体的内容と道徳は同一のものが少なくない。例えば、刑法199条の殺人罪は、人を殺してはならないとしているし、民法709条は人をわざと傷つけた場合は、償わなければならない（損害賠償）というのが、これである。これらは法三章と同じように、法でも道徳でもしてはならないことである。これらの規範は法的義務づけと道徳的義務づけが重なり、強力に義務を課す行為規範となっている。また道徳と重なる法は、単に権力をもって制裁することで強制するのではなく、道徳的にも悪いことであると認識させることで、人々に納得されることができる。

　ところが、このような密接な関係にもかかわらず、道徳には、人間が容易に守れないような高度な内容の規範もある。例えば、「人に右の頬を打たれたときは、左の頬を差し出せ」や「汝の敵を愛せよ」といったものが、これである。このような聖書に出てくるものは、道徳とし

て成り立ち、また道徳としては当然のことである。しかし、このような高度の道徳をそのまま法にしてしまうと、かえって民衆は混乱し、また萎縮してしまう。法はむしろ頬を打たれないように守り、頬を打たれたときは償いや制裁を科す。そうすることで社会の秩序を維持するが、高度な道徳をそのまま法に持ち込むと、社会に弊害が生じてしまい、秩序が保てなくなってしまう。

　また、現代は古代や中世と違い科学技術の進歩や人々の価値観の多様化などにより、国家社会が複雑な構造となったことに伴い、法の内容も技術的・専門的となり、道徳を基盤としないあるいは道徳と無縁の法が存在するようになった。例えば、交通法令がまさにこれである。交通法令で、ある道路の制限速度を50キロとしたり、右側通行にするのか左側通行にするのかは、道徳とは無縁である。さらに訴訟の手続きに関する民事訴訟法、刑事訴訟法や国会、内閣、裁判所などの諸機関についてどのような組織にして、どのような権限を与えるかというのも道徳とは無縁といっていい。つまり、これらの法は道徳に基盤をおかないものである。

　さらに、法と道徳が相反するものもある。例えば、時効制度や失踪制度などがこれである。これらは、法の内容としては成り立つものであるが、道徳に反するものでもある。時効は、一定期間経過すれば債権が消滅する制度である。簡単に言えば、約束したことがなかったことになるというものである。友人に1万円を借金し、1週間後に返す約束をした。ところが、1週間過ぎても友人は特に何も言ってこなかったため、返さずに無視し続けた。このような状態が一定期間経過すると、この借金はなかったことになってしまう。1万円を返すと約束した以上、その約束を果たすのが道徳である。しかし、法はその約束をなかったことにしてしまう。一見して道徳と相反する内容の法といえる。

　また、失踪制度ももしかしたら生きているかもしれない人間を一定期間生死不明だった場合、死亡とみなす。人が生死不明の場合、その

人の生存を信じて、待っていたり探したりするのが道徳として正しいといえるであろうが、法は普通7年間、あるいは危難に遭いそれが去ってから1年間生死不明の場合は、死亡と見なしてしまう（民法30条）。生死不明の人間が特に家族である場合、その生存を信じて帰りを待つことが家族として当然であり、人間として正しいことといえよう。それゆえ、この制度も道徳に反する法といえる。

しかし、これらの場合、法が法的安定性を確保するという機能があること、そして日常生活を規律するものであるが、同時に裁判を行うためのものであること、これらを考慮に入れて考えると道徳と相反する内容＝悪法というに判断するのは早計であるといえる。

[20]　**法と道徳の差異**　法と道徳は無関係・無縁な関係のときもあるとしても、密接な関係にあることは間違いない。この両者の差異について、様々な法学者達が探求してきた。まず、法は人間の外面的行為を規律し、道徳は人間の内面的なものと関係する。例えば、人を殺すという行為は、その意思を持つだけでは道徳上は非難されるが、法的には殺害行為がなければ違法とならない。つまり、意思を持つというのは内面的な行為であり、殺害行為というのは外面的行為をいい、それぞれ法と道徳が規律するところが違うといえる。

次に、法は違反に対して強制（制裁）があるが、道徳は本来人間の自発的な意思によって遵守されるべきもので、社会的に漠然と強要され、その違反に対しては社会的非難を受けるが強制はないとされる。法は、違反すれば刑罰や損害賠償といった制裁を科され、本人の意思に関係なく強制的に行われるものである。一方で、道徳は反する行為をしてもそれは、何らかの形で強制的に制裁を科されるのではなく、せいぜい社会的非難、簡単に言うと世間から白い目で見られるといったものを受けることになる。

そして、法は権利と義務の両面関係、言い換えると債権債務関係（民法555条）を形成するが、道徳は片務的な義務しかない。法は、契約な

ど法律上約束をするとそれによってその約束した当事者間で権利義務関係（債権債務関係）を形成する。道徳は自身の良心に問うもので誰とも関係を形成しない。強いて言えば神に対しての義務ともいわれるが、一方的・片務的な義務となる。

　最後に法は現実規範であり、道徳は理想規範である。法は、その機能として現実社会を規律することを目的とする。道徳は、その人間の人格や性格、倫理観を形成するためのものであり、人間としての理想を追い求めるために存在する。

【参考文献】
伊藤正己・加藤一郎『現代法学入門』有斐閣・2005 年
団藤重光『法学の基礎（第2版）』有斐閣・2007 年
武藤眞朗・太矢一彦・多田英明・宮木康博『法を学ぶパートナー（第2版）』成文堂・2012 年
末川博『法学入門（第6版補訂版）』有斐閣・2014 年
P. G. ヴィノグラドフ『法における常識』岩波文庫・1972 年

第 2 編　法の形式

第 1 章　国家機関が制定する法

1. 制定法の意味と存在理由

[21]　**制定法の意味**　われわれの手元にある『六法全書』のページをめくってみると、「日本国憲法」であったり、「民法」であったり、「刑法」であったり、「臓器の移植に関する法律」であったり、様々な名称の法が載っている。そして、それらの法の内容を見ると、第×条第×項「××××××。」というように文章によって書き表わされている。わが国の「法」の中心を占めているこれらの法は「制定法」と呼ばれており、それは権限のある機関によってあらかじめ定められた一定の手続に従って定立され、一定の形式をもって公布された法である。制定法はこのように文章化されていることから、「成文法」とも呼ばれている。

　ところで、第 1 編第 3 章「機能から見た法の類型」で述べられているように、法は、裁判規範として裁判官が判決を下す基準として用いられている。このように、裁判官が裁判をする際に、その拠り所になりうる規範の形式を「法源」*と呼んでおり、わが国では、制定法が第一次的法源として採用されており、制定法が何らかの理由で見出されない場合に限って不文法が補充的法源として用いられている。したがって、わが国はドイツやフランスなどの大陸法系（ローマ法系）諸国と同じで、制定法主義を採用している。それに対して、イギリスやア

メリカなど英米法系（コモン・ロー系）の諸国は判例法主義を採用している。大陸法系と英米法系の歴史については第3編「法と法学の歴史」に詳しく説明されている。

> * **法源**　法源という言葉はいくつかの意味で使われている。第一に、「哲学的法源」であり、これは「法の効力根拠」に相当し、第二に、「歴史的法源」であり、これは法規範、法制度、法体系などの歴史的由来を意味し、第三に、「形式的法源」であり、本章での「法源」はこの意味で使われている。

[22]　**制定法の存在理由**　わが国で制定法主義が採用されていることは、それに何らかの長所が存在しているからであり、ここではどのような点に長所があるかを考えてみたい。

　第一に、制定法は、種々の機関によってあらかじめ定められた一定の手続に従って定立され、一定の形式をもって公布されるので、行政官や裁判官にとってはもちろんのこと、一般国民にとっても何が法であるかが極めて明確であり、どのような判決が下されるのかの予測可能性という点で、慣習法や判例法という文章化されていない不文法と比べて大きな長所を有している。

　第二に、わが国で制定法の中心を占めている法律は、国民から直接に選挙で選ばれた代表者によって構成される国会によって制定され、さらに、他の制定法である命令や条例は法律に従うものとされている。このことから、制定法の内容について国民の意思が反映されうる仕組みになっているので、必ずしも国民の代表機関ではない裁判所によって作られる判例法に比べると、国民の利益や世論の動向によく配慮して重要な法規範が作られるべきであるとする（議会制）民主主義の理念にも合致している点で、制定法主義が勝っている。

　第三に、現代社会では急激な社会状況の変化に応じて極めて複雑で技術的な問題が数多く生じてきている。たとえば、情報と法に関する問題や科学技術の発達や国際化の進展における様々な問題などである。

これらの問題に対して法的に迅速に対処するためには、制定法がほとんど唯一の適切な法形式であり、社会変化への対応という利点から最近では判例法主義を採用している英米諸国においても制定法を定立する傾向が増してきている。

　以上のように、制定法は民主主義の理念からも明確性からも長所を持っている反面、次のような短所も有している点を忘れてはならない。

　第一に、制定法はいったん定立されると、その日から古い法となり固定化され、時代が移り変わっても、時代とともに柔軟に変化しにくいという傾向を有している。もちろん社会情勢の変化に応じて、すぐさま立法府が対処すれば、固定化という不都合は避けられるであろうが、現実にはすぐに対処するということは困難な場合が多い。

　第二に、立法が複雑で技術的となってしまい、かつ、立法府の政治的な妥協の産物になってしまうという問題点がある。

2. 制定法の種類

[23]　**制定法の種類を確認することの意味**　　制定法は、それを定立する権限ある機関の相違に応じて、それぞれ異なった名称が用いられている。しかも、制定法の相違が同時に制定法相互間の効力の優劣に関係してくるのである。このことは、裁判官、検察官、弁護士、行政官など法実務に携わる者にとって制定法の相違とそれに対応する効力の優劣関係を確認することは極めて重要な関心事となる。というのも、制定法の相違とそれに対応する効力の優劣関係を知らないことには、法実務家は法律問題を具体的に処理する場合にどの制定法を優先的に適用したらよいかを決定することはできないからである。

[24]　**制定法の種類**　　わが国では、制定法を定立する権限ある機関の種類に応じて、制定法は「憲法」「法律」「議院規則」「最高裁判所規則」「命令」「条例」「条約」という七種類に分けられる。

　　a　**憲法**　　わが国で制定法の一種としての「憲法」とは、「日本国

憲法」のことである。「憲法」という表題をもつ単一の制定法なので、憲法に関する法典の意味で「憲法典」という言い方もなされる。

憲法は国家の統治機構やその作用を基礎づける基本法である。憲法に関しては第4編第4章「国家の組織と作用に関する法（近代憲法の仕組み）」で述べられている。ここでは、わが国において憲法を制定する権力を有する者、いわゆる憲法制定権者は誰かという点を簡単に述べることにする。日本国憲法の制定権者は主権者たる国民である。それゆえ、日本国憲法は国民の代表者を通じて制定されたものと理解されている。そのことが「日本国憲法」前文の冒頭において、「日本国民は……この憲法を確定する」という表現に表われている。日本国民が憲法制定権力を有するということは、憲法を改正する際にも日本国民の意思に基づかなければならないことを意味している。わが国における憲法改正の手続に関して、国会による発議と国民投票による国民の承認、さらに天皇による公布という三つの手続を経ることが規定されている（憲法96条）。

　　b　法律　「法律」という言葉は、広い意味では「法」と同じ意味の言葉として用いられている。たとえば、「法律」という言葉が法律家とか法律学として用いられているときの「法律」は「法」と同じ意味である。けれども、ここで説明される「法律」という言葉は、そのような法一般のことではなく、狭い意味で用いられる。狭い意味での「法律」とは、議会という国家機関、わが国では憲法典によって「国会」と名付けられている国家機関によって所定の手続に従って定立された制定法のことである。わが国において法律が制定されるためには、憲法典に定められた手続に従って、衆議院と参議院の両院による可決が必要とされている（憲法59条）。

　ところで、わが国における六法全書を見ると、名称の末尾に「民法」「刑法」「民事訴訟法」「刑事訴訟法」等、「××法」とある法がほとんどである。このことから、わが国では制定法の中心を法律が占めていることが分かるであろう。このことは、制定法の中心を法律が占める

制度が、有権者から直接に選挙で選ばれた国民代表としての国会議員が国民の利益や世論の動向によく配慮して重要な法規範を作るべきだとする（議会制）民主主義の理念と、市民の自由を守るためには国民代表としての議会が作った法規範によって、行政機関の行為をチェックすべきだとする自由主義の理念とに合致していることに基づいている。

　c　議院規則・最高裁判所規則

「議院規則」は、憲法58条2項の規定に基づいて、衆議院と参議院の両議院がおのおの単独で制定する法であり、会議の手続などの内部事項について定めている。具体的には「衆議院規則」と「参議院規則」である。法律が制定されるためには衆議院と参議院の双方で可決されることが必要であるのに対して、議院規則は両院がおのおの独自に制定できる点で決定的に異なっている。

「最高裁判所規則」は、憲法77条の規定に基づいて、最高裁判所が訴訟に関する手続や裁判所の内部規律などに関して制定する法である。最高裁判所が実際に制定している規則には、「民事訴訟規則」「民事執行規則」「刑事訴訟規則」などがある。

これらの規則の制定権が憲法典によって明文で認められているのは、衆議院・参議院・最高裁判所といった三権の一翼を担う憲法上の国家機関は、それぞれの内部事項について、他の国家機関から一定の独立性を保って自主的に処理できることが権力分立の観点からも望ましいという自主権の発想に基づいている。

　d　命令　「命令」とは国家の種々の行政機関が制定する法の総称である。わが国の行政機関は、国家機関の中でもさまざまに分化し、複雑な組織構造を備えている。したがって、複雑・分化された行政機関の組織に応じて、命令の種類も様々に区別されている。わが国の憲法典によれば、内閣という最高行政機関によって制定される命令を「政令」と呼んでいる（憲法73条6号）。その他にも内閣府によって制定される命令は「内閣府令」（「府令」）、各省大臣によって制定される命令は「省令」、各省の外局と呼ばれる行政機関（たとえば、国家公安委員会、公正

取引委員会）によって制定される命令は「外局規則」、内閣から一定の独立性を認められた行政機関である人事院と会計検査院によって制定される命令は「人事院規則」「会計検査院規則」がある。

　わが国の憲法上の建前（憲法41条）からすると、本来、立法機関ではない行政機関が法を制定する（立法する）ことは許されないはずである。しかしながら、高度に技術化し、複雑化し、しかも変化の激しい現代社会で生ずる諸問題に対して国家機関が迅速、かつ臨機応変に対応するためには、議会の立法能力には限界があり、行政機関にその限界を埋めるための準立法的機能が与えられる必要があった。そのような理由から、わが国では憲法73条6号の規定に基づいて内閣に政令を制定する権限を認めただけではなく、その他にも憲法81条や98条1項で命令に言及していることから、行政機関の命令制定権は、国会の立法権に対して憲法典自身が認めた例外と理解されている。しかし、行政機関は本来立法機関ではないことから、その権限は無制限ではなく、原則として、①憲法または法律の規定を実施するための「執行命令」に限られ、②本来、法律で規定すべき事項、つまり国民の権利義務に関連する事項を定めたり、罰則を設けたりするためには、とくに法律の委任に基づいてなされること（「委任命令」）が必要であるとの制限を受けている。

　e　条例　「条例」とは地方公共団体によって制定される法である。わが国の憲法典には「地方公共団体に、……法律の範囲内で条例を制定することができる」と規定されている（94条）。さらに、地方自治法では、都道府県と市町村の議会に条例を制定する権限が与えられており（地方自治法14条1項）、これによって定立された制定法を狭義の「条例」と称している。また地方自治法では地方公共団体の長である知事や市町村長にも「規則」を制定する権限が与えられている（地方自治法15条1項）。この規則は広い意味での「条例」と呼んでいる。

　地方公共団体の条例制定権は、自主立法権とも呼ばれている。とくに住民の直接選挙で選ばれた地方議会議員が制定する狭い意味での条

例は、地方レベルの民主主義の現れとして、法律に準じた性格をもつものとされている。

　　f　条約　　「条約」とは文書による国家間の合意である。条約には「国際連合憲章」のような多国間条約もあれば、「日本国とアメリカ合衆国との間の相互協力及び安全保障条約」（日米安全保障条約）のような二国間条約もある。条約は憲章・協定・協約・宣言・議定書など様々な名称で呼ばれているが、文書による国家間の合意であれば、どのような名称であれ条約である。条約は本来国際法の法形式であり、国家間の相互の関係を規律するが、それと同時に、条約を締結した国家は条約で定められた内容を国内的に実施する義務を負うことになる。どのような仕方で条約が国内法上の効力を有するかに関しては各国の国内法の規定に委ねられているが、わが国では国会が条約の内容と同じ法律を制定するまでもなく、条約として公布すれば国内法として通用すると解されている。

　わが国における条約の締結手続に関しては、日本国憲法では内閣が条約締結権者と定められている（憲法73条3号）。ただし、行政機関である内閣による条約締結を民主的にコントロールするために、国会の承認は原則として内閣による「批准」（条約を締結する国家意思を最終的に確認する行為）の前になされなければならず、緊急の必要その他やむをえない場合に限って、事後的になされることが認められている（憲法73条3号）。

3．制定法相互間の効力関係

[25]　**制定法相互間の効力関係**　　制定法と呼ばれる種類の法は数え切れないほど存在し、様々な制定法が定立されている。したがって、種々の制定法の間に内容的な矛盾が存在している可能性もある。そこで、制定法相互間に存在している矛盾をそのままにしておいたならば、一般市民が制定法に基づいて自らの行為を決定しようとする場合に、い

ずれの制定法に従ったらよいかの判断がつかずに、自らの行為を決定できないでいるという困難な状況に陥ってしまう。さらに、紛争を解決する際に制定法を適用しなければならない裁判官にとっても、紛争解決の基準である制定法に矛盾が存在したままであるならば、何をもって判決を下すべきかが決定できないでいるという状況に陥ってしまうだろう。そこで、制定法相互間に矛盾が生じないようにし、仮に矛盾が存在する場合には、その矛盾を解消するためにいくつかの原則が用いられている。

[26] **制定法の段階構造**（「上位の法規範は下位の法規範に優先する」）　制定法は、全体として一定の統一的な体系的法秩序構造を形作っていると解される。言い換えると、制定法は、憲法を頂点とするピラミッド的な段階構造をなす規範体系としてとらえられている。すなわち、最下位に裁判所の判決や行政処分が存在し、その上位に判決や行政処分に妥当性を付与する各種の制定法が置かれ、さらに、それらの妥当性の根拠となる憲法がピラミッドの頂点に位置づけられているように、法秩序は段階的に構造化されているのである。したがって、様々な種類の制定法は上下の段階構造の中に位置づけられ、効力的には上位の法規範が下位の法規範に優先し、上位の法規範に抵触する下位の法規範は効力をもたないとされる。そこで、このような段階構造に基づいてわが国のそれぞれの制定法相互間の効力関係を説明してみよう。

わが国の憲法や法律の明文規定によって、憲法―法律―命令―条例の順番で形式的効力の優先順位が決定される。憲法がわが国の国内法秩序の頂点に立つ制定法であることを憲法自身が98条1項で「この憲法は国の最高法規」であると宣言している。そして、憲法が最高法規性を有していることの理由としては、①憲法の改正手続が法律の制定・改廃手続よりも困難とされていることにある。詳しく説明すれば、法律の制定・改廃手続に関しては、原則として衆議院と参議院においてそれぞれの3分の1以上の議員が出席し、出席議員の過半数が賛成すれば、法律は制定・改廃することができる（憲法59条など）。それに対

して、憲法の改正には衆議院と参議院においてそれぞれの総議員の3分の2以上の賛成で改正案が国会で発議され、しかも国民投票で国民の過半数が賛成しなければ、改正案は成立しないことになっている（憲法96条）*。ところが、もし国会が通常の法律の改正・改廃手続と同じ手続で憲法典も改正することができるとするならば、日本国憲法を国内法体系の最高法規と言ってみたところで、制定手続の点では憲法典と法律との間には実質的な相違がないことになってしまう。したがって、国会が通常の法律と同じようには改正できないとすることで、憲法典の最高法規性が実質的に保障されているのである。②日本国憲法がさらに最高法規であるというためには、裁判所が憲法に反する法律を無効にするという違憲立法審査権の制度が伴っている必要がある。というのも、第三者の目から見れば明らかに憲法違反である法律を国会が制定してしまった場合、裁判所に違憲立法審査権が与えられていないために、憲法違反の法律がそのまま適用され続けてしまうならば、いくら憲法典が自らを最高法規であると自己言及したとしても、それは「絵に描いた餅」にすぎないからである。したがって、日本国憲法の最高法規性を実質的に保障するためにも、憲法は自ら81条で「一切の法律、命令、規則または処分が憲法に適合するかしないかを決定する」権限を裁判所に与えているのである。

　憲法と法律との関係については、法律の制定・改廃手続が憲法59条で国会に授権されている。その規定の意味するところは、法律の妥当性が憲法59条によって根拠づけられているという点にある。したがって、憲法は形式的効力の点で法律に優先し、憲法に矛盾・抵触する法律の条項は無効となる**。

　憲法と議院規則・最高裁判所規則との形式的効力の関係については、憲法98条1項の「憲法の最高法規」の規定によって憲法典の下位の法に議院規則、最高裁判所規則が位置づけられることが明らかである。法律と議院規則との関係については、議院規則は両議院のそれぞれが単独で定めることができることから、その形式的効力は両議院での可

決を原則的に必要とする法律より劣るとされている。次に、法律と最高裁判所規則との関係については議論があるが、形式的効力は法律が優先するというのが多数説である。

　命令の妥当性も憲法や法律との授権関係から同じように考えることができる。憲法第73条6号によれば、内閣は「この憲法および法律の規定を実施するために、政令を制定すること」と規定されていることから、憲法が内閣に憲法と法律の規定を実施する限りで、内閣に政令を制定することを授権していると考えられる。したがって、法律が命令に優先し、法律に矛盾・抵触する命令は無効となる。

　条例の妥当性に関しても、憲法94条が地方公共団体は「法律の範囲内で条例を制定」できると規定し、これを受けている地方自治法14条1項に、「普通公共団体は法令に違反しない限りにおいて……条例を制定することができる」と規定されている。ところで、この「法令」という言葉には法律と命令が含まれていると解釈されるので、条例は効力の点で法律と命令に劣り、法令に矛盾・抵触する条例は無効となる。

　条約の形式的効力については議論がある。法律と条約との形式的効力関係については、日本国憲法が国際協調主義を建前として、条約を誠実に遵守することを定めていることを理由にして（憲法98条2項）、条約が法律に優先することが通説である。これに対して、憲法と条約との形式的効力関係については、条約の締結権そのものが憲法によって授権されていることからその権能で憲法を変更することは論理的に見て無理があることや憲法改正よりも容易な手続によって成立する条約（憲法61条）によって憲法が改正されることとなり、国民主権ないし硬性憲法の建前に反することを理由として憲法が条約に優先する見解が多数である。

　　　＊　憲法の改正手続に関して、通常の立法手続よりも厳重な手続によってのみ改正できる憲法を硬性憲法と呼び、特別の改正手続を定めずに、通常の立法手続と同じようにして改正がなされ得るとする憲法を軟性憲法と呼ぶ。
　　＊＊　憲法に抵触する法律の規定が無効になった例として、最高裁判所大法廷

が昭和48年4月4日に「尊属殺」を重罰にした刑法200条の規定は「法の下の平等」を定めた憲法14条に違反するとして当該条項を無効にした尊属殺違憲判決が挙げられる（その後平成7年に刑法改正によって刑法200条の尊属殺重罰規定は廃止されている）。さらに、最高裁判所大法廷は平成20年6月4日に当時の国籍法3条1項の婚姻条項を憲法14条の「法の下の平等」に違反するとして当該条項を無効にした（その後平成20年12月12日に国籍法改正によって国籍法3条1項の婚姻条項は削除されている）。

また最高裁判所は平成25年9月4日の決定で、非嫡出子の相続分を嫡出子の2分の1とする民法900条4号ただし書前半部分の規定を、遅くとも平成13年7月当時には、憲法14条1項の法の下の平等に違反していたものであるとした（その後平成25年12月5日に民法改正によって当該条項は削除されている）。

[27] **同格の制定法相互関係**　以上の説明は制定法相互間の上下関係に基づく矛盾・抵触の解消方法であった。ここでは、同じランクの制定法相互間、たとえば、法律と法律、政令と政令、条例と条例との間で矛盾・抵触が生じた場合にはどのような解消方法があるかを説明しよう。このような場合の矛盾・抵触の解消方法は、憲法や法律において明文で定められているわけではなく、ヨーロッパの法文化の中で培われてきた共通の一般原則に基づいている。その原則としては第一に「後法（新法）は前法（旧法）に優先する」（後法優先の原則）、第二に「特別法は一般法に優先する」（特別法優先の原則）、が挙げられる。

内容的に矛盾・抵触する同じランクの制定法の間では、たとえば法律と法律との間では、時間的に後に制定された（新しい）法律が時間的に前に制定された（古い）法律よりも優先する。したがって、後法（新しい法）に矛盾する前法（古い法）はその効力を失うことになる。ところで本来ならば、行政事件訴訟法付則第2条「行政事件訴訟法特例法……は、廃止する」との規定のように新しい法の条項で古い法が廃止されると規定されるのが通例であるので、実際問題として、後法と矛盾・抵触する法令が存在することはほとんどありえないであろう。

[28] **一般法と特別法との関係**　内容的に矛盾・抵触する同じランクの

制定法の間に、一般法と特別法との関係が存在するとみなされる場合には、一般法に対して特別法が優先的に適用される。一般法とは、ある事項について一般的原則が規定された法であり、それに対して特別法とは、その事項の中に含まれる特殊な事項について例外的な取扱いが規定されている法である。

　たとえば、金を支払って物を借りる（金を受け取って物を貸す）契約を賃貸借契約として、その契約について一般的に適用される規定が民法601条以下に規定されている。これらの規定はレンタカー、レンタルビデオ、レンタルCDなどに適用されるが、賃貸借の対象である物のうちの特殊な物の賃貸借、たとえば、アパートや土地などの不動産などの賃貸借にだけ適用される法である借地借家法を特別法と呼ぶのである。要するに、民法典は賃貸借に関する一般法であり、借地借家法は賃貸借のなかの不動産に関する特別法ということになる。また、売買に関して、民法にも555条以下に規定があり、商法にも524条以下に規定がある。そこで、売買に関して民法の規定は売買契約一般に関する一般法であり、商法の規定は商人という特殊なグループの売買だけに適用される売買の特別法と言える。

　ところで、一般法と特別法との関係は、二つの制定法あるいは二つの条文を比較した場合の相対的な関係にある。商法は民法に対する特別法であるが、消費者契約法との関係では、消費者契約法が商法の特別法とされる。すなわち、商法が適用される契約については、一方の当事者としての商人は事業者であるが、相手方は事業者の場合もありうるし、消費者の場合もありうる。その意味で、事業者と消費者との間の契約に適用される消費者契約法は人的な適用範囲の点で商法よりも狭いことになる。このことから、消費者契約法は商法に対して特別法の関係にあり、両者が矛盾・抵触する時は、消費者契約法の規定が優先して適用されることになる。

【参考文献】
・平野仁彦「法システム」平野仁彦=亀本洋=服部高宏『法哲学』(有斐閣・2002 年)
・伊藤正己『憲法〔第 3 版〕』(弘文堂・2003 年)
・芦部信喜=高橋和之補訂『憲法〔第 6 版〕』(岩波書店・2015 年)
・戸波江二『憲法〔新版〕』(ぎょうせい・1998 年)
・清宮四郎『憲法Ⅰ〔第 3 版〕』(有斐閣・1979 年)
・田島信威『最新法令の読解法〔改訂版〕』(ぎょうせい・2002 年)

第2章　社会の慣習や裁判などから生まれる法
(不文法)

1. 慣　習　法（法たる慣習）

[29]　**不文法としての慣習法**　不文法としての典型的な存在に慣習法がある。この慣習法とは、国の立法機関による本来の立法手続を経て制定された法ではないものの、社会の慣行を通じて発生してきた社会生活の規範ともいうべきものが法規範として承認されるところにまで至ったものであるということができよう。

　もともとわが国は成文法主義を採用する国である。そのような意味からすれば、法律紛争を解決するための法は国の制定手続を経て立法される成文法として十分に検討されて立法化され完備されているはずであって、慣習法が法源としての機能を果たすのは例外的であるということになろう（法の適用に関する通則法3条、民法92条、商法1条）。このような法たる慣習である慣習法の典型的な例として入会権*などをあげることができる。

　それだけに社会に行われている慣行がただの慣行にとどまらず、それが慣習法として認められるためには、以下のような諸要件が必要とされる。

　　　*　**入会権**　広い意味での入会権というのは、農山漁村などの一定地域の住民が、一定の山林や原野あるいは海浜などにおいて共同して収益を得ることができる物権ということになるが、狭義のそれは一定の山林や原野において、雑草、薪炭用の雑木などを採取することができる権利を指す。当該集落自体が当該入会土地を所有する形態（民法263条参照。これを、いわゆる「共有の性質を有する入会権」という）と他人が所有する土地に入り会う形

態のもの（民法294条参照。これを、いわゆる「共有の性質を有せざる入会権」という）とがある。

[30] **慣習法の要件**　慣習法が認められるためには、おおざっぱな言い方をすれば、まず第一に、その社会において、同種の事項についての法的価値のある行為が長期間にわたって反復されてきていること（慣習の存在）。第二に、これが政治的権力によって法として承認されていることを挙げることができよう。この問題について、法の適用に関する通則法*の規定は以下のようにその具体的な要件を規定している（法の適用に関する通則法3条参照）。つまり、一定の慣行というものが単に社会において慣習として行われているというにとどまらず、これが人々の間で「法」として意識される程度までにその拘束力などが高められた場合、これを「慣習法」ないし「法たる慣習」ということになるのである。そして、この法たる慣習が法源として具体的な紛争の解決について適用されるものとなるためには、①その内容が国家の基本秩序をなす規定である強行法規に反しないものであり、②それ自体が法令の規定によって承認されている場合であるか、③あるいはそれについて法令に特別の規定がないような場合（つまり法が空白となっている部分に関しての慣習法であること）、であることが必要とされる。このような場合に慣習は法律と同一の効力をもつことになるとされている。つまり、慣習は法源となるわけである**。この法たる慣習が強行法規に反しない場合であって、しかも法令の規定によってこれが認められているような場合についての典型的なケースとしては入会権（民法263条・294条）や他人の土地との境界付近に家を建てる場合に境界線から50センチメートル以上離すこと（民法234条1項）、境界線から1メートル未満の距離において他人の宅地を観望することができる窓や縁側を設ける者は目隠しをつけること（民法235条1項）としながら民法236条において、「前二条の規定と異なる慣習があるときは、その慣習に従う」とされている場合などを挙げることができる。その他にも民法

217条（慣習による費用の負担）や219条3項（水流変更権）、228条（囲障設置権）などの場合をあげておくことができるであろう。また、法が規定を置いていないような場合（法が空白となっている部分）の具体的な例については、たとえば借地法の制定前に認められていた当該地代が近傍類地の地代の高騰や公租・公課の増加などに比較して安くなった場合における地代値上請求権の承認のケース（大審院判大正3年10月27日民事裁判録20輯818頁）であるとか、いわゆる温泉専用権を認める鷹の湯事件***（大判昭和15年9月18日民集19巻1611頁）であるとか、慣習による水流利用権を認める判例など（大判明治38年10月11日民録11輯1326頁、大判大正6年2月6日民録23輯202頁）が認めている場合が典型的である。そこで、このような法の適用に関する通則法の規定するところから判断すれば、慣習法ないし法たる慣習は、その内容が強行法規に反しないものであり、それについて特に法が規定を置いてその慣習の効力を承認している場合や、これについてのいかなる内容の法の規定も存在していない場合に法源としての効力が認められるということになる。なお、商法1条の規定においては、商事慣習法が民法の規定よりも優先するものとしている。すなわち、商慣習については、それが商法に対する関係においては補充的な効力しかもたないのに、民法に対する関係ではその内容についての変更的な効力をもつことになるわけである（「特別法は一般法に優先する」の原則）。その意味では、商慣習というものは民法の任意規定に反する内容のものであっても当然に民法の規定に優先して適用されることになるわけである。したがって、その限りでは商事慣習法については「法令に規定なき事項に関する」慣習の要件が排斥されるということになるといってよいであろう。また、後に検討することになるが民法92条に該当する慣習（任意規定に異なる慣習）についても法の適用に関する通則法によって認めた慣習と理解するのがよいということになるであろう。

* **法の適用に関する通則法**　慣習法が認められる要件について規定するのは「法の適用に関する通則法」（平成18年6月21日法律78号）という

ちょっと変わった法律（狭義の法律、つまり国会制定法である）である。この法の適用に関する通則法という法律は、法律についての適用問題を規定する法律であるといえよう。つまり、法律の施行期日についての規定（2条）、慣習法の効力についての規定（3条）、国際私法関係規定（4〜43条）などが規定されている。なお、この国際私法というのは国を異にする者の間で生じた私的法律関係など（たとえば、外国人との取引、外国人との婚姻などの法律関係）についてどこの国の法律をもって処理するかについて規定する法である。

** 法源としての慣習　このように法源性を認められた慣習のことを「慣習法」という。「慣習法」として法源性が認められた場合には、裁判所は原則として訴訟当事者の主張や立証にかかわりなく、認定された事実にこれを適用しなければならない（法の適用ないし法の発見は裁判所の責任である）。これがただの「慣習」にとどまる場合には慣習は法律行為の内容にとりこまれ、当然、その事実の存在することについては当事者の主張・立証にかかることになる。

*** 鷹の湯事件　長野県松本地方の浅間温泉の旅館「鷹の湯」においては、この温泉の泉源について湯口となる土地とともにこれを所有していた。その湯口権のみをYに質入れした。その後に湯口となる土地をX銀行に譲渡担保に供し移転登記を経由した。そしてYがこの湯口権についての差押命令を得た時点でXが執行異議の訴えを提起した。

第1審、第2審においては、Xが温泉取締規則による届出をし、土地自体についての移転登記を経由していることからX勝訴。

大審院においては、「本件係争ノ温泉専用権即所謂湯口権ニツイテハ該温泉所在ノ長野県松本地方ニ於テハ右権利カ温泉湧出地（源泉地）ヨリ引湯使用スル一種ノ物権的権利ニ属シ通常源泉地ノ所有権ト独立シテ処分セラルル地方慣習法存在スルコトハ……原審ノ判定セルトコロニシテ……然レドモ既ニ地方慣習法ニヨリ如上ノ排他的支配権ヲ肯定スル以上コノ種ノ権利ハ性質上民法177条ノ規定ヲ類推シ第三者ヲシテ其ノ権利ノ変動ヲ明認セシムルニ足ルヘキ特殊公示方法ヲ講ズルニ非ザレバ之ヲ以ツテ第三者ニ対抗シ得ザルモノト解スベキ」ものであるが、原審ではYの湯口権についてこのような判断をしていないとして破棄差し戻した。この事件は最終的には和解により処理されたところから最終判断がされていないままに終っている。

[31]　**慣習（事実たる慣習）**　民法92条は、いわゆる任意規定に反する（事実上の）慣習がある場合であって法律行為の当事者がその慣習に従う

という「意思を有しているものと認められるときは」その法律行為の解釈についてはその慣習に従うことになる旨を規定している。ここでの慣習とは、法例2条が規定する場合のそれとは異なり、それがいわゆる法たる慣習（法としての確信を得るところにまで達している慣習）にまで高められたものではなく、単なる「事実たる慣習」であると理解されている。そこで、この民法92条の規定によれば、同条が必要とする要件が充足されることになれば、事実たる慣習は任意法規が存在する場合であってもこれに優先して適用されるということになるわけである。つまり、任意法規は慣習によって事実上排斥されることになるのである。

以上に見てきたことから、ここで事実たる慣習が法源として機能するために必要とされている要件をまとめておけば次のようになるであろう。つまり、民法92条の規定によれば、①いわゆる任意規定に反する事実たる慣習の存在すること、②法律行為の当事者がこの任意規定にではなく、事実たる慣習に従おうとする意思を有することとされている。

ところで、ここで問題となるのは、「慣習に従おうとする意思」の問題であるが、これについて通説の立場は、①普通にそのような慣習による意思をもってなすべき地位にあって取引をするものは、②「慣習による」という意思を表示することは不要であるということはもとより、③特別に反対の意思を表明しない場合には慣習による意思があったと認めるべきであり、④このことは当事者が特に慣習を知っていたことの必要性もない、と理解されている（幾代通『民法総則〔第2版〕』229頁）。その意味するところは、民法92条という規定の他に民法91条（任意規定と意思表示）の規定が置かれているということもあるところから、この規定との競合ないし矛盾がないように解釈する必要があるということからきているのである。

[32]　「法たる慣習」と「事実たる慣習」　そこで、この規定と法の適用に関する通則法3条の規定との調和をどう考えるかが問題となる。法

の適用に関する通則法3条に関する前記の記述と民法92条にかかる記述はいずれも従来からの通説の立場に従ったものである。しかしながら、このような立場によれば、法の適用に関する通則法3条による慣習と民法92条によるそれとの関係を考えるとき以下のような矛盾が出てくることになる。すなわち、先に指摘したように民法92条の規定によれば、「事実たる慣習」は任意規定を排斥してでも適用されるという効力をもつことになる。つまり、任意規定（当事者の合意によってその適用を排除することができる規定のこと）があっても、これと異なる慣習がある場合に、法律行為の当事者がこれによろうという意思をもっている場合には任意規定はその適用が排除されることになり、慣習が適用されることになるのである。つまり、結局のところは当事者がその慣習による意思を有すると否とを問わずに慣習が適用になるということができる。その意味では法たる確信にまで達している「慣習法」は法たる確信にいたっていない「事実たる慣習」よりも効力が弱いということになってしまうというような矛盾が生じてくる。

　このあたりに従来から通説の立場が、この「事実たる慣習」についての民法92条の規定と、「法たる慣習」について法の適用に関する通則法3条が規定するところとの解釈論上の問題点を露呈させることになる理由があるといえよう。

　しかしながら、慣習法というものであっても、それは、それほど弱いものではなく、具体的な場合にはむしろ、それは成文の法の存在にもかかわらず効力を有することもあるといってもよい。社会において現実に行われている実務などに目を向けてみれば、取引社会の必要性が生んできた譲渡担保*などという担保物権は強行法規たる物権法の領域に係わるものであるし、同様に身分秩序にかかわる親族法、とりわけ婚姻秩序に係わる内縁などというものについても本来からすれば強行法規である親族法に反する存在であるということができる。しかし、これらについても、現在では全く無効なものとは扱わず、譲渡担保についてもこれを有効に扱うこととされているし（登記原因としても

「譲渡担保」*とすることなどが認められている)、内縁についても現在においてはこれを「準婚」と理解し、特別の場合（相続上の権利や戸籍上での記載の問題など）以外についてはほとんど婚姻に準ずる効果を与えようとするのが判例の立場である。また、内縁については社会立法の領域においてもこれが保護され、内縁の配偶者については「婚姻の届出をしなくても、事実上婚姻と同様の関係にある者」として配偶者と同様の地位を保障し、第一順位の遺族補償を認めたりしている（国家公務員災害保障法16条など）。

　解釈上の問題として法の適用に関する通則法3条についていえば、結局、法の適用に関する通則法3条の態度というものが消極的に過ぎるということになるであろうか。法の適用に関する通則法3条の解釈として、成文法が相反する慣習の効力について一応これを否定しただけのことであって、それは、その後も慣習が存在する場合に前述の基準によって、慣習法が成立する場合には成文法が改廃されると解されることとなるのである。

　いずれにしても、民法92条による慣習であっても、法律行為の解釈ということを通じて実質的に法源性を有することになるということにおいては法例2条の慣習と実質的に違いはないと理解されることになるといってよいであろう。すなわち、「法の適用に関する通則法3条によって制定法一般に対する補充的な法源性が認められたにとどまる……つまり強行法規のみならず任意法規に対しても法源としては劣位におかれた……ところの『慣習』は、法律行為の内容の確定ないし補充という論理操作を経て法律行為の当事者の権利義務を規律するという場面においては、92条によって特例をつくられ、強行法規と任意法規の間に割り込んだ序列での法源性が認められている」のであり、「92条は、右の意味においては法の適用に関する通則法3条に対する特別法の地位に立つ」ともいえるし「92条は、法の適用に関する通則法3条が『法令の規定に依りて認めたる』『慣習』は制定法と同一の効力を有するというときの、その『法令の規定』にあたる、と考えてもよい」

と理解されることになる（幾代・前掲書 231 頁参照）。

　　＊　**譲渡担保**　　譲渡担保というのは金銭債務を担保するために、債権者に債務者または第三者に属する物の所有権などを移転することなどを内容とする担保方法のことである。その意味からすると単なる担保について必要以上の大きな権利である所有権まで与えるということで、いわゆる虚偽表示（民法 94 条）ではないかが問題とされた時期もある。

　　　債権者に移転された財産権は被担保債権の弁済によって債務者に返還されるが、弁済ができないときには債権者に確定的に帰属することになる。しかし、譲渡担保は担保であるところから、目的財産の価値が被担保債権を上回っている場合には債権者は清算金を債務者に支払う必要がある。判例を通じて形成されてきた担保方法であり、その対象とされるものは動産・不動産などの物だけでなく各種の権利などもその対象とすることもできる。

　　　担保権として附従性や随伴性などが認められるほか物上代位性なども認められるものと解されている。

　　　譲渡担保は、担保物権たる質権は目的物の占有を質権者に引き渡すために目的物を利用しながら担保の用に供することができないということから始まった（質権につき民法 342 条・344 条・345 条など）。不動産については、抵当権があり、これは目的物を利用しながら担保に供することができるところから、その意味では譲渡担保の必要性がないが、いわゆる目的物の丸取りによる暴利を目指し、あるいは担保権の実行方法の容易さを求めて動産譲渡担保のみならず不動産譲渡担保その他の権利の譲渡担保などが広く行われている。しかし、担保ということから清算が問題とされていることは前述のとおりである。

[33]　**任意法規と強行法規**　　ここで、簡単に慣習との関連が深い強行法規と任意法規というものについて概説しておくことにする。強行法規というのは、当事者がその意思によってその適用を排斥することができない法規のことである。当事者の意思によって排斥することができる法規が任意法規であるということができる。この両者の内容的な区別は、公の秩序に関する事項についての規定が強行法規であり、そうでないものが任意法規ということになる。一般的にいえば、公法は原則として強行法である。私法においても、身分的秩序に関する規定である親族法（婚姻、親子、養子縁組などの規定）などは強行法規である。ま

た、画一的・絶対的な内容を持つことが必要とされている物権に関する規定はおおむね強行規定であるということができる。また、画一的内容を有する必要のある経済組織である法人などに関する規定は強行規定とされるし、弱者保護を目的とする借地借家法の規定は強行規定となるということができよう。一般的な言い方をしておけば、任意規定は比較的、取引法の領域に多いといえよう。民法の規定などにあっても契約法の規定などはほとんどのものが任意規定であるといっていいであろう。この任意法規は、その機能からみると「解釈法規」と「補充法規」とに分類されるということができるであろう。

[34]　**現代における慣習法**　　以上慣習法について検討してきたが、このような慣習法というものが現代の社会において占める機能とか役割にはどのようなものがあるといえるであろうか。もともと本来からすれば法の原則は制定法であり、しかも国民の権利義務にかかわるようなものは法律形式をもって定められるべきものである。したがって、不文法たる慣習は本来からすれば変則であり例外であるということができる。このような慣習法に対する傾向は社会の進歩により、より顕著になってくるものということができ、従来ならば慣習法に依存していた慣習法上の権利などが解体し（「入会林野等にかかる権利関係の近代化の助長に関する法律」〔昭和41年法律126号〕などによる解体現象など参照）、あるいは成文法規化（たとえば、「仮登記担保契約に関する法律」〔昭和53年法律78号〕などの例参照）するなどしているということができ、このような傾向はますます顕著になるといってもよいであろう。しかしながら現在でもなお、人の経済活動その他、人の世の営みに応じて様々な慣習法の生まれてくることは否定することはできないが、このような傾向によって慣習法に基づく権利が機能する領域が狭くなってくるということは指摘しておきたいところである。

2. 判 例 法

[35] **裁判の機能と判例**　われわれの日々の生活を通じて生じてくる個々の具体的な法的紛争について、法を適用し、その具体的な解決をはかる機能を果たすのが裁判所であり、この裁判所の果たす権能のことを司法権ということは周知のところであろう。かような司法権の機能は個別的な法的紛争ごとにその具体的・個別的な解決をはかっていくというところにあるということができよう。したがって、このような裁判所によって個別的な紛争解決のために示された判断というものは具体的な個々のケースを解決するということを目的としてのみなされるものであるといってもよいであろう（ある意味ではその事件かぎりのことといってもよいであろう。つまり、具体的な事実というものはこの世の中においては千差万別ということで限りなく存在するものであって、一つとして全く同じ事件というものはありえないという考え方からくる）。そうなってくると、司法権の機能というものは個別的な法的紛争の解決というものをはかっていくだけのことであり、一般的な法定立機能とは全く性格を異にするものであるということができよう（そのように考えれば、司法権と立法権とは明確に分離され、相互の役割分担ははっきりとすることになるであろう）。

　ところで、近代社会においては法的紛争を解決するための最後の手段となるものはその背景に国家の権力を配置するところの裁判ということになる。それが刑事事件であろうと民事事件であろうとこのことに変わりはないといえよう。そのような意味からすれば紛争解決の最終的なよりどころとなるものは裁判所であるということができよう。したがって、裁判所としては個々の具体的な法的紛争ごとに適正・妥当な判断を与え、それを合理的に解決するということさえ果たせばそれで事足りるということになるかもしれない。

　しかし、実際には、裁判所においてある種の事項について同種の判断が反復して示され続けることによって、多くの人たちが、裁判所に

おいては今後も同種の事件については同種の判断を繰り返すであろうという予想をし、そのことに確実なる期待をもつことになり、これを前提として自分の行動（裁判における行動）を決めるというようなことになるであろう。あるいは日々の社会生活を送るうえにおいてもこのことを前提として行動をすることになるということができよう。

　そのような意味からしても、およそ裁判というものを利用する国民の立場から考えれば裁判所の判断というものは安定したものでなくては困ることは当然であろう。判断がなされる裁判所ごとに同一性質の事件についての判断が異なるということでは困るわけである。極端にいえば、訴えを提起する者がどの裁判所を選択するかによって訴訟に勝ったり負けたりするということでは、裁判というものに対する信頼というものが失われてしまうことになる。

　このようなことから、裁判というものについては、どの裁判所に行っても同様の事件については同様の判断がされるという法的安定性があるということが必要となる。そうなれば裁判所においてある事項について同種の判断が反復され続けることによって、多くの人たちが、裁判所においては今後も同種の事件については同種の判断を繰り返すであろうと予想し、そのことに確実なる期待をもつことができることになる。そうなると、そこに一種の先例ができることになるであろう。また、裁判所のこのような取扱いというものがこうしていったん定まると国民もそれを前提に行動することになるのは当然である。もちろんのこと、それだけに一度は確立した先例をちょくちょく変えることは国民生活の観点からしても好ましくないということになるであろう。したがって、このようにしていったん裁判所の先例ができ上がってくると裁判所自体もそれに従って行動することになるのは必然である。つまり、裁判所自身においても過去に扱った同種の事件に関しては当然に同種の判断に拘束されることになる。このようになると、この先例は、いわゆる判例といわれることになる。つまり、判例とは、広い意味で過去に裁判所によって下された判断ということになる。そして、

狭い意味では、現在その判断が裁判所の判断として生きているものということができる。その意味では、広い意味での判例としては、尊属殺人について規定する刑法200条の規定を憲法に反するものではないとする変更される前の最高裁大法廷昭和25年10月11日判決(刑集4巻10号2037頁)などをいうことができる(「変更前の判例」ということになろう)。これに対し、この事案についての現在生きている判例ということになると、これを憲法違反とした最高裁大法廷昭和48年4月4日判決(刑集27巻3号265頁)であるということになる(その後の刑法改正によって尊属殺規定などは廃止されている)。

いずれにしても、そのようなことからすると、判例の問題に関するかぎり最上級審である最高裁判所においてはとりわけ重要な問題となってくるであろう。

もちろん最高裁判所においてさえも、いったん先例ができた場合には絶対にこれに従わなければならないというものではない。しかし、とりわけ最上級審である最高裁判所における判断については、特別のことがないかぎり従来の先例としての判例に従うことが国民の期待に添うことになる。つまり、通常の裁判手続からすれば最後の救済手続を担当することになるからである。裁判所法の規定によると、最高裁判所は、「憲法その他の法令の解釈適用について、意見が前に最高裁判所のした裁判に反するとき」には、裁判官の全員で構成する大法廷を開いて行わなければならないものとされている*(裁判所法10条3号)。このことからすると最高裁判所が従来の判例を覆すためには手続的にも慎重かつ厳格なものが要求されることになるのであり、実際の裁判においても判例変更ということがなされるのはそれほどちょくちょくあることではないのである。いわゆる「先例拘束の原理」というものは憲法その他の法令にも明確に規定されているわけではないが、実際に判例に拘束を受けることになるといってよいであろう。

 * **最高裁判所大法廷と判例変更** このことから実務的には従来は小法廷に係属していた事件が大法廷に移されるという事態が生じた場合には、と

りわけ憲法判断がされるというような事例でないかぎりは判例変更が予測されるということになるようである。

　また、同じ裁判所法の規定によれば「上級審の裁判所の裁判における判断は、その事件について下級審の裁判所を拘束する」と規定されている（4条）。この規定の趣旨は、上訴された上級裁判所が原裁判所の判決を破棄し、原審に差し戻したときには、原審裁判所は、その問題点については上級裁判所の判断に従わなければならないという趣旨である。もちろん、破棄・差戻しがされた場合であるとはいっても、原審裁判所において別の理由によって前と同一の結論を出すことは妨げないのであるが。

　ところで、わが裁判制度にあってはいわゆる三審制が採用されるところから、下級審裁判所の裁判官が上級審裁判所、とりわけ最高裁判所の判例に反する裁判をした場合には、これが上級審において破棄される可能性が大きいといえよう。つまり、このようなことからすると最終的には最高裁判所の判例が下級審の裁判を支配することになっているといってもよい状態にある。そうなると下級審裁判所の裁判官としては最高裁判所の判例に反する判断を出すということはよほどの確信がなければなし難いということになりかねない。その意味でも最高裁判所の判例は下級審の裁判官を拘束することになる。

　先に述べたように、司法権というのは、発生してきた個々の具体的法律紛争を公権的判断を通じて解決するという役割をもつものである。つまり、裁判所の役割としては個々の具体的な事件に関する法的紛争の解決ということになり、裁判所は抽象的な法規を制定するものではないということになる。

　そうなると、果たしてこの「判例」というものが法規範としての存在であるとして把握することができるかが疑問とされてくることになる。つまり、「判例は法か」ということが問題となるであろう。確かに判例というものの個々の事件ごとにされる具体的判断ということから

すれば判例は法とはいえないという考え方もあろうが、とりあえず判例というものについてそれが「既存の法に内在する原理を変化した事実の上にふさわしく発展させるということは、いいかえればあたらしい法原理をつくり出すということであり、それは法の制定にほかならない」(高梨公之『法学〔全訂版〕』121頁)と理解することは困難ではないであろう。とりわけ、既に検討を加えてきた判例というものに対する裁判所の仕組みであるとか、これに対する裁判所を利用する国民の側の対応や意識ということまで考えれば、単に司法権というものが個々具体的な法的紛争(事件)を解決するという機能であるに過ぎないといってみても、その果たしている実際的な機能というものを否定することはできない。このような意味からすると、判例というものの重要さが認識されるとともに判例を一つの法源として認識することも可能であるということになろう。

[36]　**具体的な判例**　以上に判例というものの概念や機能についてかなり詳しく説明してきた。そこで、ここでは具体的に判例というものがどのようなものかということを生きた判例を素材として検討しておくことにしよう。

　ところで、わが国における離婚については協議離婚(民法763条)、調停離婚(家事審判法17条)、審判離婚(同法24条・25条)が認められるほか、これらによれない場合については最後の手段として判決離婚が認められている。これと同時に人事訴訟法によって訴訟上の和解による離婚(37条1項)および請求の認諾による離婚(37条1項)がある。しかし、この判決離婚の場合については、相手方配偶者に不貞な行為があった場合、悪意で遺棄された場合、配偶者の3年以上の生死不明状態がある場合、回復が見込まれない強度の精神病である場合などのほか「婚姻を継続し難い重大な事由があること」などの離婚原因がないかぎりこれを認めないとしている(民法730条)。しかし、条文は、この「婚姻を継続し難い重大な事由」があればよいといっているだけで、それが離婚請求をしている者の責任によってもたらされたものである

必要があるかどうかについては何ら言及していない。しかし、これについて、判例は従来から、自らがその責任ある行為などによって「婚姻を継続し難い重大な事由」を引き起こしておいて、そうなったから離婚を認めてくれというのは虫がいいというところから、夫が他に愛人をもち、妻がヒステリーになり暴言を吐いたり暴力を振るうようになった場合であっても、破綻の原因を与えた有責配偶者からの離婚請求は許さないとしてきた（最判昭和27年2月19日民集6巻2号110頁参照。この事件が著名ないわゆる「踏んだり蹴ったり判決」である）。つまり、ここでは特に規定が掲げていない要件まで裁判離婚について要求するのが判例ということになるわけである。

　もっとも、この判例は、長きにわたって最高裁判所判例としての機能を果たしてきていたが、近時にいたっていわゆる大法廷判決を経て判例変更という手続がとられることになった。すなわち、最高裁判所大法廷は、昭和62年にいたり、35年間も別居状態にあった夫婦について、①別居期間が長期間にわたること、②相手方配偶者が離婚によって経済的に破綻する状態にないこと、③夫婦間に未成熟の子がないことなどの諸条件の下で有責配偶者からの離婚を承認し、従来の判例を変更し（最大判昭和62年9月2日民集41巻6号1423頁）、その後においてもこれに従った判断をしている（最判昭和62年11月24日判時1256号28頁）。この問題をめぐる一連の判例を考えるときに判例というものがどのようなものであり、また、それがどのような機能を果たしているかについても理解することができよう。

　また、詳細に説く余裕はないが、従来から問題とされ、判例法上では憲法違反ではないとされていた尊属殺人についての刑法第200条の規定に関する前出の最高裁大法廷昭和25年10月11日判決とこれを変更した判例であるところの昭和48年4月4日判決もともに最高裁判所の判例ということができよう。

　いずれにしても判例があるかぎりは少なくとも裁判実務はこれに従って行われるのが普通である。したがって、過去においては有責配

偶者からの離婚請求を裁判所で争う場合には現在生きている前記有責配偶者からの離婚請求事件に関する判例が前提となって行われることになるし、また、改正前の刑法200条の規定はそれが憲法違反であるという裁判所の判断が示されて後も長期間にわたって規定自体が削除されることなく刑法の一内容をなしていた。しかしながら、前記の最高裁判所の判例があったために、これ以降はこの規定を利用して「尊属殺人罪」による起訴は行われていなかった（その後になされた刑法の全面的口語化への改正作業の過程において尊属殺人罪の廃止がなされた）。

3．行政先例

[37] **行政先例（判例に類するもの）**　法の解釈の方法の一つにいわゆる有権的解釈なるものが存する。これにはその実効性や強行性といった性格を伴うところから法解釈の種類にあっても重要なものといっていいであろう。これに属する典型的なものの一つが、既に述べた判例を生み出すところの司法解釈ということになるのである。

　そこで、もう一つの典型的な有権的解釈の場合としていわゆる行政先例を挙げておくことができるであろう。ある意味では、この行政先例というものは、判例に匹敵するものであるところからここで簡単に紹介しておくことにしたい。

　いわゆる各種の行政先例などが法源として認められるかが問題となる。この行政先例とは、国家や地方公共団体などの権力機関の権限に基づいて出される通達や回答などのことである。これを受けた各行政庁にあっては、この行政先例に従ってその事務を行うことになることは当然である。その意味においてこのような権限ある行政庁によって出される行政先例の示す考え方はある意味で行政機関を拘束するものであり、一種の有権的解釈であり、強力なものであるが、これが裁判所を拘束するものではないという意味においては、必ずしも法源というに足るものとはいえまい。

しかし、特定の領域においては裁判所に対しても事実上の拘束力を与えるということからすると、判例に準ずるものとして考えることもできるであろう。

その現実的な場面をみておくことにしよう。たとえば、不動産登記や戸籍*などの実務についていえば、その事務の性質上、全国的な共通性が不可欠とされるところから、これについて全国的な規模で法務省において監督・指導している。そこで、この事務の遂行上で生じてくる様々な法的問題については、その指導・監督業務を所管する法務省民事局の局長や不動産登記事務所管課ないし戸籍事務所管課から発せられる各種の通達や回答によって処理され、これによって全国的にも統一がとれた運用がされることになる。これらの回答や通達などは行政先例と称され、実効性ないし強行性を有するところから登記事務を扱う法務局ないし地方法務局や戸籍事務を扱う市区町村長などを拘束することになる。行政による解釈がこのような行政先例に示されるわけであるが、これはある意味では司法解釈を示す判例などに類する諸効果をもつことになる。

> * **戸籍事務と登記事務**　戸籍事務も登記事務も国民生活に影響するところが大きく、その趣旨からも全国的に統一がとれているということが重要となってくるのである。しかし、その両者の扱いは異なり、戸籍事務については、これは本来は国の事務であるが、いわゆる機関委任事務として国民との接触が深い地方公共団体であるところの市区町村の長に取り扱わせることにし、これに対して国はいわゆる地方交付税によってその事務を扱わせるという取扱いをしている。ところが、登記の場合には戸籍とはかなりの性格の相違があることから、これを法務省の配下にある法務局、地方法務局あるいはその支所、出張所が直接にこれを行うことになる。このような登記事務を扱うところを通称して「登記所」などと呼ぶ。

【参考文献】
・石坂音四郎「慣習法論」『改纂民法研究（上）』有斐閣・1918 年
・橋本文雄「慣習法の法源性」『社会法と市民法』有斐閣・1957 年
・幾代　通『民法総則〔第二版〕』青林書院・1985 年
・川島武宜『科学としての法律学〔新版〕』弘文堂・1964 年
・矢崎光圀「判例法と法的推論」(法哲学年報) 有斐閣・1972 年

第3編　法と法学の歴史
……法がたどってきたみち

第1章　原始法と法の発展

[38]　**原始法の特色**　わが国の近代的法律制度というものは、明治期においてヨーロッパの大陸法の影響ないしその継受ということによって確立され、その後の発展をたどってきたものである。その意味では、その根底にあるのはヨーロッパ大陸法ないし欧米諸国の法と法学というものであり、それだけに、その源泉および歴史についてある程度知っておくことが、わが国の法律制度を知る上で必要となるのは当然ということができよう。

　既に説明してきたように、法というものが認められるためには、それが存在する社会自体が一定の政治的に組織化された社会となっていることが必要とされることになるが、法というものの存在それ自体は必ずしも国家というような確立された権力機構を前提とするものではない。国家形成以前における原始社会とか部族社会といった存在においても、法という存在が否定されるものではない（「社会あるところ、法あり」）。このような法のことを、われわれは「原始法」と呼ぶことができる。

　このような原始法の特色というものを大雑把にではあるが、ここで上げてみるとすれば、①先ず、統一的な立法機関というものがないところから、このような法というものは必然的に「慣習法」ということになる。②法に違反した場合であっても、いわゆる司法機関というも

のが形成されていないところから、これによる紛争解決は部族の長老とか祭司の判断や調停などに委ねられることになる。あるいは、その他にも決闘であるとか、贖罪金(しょくざいきん)の支払いや神判などの方法によって解決がはかられることになる。あるいはまた、③法に違反する行為による被害を受けたものとしては適正な捜査機関などに依存することができないところから、いわゆる自力救済の手段に解決を求めることになる傾向がある。

[39] **社会の組織化にともなう法の変遷** いわゆる原始法というものの特色を大雑把にとらえれば以上のようなものとなる。やがて社会の進展ないし組織化ということが進んでくると権力団体に法が帰属することとなり、法規範はこのような権力団体と結び付いて、以下のような傾向を示すことになっていく。①慣習法の制定法化ということが生じ、従来は慣習という曖昧なものにまかされていた法の内容が、明確化する傾向が示されることになる。②自力救済が禁止され、権力団体によっていわゆる法の執行ということがされるようになる。つまり、法に基づく強制権限は政治的権力団体が独占することになる。③法に違反することによって生じた紛争については、原則として政治的権力団体が営為する裁判機関により解決されるようになる。

このように、いわゆる原始法というものの特色ないし傾向とこれがどのように変遷することになるかについては、以上に述べたところから理解することができるであろう。

第2章　古代・中世の法と法学

[40] **ローマ法** 日本法がそれから多くを学んできたところの大陸法の多くはローマ法にその起源を求めることができる。19世紀の法学者で

あるイエーリング Rudolf Jhering（1818～1892）は、その著書である『ローマ法の精神』の冒頭において次のような有名な言葉を残している。すなわち、「ローマは三たび世界を征服した。最初は武力によって、次には宗教によって、そして最後は法によって」というのがそれである。そして、かれはさらに、このうちのローマの武力による支配、宗教による支配は必ずしも永続的であったとは言えないが、ローマ法による支配だけは永続し、今日にいたるということを指摘しているのである。

古代ローマにあっては紀元前450年頃に制定された十二表法が存在していた。この十二表法はそれまでのローマにおける慣習というようなものを整理して収録したものであるが、その頃のローマ自体が単なる一都市国家に過ぎない存在であり、それだけに十二表法も単なる一都市国家の法であり、農民の法であり、家族中心の法であった。

ところが、ローマは共和制末期頃から帝政初期にかけて単なる一都市国家たるに留まらず、いわゆる世界国家へと発展することになる。したがって、いわゆる外国人との接触ないし法律関係をも広く生ずるようになってくる。そこで、法もローマ市民のみについて適用されるいわゆる市民法（jus civile）と、このほかに外国人との取引について適用となる万民法（jus gentium）が創設されることになる。また、この市民法が新しい社会情勢に適応することができなくなってきた際に、これを補正するために法務官など政務官の告示によって新しい法が創設されることになる。これがいわゆる名誉法（jus honorarium）である。この名誉法によってローマの法は柔軟なものとなり硬直化することを免れることになるわけである。

ところで、ローマにおけるこの時代の具体的な裁判については、法学者からの意見が求められ、その解答を参考として裁判自体が行われていた。とりわけ優れた法学者に対しては皇帝による解答権が付与されたりした。

ローマ帝国は3世紀の後半にいたって東西ローマに分離することになり、以後は東ローマ帝国を中心として発展することになる。

その後、6世紀に入り、ユスチニアーヌス(Iustinianus)皇帝(438～565)がイニシャティブをとって大規模な法典編纂事業を行うことになる。これによって530年代に、①学説彙纂(Digesta)、このギリシャ名をパンデクタ〔Pandectae〕といい、ドイツ法上ではパンデクテン〔Pandekten〕という)、②法学提要（Insitutiones）、および、③勅法彙纂（Codex）として成立することになるこれらは、多くの学者の学説が一定の体系のもとで集められたものであり、この法典編纂の中心的なものであった。②は、法源としての資格が与えられるものであるが法学教科書である。③は、それまでの各皇帝の勅法を集めたものである。さらにその後、ユスチニアーヌス帝の死亡までの勅法を集めた④新勅法彙纂（Novellae）が公布されている。

　このユスチニアーヌス皇帝によって編纂された法典については、後に「市民法大全」(Corpus Juris Civilis)もしくは皇帝の名をとって「ユスチニアーヌス法典」と呼ばれることになり、これがローマ法を代表するものとなった。この市民法大全の内容は主に私法領域が充実しており、今日の私法制度の起源がここに求められることになる。

　このローマ法においては、厳格な形式主義とか強固な家父長制がとられ、奴隷については「物」として扱うなど近代法へとつながりにくい側面をも有していたが、法を宗教から解放し、精緻な法技術を発展させ、取引の自由を広く認めるなどしており、いわゆる個人主義が採用されたということもでき、近代法へのつながりを生じ得る様々な長所をもっていた（伊藤正己編『法学〔第二版〕』〔長尾龍一〕31頁参照)。

[41]　**ローマ法とゲルマン法**　もっとも、このローマ法は西ローマ帝国の滅亡によってしばしその存在を忘れ去られることになる。そして西ヨーロッパ各地ではゲルマン部族の慣習法たるゲルマン法によって支配されるようになるが、それは体系的なものとまではいたらなかったといってよいであろう。

[42]　**ローマ法の復活**　ところが、12世紀に、イタリアのボローニアにおいてボローニア大学を中心としてローマ法の研究が復活することに

なる。ここでの研究は市民法大全を研究し、これに注釈を加えるという方法をとっただけに、この立場のことをいわゆる注釈学派（Glossatores）と呼ぶことになる。このローマ法研究は13世紀半ば以降にあっては、市民法大全を当時のイタリア社会に適用するという方向での実践的な目的に従って、これに注釈を加えたり、現実の実務への助言という形をとるようになっていった（これを「ローマ法の現代的当用化」という）。

そして、そのような意味で、このような立場は注解学派（Kommentatores）とか助言学派（Konsiliatoren）などと呼ばれることになる。かくして、当時のイタリアの各都市の条例（Statuta）についてはローマ法が補充的な法源として適用されていた。この時代にあってはバルトルス Bartolus（1314～1357）やバルドゥス Baldus（1327～1400）などの著名な学者には、ローマ法の解釈についての支配的な権威が認められていたところから、ヨーロッパ各地の貴族の子弟などの留学生が彼らのもとに集まり、ローマ法を学び、その成果を自国にもちかえって行政や司法の分野に活用することになった。このような形で、ここでなされたローマ法の解釈・運用というものがヨーロッパ各国において受け入れられることにもなった。

[43]　**カノン法**（教会法）　近世大陸法に与えた影響ということからするとカノン法の存在は無視することができない。教会自体が一定の組織を持つことになるに従って、教会内部の規範の必要性とその発生ということがおこり、これが中世後半になるに従ってその数も増加し、組織的体系的になる。とりわけ、12世紀にいたってグラチアーヌス Gratianus（？～1158）によってなされた教会法規の集成が著名である。また、13～14世紀にかけて、さらにいくつかの法規集が編纂されることになった。そして、これらがいわゆる「教会法大全」（Corpus Iuris Canonici）と総称されることになる。

このカノン法においては、教会の支配する婚姻の成否や解消の問題や、動産遺言などに関して機能していたが、やがてこのカノン法はい

わゆる世俗法についても機能するようになる。ここでは、教会法学者とローマ法学者とが協力して学理が発展するという傾向がみられた。消費貸借における利息の禁止などが認められ、ローマ法では原則として効力を認められなかったいわゆる諾成契約に効力を認めるなどされた。また、当然のごとくにいわゆる婚姻不解消の原則などが支配していた。いわゆる事情変更の原則が認められたのも、このカノン法の影響である。

第3章　近世大陸法の発展

[44]　**ローマ法の継受**　このようにして生成してきたローマ法はヨーロッパ各国に影響を及ぼすことになり、やがてこれがヨーロッパ各国で継受されることになる。このローマ法の影響はイタリアに近い国ほど強く、これから遠ざかるに従って弱くなるが、いずれにしてもドイツ、フランスのほかスペイン、ポルトガル、デンマーク、スウェーデンなどにまでその影響は及んでいた。そして、このようないきさつはローマ法の強い影響を受けたヨーロッパ大陸の全体に共通する、いわゆる「大陸法」を形成する基礎となったということができ、その影響をほとんど受けなかったイギリスから生じる英米法との顕著な発展の対立を示すことになる。もちろん、この大陸法にあってもローマ法の影響の受け方は一様ではなく、フランスを中心とするロマン法群とドイツを中心とするドイツ法群とに分かれていくことになるのである。

いずれにしても、12世紀以来、ヨーロッパ各国においては留学生をボローニア大学を中心としたイタリア北部の大学へおくりこむようになる。そして、ここでは、ローマ法とカノン法とが教育され、この教育を受けた留学生は自国に帰って、行政官あるいは司法官となり国の

中心となって働くことになる。このようにしてイタリアの大学でローマ法の教育を受けた人々によって自国における行政や司法などについてのローマ法化（いわゆる近代化）がなされることになる。その結果として、ローマ法はヨーロッパ大陸各地に普及していくことになるのである。このように他の国民や民族の法というものを承継し、自国のものとすることを「法の継受」(Rezeption, Reception) という。

この法の継受には個々の制度の継受と法全体の継受とがある。このような意味においてローマ法はイギリス法を除くヨーロッパ大陸各国に継受されていったといってもいいすぎではない。

ローマ法の継受が大幅になされたのがドイツであり、ここにおいては、ローマ法は普通法として継受されることになり（いわゆるドイツ普通法）、当時のドイツ社会にローマ法を適用させようとするものであった（「ローマ法の現代的慣用化」）。しかし、ここにおいて継受されたのはいわゆる私法であって、公法についてはほとんど継受されることはなかった。

[45] **法典編纂へ**　ところで、この当時のヨーロッパ大陸における支配的な学説に、いわゆる自然法思想がある。かつては、神という存在に普遍的な法たる自然法というものの根拠を求めるというのが、いわゆる自然法思想であったが、この時代にあっては、自然法というものを人間の理性というものに求めるということとされていた（これを「近世自然法」とか、「理性法」とかいう）。とりわけ、当時にあって、この思想はグロチウス Hugo Grotius (1583〜1645) やホッブス Thomas Hobbes (1588〜1679)、プーヘンドルフ Samuel Pufendorf (1632〜1694) などにより体系化され、やがて啓蒙思想との結びつきを生ずることになる。そして、この自然法思想が啓蒙思想と結びつくことによって、いままでは抽象的な存在であった自然法というものが具体化していく。これがやがて立法化への方向をたどらせることになるのであるが、近代自然法の思想は、従来のローマ法やゲルマン法についても、その中の不合理な要素には反対し、合理的な法体系を目指すことになる。このように近世自

然法論の影響と啓蒙思想との影響を受け、18世紀末から19世紀初頭にかけてヨーロッパの各国に法典編纂が行われることになる。

[46]　**各国における法典編纂など**　ここで注目されるのはフランス、ドイツ、イギリスなどであるが、これらについて簡単に触れておくことにしよう。

　18世紀ないし18世紀半ばにかけて成立されたプロイセンおよびオーストリアの法典編纂がある。この両国は当時のドイツを代表する強国であったが、プロイセンにおいてはフリードリッヒ・ヴィルヘルム二世の死後である1794年にプロイセン一般ラント法として成立した。この法典には私法のみならず公法も含まれ、条文の数も膨大なものであった。その基本的思想にはいわゆる啓蒙的自然法というものが支配していたところから、この法典はプロイセンの近代化についての多くの貢献を果たすことになる。

　オーストリアにおいても18世紀半ば頃から法典編纂の動向があり、紆余曲折の果て、最終的には1811年のレオポルド二世の時代に「オーストリア一般民法典」として成立した。同法典にあっても自然法の影響が極めて強いものであった。

[47]　**フランス民法典の成立**　その後の各国の法典編纂についての強い影響を与えた立法に何といってもフランス民法典およびその他のフランス法典の編纂がある。フランスにおいては、1789年のフランス革命にいたる前にはローマ法の影響を強く受けた一種の慣習法が支配していたようであるが、革命後、1804年に、いわゆるナポレオン民法典の成立をみることになる。この法典はナポレオン・ボナパルト（Napolon Bonaparte）の影響を強く受けて成立したものであり、民法草案を検討する立法委員会についても、ナポレオン自身がこの討議を主催することしばしばであった。かくしてナポレオン民法典は1804年3月21日法によって成立することになる。帝政がしかれるわずか2ヵ月前のことであった。かくして、これに引き続いて民事訴訟法典（1806年）、商法典（1807年）、治罪法典（1808年、これは現在の刑事訴訟法）、刑法典（1810

年）が成立することになる。民法典以下のこの四法典を合わせていわゆる「ナポレオン五法典」と称することになる。

　とりわけ、この民法典においては、個人主義、自由主義を基調とする近代的なものであり、所有権の絶対性、契約の自由、過失責任主義などの近代市民法の基本をなすところの各原理が採り込まれ、近代市民法の基礎を成すものとなった。この民法典はフランス本土はもとより、当時のナポレオンの支配下にあったベルギー、オランダ、イタリア、ドイツ西部などに適用された。また、この後に法典編纂がなされたヨーロッパ各国においても、ナポレオン民法を模範としたものが多く、オランダ（1838年）、イタリア（1865年）、ポルトガル（1865年）、スペイン（1889年）などをあげることができる。そして、この傾向は単にヨーロッパ各国にとどまらず、スペインやポルトガルの植民地であった中南米諸国にも影響を及ぼしたし、北アメリカにおいても、合衆国のルイジアナ州やカナダのケベックなどにナポレオン法典が継受されている。

　このナポレオン民法典は、1804年の成立段階においては「フランス人の民法典」（Code civil des Francais）として交付されたが、後にナポレオンによって「ナポレオン法典」と改称された（1807年）。しかし、この名称はナポレオンの失脚によって廃止されて、再度「フランス人の民法典」とされることになる（1852年）。しかし、これが再度ナポレオン三世によって「ナポレオン法典」へと戻されることになる（1852年）。このような変遷をたどりながらも、第三共和制の成立以降においては、慣行として、「コード・シビル〔Code civil〕」（民法典）と呼ばれている（碧海ほか『法学史』〔山口俊夫〕195頁参照）。

[48]　**ドイツ民法典の編纂**　　フランス民法典とともに影響力の大きいのがドイツ民法典であるということができよう。とりわけ、日本にとってはドイツ法の影響は大きく、それだけにドイツ民法の成立の過程をみておくことは無駄ではないということができよう。

　ナポレオンの勢力が駆逐された後のドイツにおいて、ローマ法、フ

ランス法、プロシャ法などが入り乱れて存在し、不統一の末期的封建社会という状態にあったのを統一あるものとする努力がなされ、不統一国家であったドイツも1871年にはビスマルクにより統一国家とされるにいたり、1896年には民法典の成立・公布（施行は1900年1月1日）をみることになる。

　ドイツに国家統一の機運が高まったのは19世紀初頭のことであるが、これに呼応するように1814年にはチボー Anton Friedrich J. Thibaut（1772〜1840）が「ドイツに対する一般民法典の必要性について」（Über die Notwendigkeit eines allgemeinen bürgerlichen Rechts für Deutschland, 1814年）なる論文を発表してドイツにおいては国内の統一的民法典を制定し、近代化を成し遂げることが急務であるとする主張をなした。ところが、この主張に対して歴史法学の主張者であり、著名な法学者でもあるサヴィニー Friedrich Carl von Savigny（1779〜1861）においては、これに反論して、「立法および法学に対する任務について」（Von Beruf unserer Zeit für Gesetzgebung und Rechtswissenschaft, 1814年）なる論文を発表し、およそ法というものも民族の精神発露であり、民族の間に自然に発生し、いわば徐々に形成されていくものであるとする。すなわち、法は偶然的・恣意的に「作られる」ものではなく、自然に「成るもの」であり、法は有機的に発達するものであるというのである。そして、この法の効力というものは民族の確信にあると主張し、現在はいまだ立法の時ではないとの主張をなした。

　この法典編纂をめぐって両碩学によってされた論争のことをいわゆる「法典論争」といい、後に紹介するわが国における民法典の編纂の際になされた「法典論争」とともに法学上の議論として記憶にとどめられねばならない事項である。このサヴィニーの主張はプフタ George Friedrich Puchta（1798〜1846）によって受け継がれ、有力なものとなり、やがてドイツ法学界の有力学説となり、歴史法学説を形成することとなった。このためにチボーの民法編纂事業は、当時実現することなく、19世紀の末葉にいたり時代思潮の変化を来すまで実現することがで

きなかった。

[49]　**ドイツ民法典の成立**　かくして紆余曲折を経てドイツ民法典の成立をみることになるのであるが、ドイツ民法典の編纂については1874年に委員会が設けられ、この委員会にあっては代表的なパンデクテン法学者（前記のように「パンデクテン」とは「ディゲスタ」のドイツ名のことである）であるヴィントシャイト Bernhard Windscheid（1817～1892）が中心となった。この委員会においては1887年に第一草案（日本の現行民法典はもっぱらこの第一草案を参考として立法されている）をその理由とともに発表した。

　これに対しては、ドイツ民族の固有法であるゲルマン法こそが研究されるべきであるとする、いわゆるゲルマニストからの批判を強く受けることになる。その代表者格の著名な学者にギールケ Otto von Gierke（1841～1921）があった。ギールケは、この第一草案があまりにもローマ法に偏りすぎており、ローマ法的な個人主義の特色が顕著すぎ、ゲルマン法的な団体主義というものを無視していると批判した。また、無産主義者の立場からアントン・メンガー Anton Menger（1841～1906）が、その著書『民法と無産階級』において、民法第一草案はブルジョア階級の利害に奉仕するものであるとの批判を寄せている。

　そこで、1890年には新たに委員会が再構成され、ここでの検討を通じて完成したのがドイツ民法第二草案である。第二草案は基本的には第一草案に手直しを加える程度のものであるが、しいていえば第一草案よりも社会的要素が加えられたという程度であろう。この第二草案は、1894年に帝国議会を通過してドイツ民法典として成立することになる。このドイツ民法はいわゆるパンデクテンシステムによるものであって、極めて精緻な理論体系のもとで構成されている。このようなパンデクテン構成によるドイツ民法典に対するいわゆる概念法学であるとする立場からの批判はあるものの（最も強くこの立場を非難したのはイェーリングで、その著書『法律学における冗談と本気』〔1884〕においてであった。この立場は、後の自由法論などの発生の基盤となるものであり、大きな意義を有す

るものでもあった)、その法的安定性などという利点からやはり多くの諸外国の立法ないし法学議論にも影響を及ぼしている。

[50]　**その他の諸外国**　　ドイツ民法は、各国の立法に大きな影響を与えることフランス民法と同様である。ギリシャ、ブラジルなどの他にも日本民法典への影響は大きく、日本民法を通じて中華人民共和国、中華民国のみならず韓国にまで影響が及んでいる。もちろん、ドイツ民法の場合には外国立法例への影響という点においてはフランス民法に及ぶべきもないが、その精緻なパンデクテン法学の影響をわが国などでは強く受けているということができよう。

　このドイツ民法典の成立に続いてスイス民法典の成立がある（1960年）。スイス民法典の場合にはローマ法の全面的な継受というよりもスイス国内各地方の土着的な性格を強く反映しているものである。このスイス民法典はやはり多くの国の立法例に影響を及ぼすものであり、リヒテンシュタイン、ギリシャ、トルコ、ソビエトなどに多くの影響を与えている。

[51]　**ヨーロッパ大陸法学のその後**　　かようにしてフランス、ドイツ、スイスなどの民法典が成立したのちにおいても各国を取り巻く諸環境は変化し、ドイツについていえば、第一次大戦後の大きな経済変動のなかにあって民法典にも修正が加えられるし、判例においても信義誠実の原則や事情変更の原則などの一般条項的な規定や理論が大幅に活用されたようである。また、第一次大戦後には、いわゆるワイマール憲法*が成立し、「所有権は義務を伴う」という有名な規定がおかれ、これに伴い民法も社会化の方向をたどることになるわけである。もっとも、この傾向も、その後にヒットラーの独裁体制下でその意義を喪失していくことになる。ナチ政権下においては、ラーレンツ Karl Larenz（1903〜）などの極端にいえば当時のナチの御用学者ともいうことができるような学者によるパンデクテン体系の再構成などが試みられたりした。

　第二次大戦後にあっては、ドイツは東西ドイツに分離し、西ドイツ

にあっては基本的には制定当初の形を取り戻して行くことになっていった。また、その後の東西ドイツの統合により東ドイツの法はすべて解消することになる。

このような動向はドイツ以外でもみることができるが、ドイツを中心とした学問の傾向としては次のような傾向を指摘することができるであろう。

まずは、ドイツ民法成立後における法解釈方法論として当然のごとくにいわゆる概念法学が発展することになる。しかしながら、これに対するイエーリングの批判がなされ、これを契機としていわゆる自由法論が展開されることになる（自由法論については別に検討する）。その中心にあったのがドイツのカントロヴィチ Hermann Kntorowicz（1877～1940）であり、これが彼によって主張され（同様の傾向の学者としてはオーストリアのエールリッヒ、フランスのサレイユやジェニーなどがある）、国家法以外の「生ける法」の存在を重視し、法の完全無欠性を否定し、法の欠缺を認め、法解釈における利益較量や法の目的思考を重視し、裁判というものに法創造性を認めるなどの主張が展開されることになるのである。

この自由法論に遅れていわゆる利益法学が主張され、法解釈は法文のみにこだわってなされるべきではなく、利益状況からの判断に従ってなされるべきであるなどの主張がされることになる。

このような法学方法論が諸国の立法後にヨーロッパ大陸においては展開されることになる。

> * **ワイマール憲法**　第一次大戦において敗北を体験したドイツ帝国は崩壊し、この後の1919年に平等・普通・比例代表選挙によって選出された国民議会がワイマールにおいて開催された。7月21日にドイツ共和国憲法が決議され、8月11日に公布されることとなった。これが「ワイマール憲法」と俗称されるものであり、20世紀型の典型的な憲法とされている。この憲法は1933年にヒットラーによる独裁体制の確立により崩壊するに至った。

[52]　**EC(EU)法の展開**　現在のヨーロッパ各地にあってもっとも重要な存在はEC (EU) 法であるということができるであろう。EC、いわゆる欧州共同体の基礎は既に第一次大戦の直後からその構想があり、その必要性は第二次大戦直後から非常に強いものとなった。この段階を前提として1951年にパリで締結された「欧州鉄鋼共同体」を設立する条約が締結され、これにはフランス、西ドイツ、オランダ、ベルギー、ルクセンブルグ、イタリアなどの参加をみ、ECの基礎が築かれることになった。こうして成立した加盟国の間ではさらに原子力問題、経済問題などの様々な問題が検討されることになり、1957年3月にはローマで「欧州経済共同体」と「欧州原子力共同体」を設立する条約が締結されるにいたった(「ローマ条約」)。そして、この三共同体は1967年7月1日には合併することになり、ここに欧州共同体、いわゆる「EC」が確立することになる。ここにあっては、理事会、委員会、議会そして裁判所の諸機関をもち、とりわけ欧州共同体裁判所においては、ECの各種の法律問題についての管轄権をもつことにされている(その執行は各国の裁判所にまかせられる)。ここで適用される法規は、ECの各条約がこれに該当することになる。つまり、共同体設立条約、加盟国間の条約や議定書、新加盟国加盟の条約、ECと第三国間でされた協定などがこれであり、これは「基本規定」と呼ばれている。これらの他にECの機関において発せられた各法規などもこれに含まれることになろう。このEC法の効力は加盟国および加盟国の国内法人や個人にも及ぶと理解されている。

　このECにはイギリスの参加もあり、統一化が急速に進歩するかにみえたが、参加加盟国の経済的または政治的な要因が原因となってやや不調和の兆が見えてきているということができよう。しかしながら、その傾向は別として加盟国の法の統一ということへの努力がなされ、その各国内法同士の統一ということは不可能ということになっても、加盟国間の法の近接化傾向が進むことにもなるし、ひいては大陸法のみならず、大陸法とイギリス法との近接ないし調和ということをもた

らす原因ともなる可能性を秘めているということができよう。この EC 法（欧州共同体法）は、1993 年から EU 法（欧州連合体法）へと変わり、今日にいたっている。もっとも最近においては国民投票の結果を得てイギリスの EU からの脱退が決まっているところから、このことが EU への大きな影響を与えるであろうことは避けがたい状況にあるといえよう。

第 4 章　英米法とその発展

[53]　**イギリス法の歴史と発展**　世界の法の分類としては大陸法の系列に属するもの、英米法の系列に属するもの、律令などの中国の法の系列、イスラム法*の系列に属するものなどを上げることができる。しかし、今日の世界の法のなかにあって現在の資本主義経済社会を支配しているのは何と言っても大陸法と英米法であるということができるといえよう。もともと、英米法というのはイギリス法がアメリカはじめイギリスの統治領などに広がって現在の形をとるようになったものであるが、現在ではアメリカ法とイギリス法とでは相当の隔たりが見られるようになった。いわゆる大陸法と異なり、判例法主義が採られ、先例拘束の理論が支配し、判例の積み重ねからいわゆるコモンローシステム（common law system）が生まれた。この英米法にあっては、後にも述べるが大陸法と異なり、ローマ法の影響をほとんど受けず、独自の領域を持っている。とりわけ戦後のアメリカによる日本の占領政策の一環としての法改正によって、日本の現在の法制度に大きな影響を残している。

　既述のようにこの英米法系はイギリス法が母法であり、これがイギ

リスの各植民地、たとえば、アメリカ、オーストラリア、ニュージーランドなどに広く継受されたものである。その意味で、いずれもイギリス法の色合の強さが広く影響しているということができる。ところで、イギリスという国は、ヨーロッパ大陸とはドーバー海峡を隔てていることもあり、ローマ法の影響を受けることは少なかったということができる。すなわち、イギリスにおいては、従来は地方的慣習が行われていたが、13世紀には国王裁判所によって全国に一律に適用されるいわゆるコモンロー（Common Law 普通法）**が確立することになった（そのことがローマ法の影響を最小限にとどめる原因となったといえる）。

> *　**イスラム法**　いささか特殊な法体系であるために、あまり研究されることもなかったが、取引などとの関わりで最近ではわが国にあってもいくつかの研究がなされ始めている。
>
> **　**コモンロー**　コモンローとは、イギリスにおいて行われるところのいわゆる伝統的な判例法のことをさすのが一般的であり、これは後述するエクイティ（Equity 衡平法）や制定法（Statute）と比較される概念である。しかし、同時に、このコモンローの概念は、ときにローマ法（Civil Law）、寺院法（Canon Law）、大陸法（Continental Law）の概念に対する「英米法」の概念一般をさして用いられることもある。

しかしながら、英国においては、このコモンローが中世末期から近世の初頭にかけて著しく硬直化してきた。そのために、このコモンローのみでは当時の社会の需要にこたえられなくなった。とりわけ、コモンローがいわゆる信託における受益者の権利を認めないことなどが問題となった。

ここにエクイティ発生の契機があり、大法官（Chancellor）が正義の観念に基づいてコモンローの欠点を補充するものとして発生してくるに及んだ。つまり、コモンローによっては認められないが、そのままでは不公平となる場合について国王に請願という形で救済の求めがされた場合、この請願が国王の代官である大法官によって取り上げられるという形をとることになった。このような形でコモンローの不十分

なところから生ずる不公平をエクイティが救済をするという形となり、個別的不公平が救済されることになる。このようにして、やがて、この大法官の扱う事件が増加してくるに従って、ここでもいわゆるエクイティによる判例法が形成されてくることになる。したがって、イギリス法においては、コモンローの体系の他にエクイティの判例法体系が存在することになるのである。

　かようにして、イギリス法にあってはコモンローとエクイティの二つが対立並行しながら発展することになる。当初にあってエクイティはコモンローを補充する存在であったが、今日ではエクイティは独自の発展をとげ、信託を初めとして英米法独自の制度といわれる多くの諸制度を生み出している。このエクイティ裁判所とコモンロー裁判所とは、1870年代の一連の裁判所法によってこの両者の融合が遂げられ、同一の裁判所でエクイティ事件とコモンロー事件とが取り扱われることになった。

　かようにして確立したエクイティとコモンローとはともに実務を通じてさらに発展していくことになる。この発展についてイギリス法学者の果たした役割は少なく、むしろ実務家によってこれが発展させられたといってもいいであろう。しいていえば、ブラックストン Willam Blackstone (1723〜1780) によって書かれた大著イギリス法釈義がイギリス法全体を体系化したものとしての評価を受けているともいえよう。

　このような中にあって、19世紀末頃からコモンローの不合理な点を修正するために多くの制定法が作成されるようになってくる。

　この制定法は、従来からのコモンローの認めるところを制定法化したものと、コモンローを部分的に修正するものがあった。このようなことである領域については制定法化の傾向をたどることになるが、具体的事象ごとの個別的単行法が制定されるだけで、大陸法において認められるような統一的な制定法がもたれたものではなかった。ところが、第二次大戦のイギリスにあっては、1965年に法律委員会が設けられることになり、従来からの判例法の制定法による修正や法典化が組

織的に行われることになり、各法分野、たとえば、家族法、消費者保護法、損害賠償法などの領域においては次々と制定法化が進んでいるという状況にまで達しているということができる。

[54]　**アメリカ法の歴史と発展**　もともとアメリカはイギリスの植民地としての出発があるということができる。しかし、他の植民地の場合とは異なり、その独立を戦いによって獲得しているという点において特色がある。また、アメリカの場合には連邦制を採用し、各州に立法権や司法権を認めたことからイギリスの場合とはかなり異なった法の発展があるということができる。

　イギリス法と比較してのアメリカ法の2、3の特色を上げておけば、英米法の特色であるいわゆる「法の支配」(「法の支配」については9頁*参照)についても、イギリスのそれが国会優位の表現であったということができよう。つまり、法とは権力を拘束するものであり、決して権力の道具となるべきものではないという理解から来ているということができる。そのために王権といえども法の下には服従しなければならないということになる。「法の下の平等」などの原理もこの法の支配から来ていると理解されている。このようにイギリスの場合には発展の歴史的過程が複雑であるということから法の支配の把握についてもその本質を見極め難いところがあるといわなければならない。

　ところが、アメリカ法においては、この法の支配という問題についても、裁判所が違憲立法審査権をもつという形で把握され、立法権に対する司法権の優位という形での明確な把握がされるようになっている。

　また、アメリカにおける法学の傾向としては、いわゆるプラグマチックな方法が採用されており、法制度を単なる規範とか制度とかいう観点から考えるよりも、むしろそれを運用していく人間の問題として把握しようとする傾向を示すことになる。つまり、法を運用する人間の主体性という側面を重視するという基本的態度をもつものである。とりわけ、ホームズ判事 Oliver Wendell Holmes（1841〜1935）により、

「法とは裁判所が現実に何を行うかを予言するものである」と把握され、これがいわゆるプラグマティズム法学ないし法社会学的法学へと発展することになる。このプラグマティズムの考えを承継するウイリアム・ジェイムズ William James（1842～1910）やデューイ John Dewy（1859～1952）らによって、この考え方は哲学的にも発展する。

これを法的な側面から承継するのがパウンド Roscoe Pound（1870～1964）であって、彼においては、法というものについて、これを社会統制の手段と把握し、法の任務とは、相対立する社会的諸利益をその犠牲、摩擦、消費を最小限として、その実現・確保を最大限にはかるものと理解する。このホームズ判事の立場は、後にジェローム・フランク Jerome N. Frank（1889～1957）のいわゆるリアリズム法学に承継されている。そしてなお、このこの立場に属する代表的な者としては弁護士・裁判官として活躍したブランダイス Louis Dembitz Brandeis（1856～1941）やカードウゾウ Benjamin Nathan Cardozo（1870～1938）の名をあげておかなければならないであろう。

いずれにしても、アメリカにおいては新たな実験主義法学や行動科学的な法学、計量法学、法の経済分析などの新たな科学の諸方法が採用され、その発展をとげているのが実状であるといってよいであろう。

また、現在のアメリカは極度に発展する資本主義社会の典型であるということもでき、そのために資本主義社会の極度の発展の過程で遭遇することが予想されるような未経験の新たな諸問題が続発するに及んでいる。人種問題、交通事故、環境破壊、消費者保護、プライバシーの保護、家庭の崩壊問題と未成熟子の保護、人工授精や代理母などというものを通じて考えられる新しい親子問題などを上げることができる。

このようなアメリカ法の動向ないしこれとの対決や解決ということが、アメリカのたどってきた資本主義社会の発展経過を同様にたどっていくであろう諸国の大きな参考とされる。

第5章　日本の法と法学の発展
（日本における西欧法典継受）

[55]　**不平等条約と民法制定の必要性**　わが国における法典編纂、とりわけ民法典編纂の必要性はいわゆる不平等条約の改定の必要性に端を発しているといっていいであろう。すなわち、わが国が長い鎖国を解くとともにアメリカ、ロシアなどと締結した通商条約についてはその内容において、①外国の領事裁判権の承認、②関税定率権の否定という独立の国家としての地位を全面的に否定されかねない国としての基本的な権利を認めないようなものであった。かようにして締結されたいわゆる不平等条約が存在するかぎりわが国においてはそれ以降における諸外国との対等な交流ができないということになる。その意味では明治新政府の為政者にとって、この不平等条約の改定は悲願であったということになる。しかしながら、このわが国の切実な願いに対する諸外国の基本的態度は、自国内に統一的な法典を有しないような日本は非文明国としての扱いをせざるをえないということであった。しかるところから、わが国では統一法典の制定、ひいては不平等条約の改定ということを強く願うことになるのも当然のことである。そして、その一番手近な方法として西欧法継受の道が選択されることになる。ここにあってその中心となったのが時の司法卿江藤新平であった。「条約改正の目的を貫徹せんと欲せば、不完全ながらも、唯速かに法典を編纂し、裁判所を設置し、人権を尊重し、海外諸国をして我独立国たる真価を認識せしむるより、急、且、切なるは無し。日本と欧州各国とは各其風俗・慣習を異にするといえども、民法なかるべからざるは、則ち一なり。宜しく、仏国の民法に基づきて我国の民法を制定せざるべからず。誤約も亦妨ず、唯速訳せよ」という江藤が箕作麟祥*に対してフランス民法の翻訳を命じたときの言葉がこれをよく

あらわしているといえよう。

　ここで法典継受ということを検討するについては、フランス民法典（いわゆるナポレオン民法典）が選択された。既に検討したようにフランス民法典は当時の最新民法典であり、当時ドイツはいまだ不統一国家であり民法典の編纂中であったし、イギリスにあっては判例法ということでその継受は不可能に近かったということからでもある。明治２３年には江藤は箕作にフランス民法典の翻訳を命じ、これをそのまま民法典としようとしたようであったが、明治６年に江藤の失脚とともにこの計画は挫折するにいたった。これより以降、政府は、ヨーロッパからボアソナード＊＊などの法学者を招いてその援助を得て法典を編纂しようとする。

　ところで、わが国がいわば外国法典の模倣といってもいいような方法での法典継受を果たすに当たって、何よりも便宜であったのはその当時におけるヨーロッパでの法思想において自然法論（思想）が支配し、これが人間の本性とか理性とかいうことを前提に人間の共通性をいい、時代や場所を問わずにふさわしい法としての自然法という概念を認めたことである。すなわち、自然法というものについて、これを人間の自然的性情に基づく理性の命令であり、正義の要求であると理解する。だからこそ、それは法として、古今・東西を問わず永遠に普遍妥当するというのである。そして、自然法論は、人間というもの一般に共通する性情・理性に法の根源を見出すから、それは当然に国家を超え、民族を超え、歴史を超える理解が示されることとなるはずのものであるということとなる。このような発想は、早急に近代的な統一法典を立法しなければならない立場におかれた、わが国の為政者が好んで飛び付くような理論であるし、また現実に、わが国における法典継受はこのような思想的背景に援助されたということは紛れもない事実であった。また、わが国における立法ないし法学教育の中心となったボアソナード自身がいわゆる自然法論者であったということも外国法であるフランス民法典の継受という手法を用いるについて幸いしていた

ということができる。自然法、特に啓蒙期における自然法学が人間の理性を強調するものであり、これが儒教的精神との共通性を有していたことから日本人になじみやすいものでもあったということができる。

わが国においては、特にこれに道徳的な意味あいをもたせて理解したことも影響するところが大であったといえよう。いずれにしても当時の日本にとって早急に近代的統一法典を作るということになれば、どうしても外国法継受によることは避けることができない状態にあったし、そうなれば当然に超国家的な思想が喜ばれることとなったことは容易に想像することができる。わが国が比較的早くから接することになったヨーロッパの国といえばオランダということになる。特に、文久2年は西周(にしあまね)と津田真道(まみち)とが留学生としてオランダのライディン大学に学んだことも影響する。

彼らが学んだオランダは当時自然法論が隆盛していたし、彼ら自身が学んだのもフッセリングの自然法であった。彼らは帰国後の明治四年、フッセリング「性法略」（日本語の翻訳では自然法のことを「性法」と言う言葉で翻訳していた）を日本で刊行している。彼らに次いで仏への留学生もやはり自然法の影響を強く受けることになる。

  ＊ **箕作麟祥** 蘭学者箕作阮甫（みづくりげんぼ）の孫でフランス語が読めた。江戸幕府の蛮書講読所の助教授であったという。江藤に命じられてフランス民法継受のためにフランス民法典の翻訳に当たったものである。

  ＊＊ **ボアソナード** 当時パリ大学の教授であり、森有礼（もりありのり）の推挙で江藤新平のまねきを受け、明治6年に来日した。明治28年までわが国にとどまり、この間、立法と法学教育にたずさわった。旧刑法(明治13年公布～15年施行)や治罪法（明治13年公布～15年施行）をはじめとして旧民法を起草している。

[56] **法学教育** 明治期における法学教育も当然に法典編纂との関連性を有することになる。わが国の西欧の法学研究は、幕末における留学生のヨーロッパへの留学ということに始まるが、多くの官吏や法律家を養成するにはやはり国内においての法学教育が必須のものとなる。

第5章　日本の法と法学の発展　**77**

　そこで、わが国においては、国内に学校を設置し、ここへ外国人講師、とりわけフランス人法律家を講師として招き、ここで法学教育が成されることになる（もちろん、フランス語でである）。

　ここで重要な役割を果たした学校としては「明法寮」がある。この明法寮はやがて「司法省法律学校」と名を変え、もっぱらフランス法が講ぜられることになる。ボアソナードなどもここで「性法講義」などと称するいわゆる自然法を講じている。ここの卒業生が、いわゆるフランス法派として後に私立学校である「東京法学社」（後の法政大学）、「明治法律学校」（後の明治大学）、「関西法律学校」（後に関西大学）などを創立せしめることになる。

　ところが、今日の東京大学の前身となる東京開成学校においては、当初からイギリス法が講ぜられ、その卒業生はいわゆるイギリス法派として、後に私立学校である東京専門学校（後の早稲田大学）、英吉利法律学校（後の中央大学）などを創設することになった。しかし、後に、この司法省法律学校は東京大学に吸収されることになり、その終焉を迎えことになる。

　これらのフランス法派の学校においてはフランス人ボアソナードやブスケなどがフランス語で教鞭をとり、イギリス法派の学校においてはテリー（Henry T. Terry）やウイグモア（John H. Wigmore）などが英語で教鞭をとった。

　このような状態でフランス法またはイギリス法による法学教育が国内においてなされ、裁判実務においてもこの両法はいわゆる条理として適用されることになっていた（明治8年太政官布告第103号）。

[57]　**法典編纂**　かくして、江藤が箕作にフランス民法典の翻訳を命じた時点からわが国の法典編纂への努力が始まったということができるわけであるが、後に江藤が佐賀の乱を起こして失脚し、後に大木喬任（たかとう）や山田顕義（あきよし）などの下での立法作業が続けられる。ここにおいてボアソナードの果たした役割は大きく、彼は、フランス法を参考として明治13年には刑法と治罪法（刑事訴訟法のこと）を成立せしめ、同15年には

その施行を得ている。

ボアソナードは、彼の畢生の事業としての日本民法の完成を目的とする努力を続けることになる。また、ボアソナードは、法典編纂ということについて大きな役割を果たしたものであるが、同時に、法学教育、各種の行政改革などにも多くの業績を残している。わが国が近代化するについての第一の功労者を上げるとすれば、何と言っても彼の名を逸することはできないということになる。また、彼の業績として落としてはならないのは、拷問の廃止について力を尽くしたことも挙げておくことができるであろう。

[58] **刑法・刑事訴訟法典の成立** 既に述べたように、法典編纂事業という側面においてボアソナードの果たした役割は膨大なものであった。彼の指導の下でフランス法典を模範とした刑法および治罪法が明治13年に成立し、これが15年には施行されることになった(これが明治初年に成立した新律綱領と改定律例にとって代わることになる。また、治罪法は、明治23年に旧刑事訴訟法と代わることになる)。

ここで簡単に刑法の制定過程について触れておくことにしよう。もともと明治政府成立の直後から刑事立法への志向はあった。つまり、明治元年には太政官代刑法事務局において、肥後藩関係者を中心とする刑法典への立法作業が開始されているのである。この検討によって、伝統的な律令と公事方御定書や藩法を参考としたいわば日本の伝統的な刑法である『仮刑律』が成立することになる。しかしながら、これは法律としては公布されず、刑法官の執務準則としての機能を果たすこととなった。そして、明治3年には、これとほぼ同一内容として『新律綱領』が法律として成立し、施行されることになる。しかし、これについては、明治4年から司法省において検討して修正を行い、同6年には『改定律令』として成立することになる。かような刑事立法の歴史を経たものの、いわゆる不平等条約改定のためには西欧流の刑事法が必要とされるということで、前記のようにボアソナードによる刑法典の起草作業が行われ、フランス刑法典(ナポレオン刑法)を参考とす

る日本刑法草案が明治10年に完成する。これが、明治13年には旧刑法として完成し、明治15年から施行されることになるのである。

　ここで成立した刑法の特色を上げておくならば、客観主義の刑法であり、その刑罰論も明確な応報刑論によっているといってよいであろう。

　ところで、その後の刑法の発展について簡単にここで触れておけば、こうして成立はしたものの、その後の日本が発展途上にあったプロイセンの強い影響を受けるようになり、果ては、プロイセンないしドイツの影響の強い帝国憲法の成立したことなどもあり、わが国全体はドイツに向かっていくことになる。そして、刑法の分野においてもドイツ法こそ当時のわが国にふさわしい法との認識のもとに刑法改正作業に着手することとなる。これが明治24年の刑法草案などを経てドイツ法の影響の究めて強い現行刑法が成立し、明治40年の公布を経て同41年から施行されることになる。この現行刑法が成るに当たっては、新派刑法理論の代表者リストの流れを汲む岡田朝太郎や牧野英一の影響が強かったということができる。日本刑法は、最近の改正を受けたとはいえ、その実質においては、いまや世界で最も古い刑法として機能し続けているといえよう。

[59]　**ドイツとドイツ法への傾倒**　明治政府の樹立後にあっては、封建制への復帰を企てるいわゆる旧勢力をおさえるためになされていた一連の政府等の動向はひとまず停滞し、このあたりからようやく育成されてきた資本主義を国家的に擁護する方向がでてくるにいたる。そして、勢力を誇っていた自然法論もこの頃からは退潮ぎみになる。そして、従来のフランス法への関心はむしろ国権的色彩の強いドイツ法への接近傾向を示すことになるのである。この傾向は単に法学のみならず、医学、科学、軍事など多くの領域においてみられる傾向でもあった。

　結局、日本は法典編纂という目的から、従来の東洋的伝統を放棄して当時はさかんに諸外国において主張されていた自然法理論に従い外国法の継受を実行した。しかし、当時の諸外国における自然法論とい

うものは、啓蒙期における思想*との深い関係があったのである。つまり、日本とすれば法典整備に便宜があるという観点から自然法論に飛びついたものの、その自然法論との関連の深い啓蒙思想までをも取り入れるつもりではなかったのである。そのようなことから、結局は、日本全体が国権主義的色彩の強いドイツ法への傾きを示すこととなっていく。

> * **啓蒙思想** ヨーロッパ思想歴史上、17世紀の末葉に発生し、18世紀後半に最盛期を迎えた旧弊打破を目的とする革新的な思想である。人間的、自然的な理性（悟性）を尊重し、宗教的な権威に対して反対し、人間的・合理的な思惟の自立というを唱え、正しい立法と教育とを通じて人間生活の進歩と改善、幸福の増進を行うことが可能となると信じ、宗教・政治・社会・教育・経済・法律の各方面にわたって旧慣を改め新秩序を建設しようとした。オランダ、イギリスに興り、フランス、ドイツに及ぶ。フランス革命の思想的原動力ともなる。この思想を主張する代表的人物としてはイギリスのロック・ヒューム、フランスのモンテスキュー・ヴォルテールおよび百科全書家、ドイツのヴォルフ・レッシング・カントなどを挙げることができる。

[60] **大日本帝国憲法の成立**　国家の基本法であるところの憲法が成立したのは比較的後のことである。しかしながら、憲法制定の動きは明治初年から存在しており、憲法の思想は慶応4年の政体書にあらわれている。この政体書には、いわゆる三権分立や議員公選制、与論公議ということなどが盛り込まれ、比較的進歩的な思想が述べられている。また、この頃にはいわゆる「私擬憲法案」などがさかんに書かれ、憲法制定ということについての関心が深かったようである。この頃に、伊藤博文は憲法制定に当たっては固有の国体の護持を主張し、大隈重信らの主張する政党内閣制度には反対する意向を示し、国権の天皇への集中を望んでいた。

明治15年に憲法調査のために欧州に出張した伊藤博文は英仏の自由主義をきらい、むしろドイツの国権主義的憲法に魅力を感じていたようである。そこで、ドイツの国憲主義的な憲法について、彼はグナ

イストやシュタインなどの学者にこれを学び、この知識をもとに井上
毅(こわし)とともに明治憲法草案を起草する。

　この憲法は、明治22年2月11日に発布され、同年11月29日に発効している。これがいわゆる大日本帝国憲法である。そして、この大日本帝国憲法は昭和21年に日本国憲法として生まれ変わるまで何らの改正を受けることなく生き続けることになる。

　ここでこの大日本帝国憲法の根本思想を示せば、主権は天皇にあり、国民は天皇の臣民であることになり、主権者の特別の許可によって参政権や自由権を教授することができるが、これはあくまでも主権者の特認によるものとの理解されるから、戦争や事変の時には天皇の非常大権により国民の権利も制限することができるとされている。このことについては大日本帝国憲法において「戦時又ハ国家事変ノ場合ニ於テ天皇大権ノ施行ヲ妨ゲルコトナシ」（31条）に規定されているとおりである。

[61]　**民法典の成立**　ところで、各種法典についての立法過程において一番大きな問題があり、長期間にわたって難渋したのは民法典である。ここではこの成立について簡単に触れておくことにしよう。

　明治2年に司法卿であった江藤新平によって箕作麟祥がフランス民法典の翻訳を命じられ、この作業を続けるわけである。江藤の当初の発想では、翻訳された民法典をそのまま日本民法とすることを考えていたようであった。箕作の翻訳をもとに明治3年から4年にかけて民法草案が次々に起案されてくる。民法決議、民法仮法則、皇国民法仮法則、左院の民法草案などを上げることができるであろう。しかし、日本人のみによる検討には限界があり、結局は既述のフランス人であるボアソナードの全面的な援助により民法典の編纂事業は進められていくことになる。明治12年からはボアソナードの起草した案を検討の対象とし、13年からは民法編纂局がこれを検討することになる。また、この頃、外務省において、いわゆる条約改定問題とのからみで法律取調委員会がおかれ、これが法典編纂事業に当たるが、結局は途中

で頓挫することになるのである。そこで、これを司法省において引き受けることとし、もっぱらここで民法典編纂事業が行われることになる。

　民族的色彩の強い領域であるところの家族法の領域については日本人起草者がこれに当たり、ボアソナード自身はもっぱら財産法についての起草に当たった。ここで検討された民法典は基本的にはフランス民法典の構造とおなじインスティトーネスシステムの民法典であり、ボアソナードはフランス民法典を参考とし、これのみではなくイタリア旧民法典などをも参考として編纂事業が行われていくことになる。かくして、明治22年には人事編、財産編、債権担保編、証拠編によって構成されるいわゆる『旧民法典』が完成することになる。この旧民法典は明治23年に公布され、26年1月1日から施行されることになったのである。

[62]　**法典論争と旧民法の敗退**　このようなボアソナードの努力により旧民法典は完成することになった。しかし、これと同時に伊藤の起案した大日本帝国憲法の完成・施行もなされることになる。既に検討してきたように、憲法はすべての法の最上位に属する法でもある。そうであるからにはその下位にある法律はどうしても憲法の影響を受けざるをえないこと当然である。また、時代的な思潮として、それまで西欧諸国において有力であった、自然法思想それ自体が退潮期をむかえることになる。また、同時にフランスにおける自由民権主義自体も凋落傾向を示すことになる。このような時代背景をも考慮すると、せっかく完成した旧民法典自体の運命もこれらを反映して困難な時期を迎える。ここにわが国におけるいわゆる「法典論争」を生ずる契機がある。つまり、フランス法派とこれと結んだ自然法思想とが絶頂期にある間、ないがしろにされたイギリス法派ないしドイツ法派の人々の主張とが封建的旧思想との結び付きないし「歴史法思想」との結び付きを介して、旧民法典の施行に対する強硬な反対運動としてあらわれてくることになるのである。

　この法典論争を図式化してみてみれば、ある意味では「仏法主義」

と「英法主義」、「自然法学派」と「歴史法学派」、「進歩主義」と「保守主義」、「自由民権主義」と「旧慣尊重主義」との戦いであった評することもできるであろう。延期派の立場は、この明治26年1月1日の施行に極力反対という形で主張されてくる。フランス民法典のもつ個人主義的色彩への反発があると同時に、明治政府の目的とした強力な中央集権国家の確立ということが保守思想との結合したことにも深い関係があるとみられる。いずれにしても従来のフランス法万能の思想がドイツ流の憲法に敗退したということが大きく影響しているといえよう。大学もこの論争に無関係ではなかった。当時の各大学は実施派と延期派とに分かれて論争することになる。実施派に属する大学を挙げれば、司法省系法律学校(後に東京大学に吸収される)、明治法律学校(後の明治大学)、和仏法律学校(後の法政大学)、日本法律学校(後の日本大学)などを上げることができ、延期派としては東京開成学校(後の東京大学)、東京専門学校(後の早稲田大学)、英吉利法律学校(後の中央大学)などを指摘することができよう。実施派が法の普遍制を尊重し、主権在民・自然法論を述べるのに反して延期派は法の個別特殊制を尊重し、国家主権的・歴史法学を述べる。もちろん、延期派においても法典編纂の重要性は承認する。しかし、それは、民族と慣習を考慮して終大成すべきものとし、「欧米の文化の移入は必要なるも日本人は徹頭徹尾日本人をもって貫徹すべし」(増島六一郎)などとして欧米を模倣するのではなく、本邦に取り入れ自分のものとすることの必要性を説いたりした。いずれにしろ延期派の基本主張は、新法典は日本の倫理観に反するという点、醇風美俗や国体に反するという点、国家思想に欠けるとする点、社会経済を混乱させるとする点などが挙げられる。つまり、醇風美俗という観点からすれば、新法は財産を重視し人事法を従属させ、国の慣習を排斥し、キリスト教的家族観を採用する、一夫一婦制度を基本とする家族制度を採用する、父子や君臣を平等とするなどの諸点がわが国の法典としてふさわしくないなどとされた。このような民法典は日本の家族制度を破壊するものであるとして、穂積八束(やつか)な

どが「民法出て忠孝ほろぶ」などの標語をつくり、これを揶揄したりしたくらいである。そして、この立場は、新法はこれが採用する自由主義は、いわゆる弱肉強食をもたらすとし、むしろ主権在民を否定すべきであるとしている。

　もっとも、これに対していわゆる実施派も様々な主張をなす。すなわち、いまや時代は新しい倫理観を承認するべき時代を迎えているのであるし、民法典が基本としたフランス民法自体がナポレオンの帝政時代のものであったはずであり、その観点からすれば反国体的とはいえないなどである。

　このようないわゆる旧民法典の施行をめぐる争いのことを、法典論争と称することになる。この論争の結果として旧民法典について結局は、明治25年の第三議会において、貴族院123対61、衆議院152対107という表決により「民法中人事編ならびに財産取得編第十三章第十四章に規定せる相続及贈与に関する法律は我国固有の家族制度に変革を及ぼすのおそれあり、尚詳細なる調査を要すべきものありと認む」ということで、その施行が無期延期となることによって葬り去られることになったのである。この法典論争の結果として実施派の敗退ということは、次のようなことからである。つまり、民法典継受が決められた初期において隆盛を極めた自然法論が尊重されたのは法典継受の必要性があったからである。しかし、一旦でも法典継受という方針が確定した以上は明治維新の原動力であった保守主義、国家主義からのまきかえしがあったのは当然のことであり、旧民法典の施行が敗退したのも必然のなりゆきであったといってよいであろう。ある意味では、ここでの論争は、ドイツ民法制定の過程においてなされたもう一つの法典論争をほうふつとさせるものである。わが国における延期派の主張の根拠とされた歴史法論の主張にかかる、「法というものは民族のうちにおのずとわき起こってくる歴史的所産であるということとなる。言語、風俗、習慣、宗教等と同様に民族とともに発達し、完成し、衰退する存在である」という立場がかつていわゆるゲルマニステンであ

り、19世紀における代表的な学者としてのサビニーによってなされた主張と同一であり、国と時代の異なりはあるとしてもこの法典論争もかつてドイツ民法の制定をめぐってなされた法典論争との共通性と深い関連性を見い出すことができるのである。

[63] **旧民法の敗退後の民法編纂**　このようにしてせっかく完成した旧民法典も日の目を見ることなく葬り去られ、これを畢生の事業としたボアソナードは失意のうちにフランスへの帰国ということになる。しかし、江藤の言葉ではないが、「民法なかるべからざるは一なり」ということになるし、また不平等条約の改定の必要性は変わらなかったのであるから、その後も民法典編纂の事業は進められることになる。かくして、伊藤博文を総裁、西園寺公望を副総裁とし、穂積陳重=富井政章=梅謙次郎を起草委員とする法典調査会が設けられた。そして、ここでは日本国が挙げて傾倒していったドイツの民法、とりわけ当時のドイツが民法の制定作業中であったことからドイツ民法第一草案をモデルとして日本民法の編纂が行われていくことになる。

　ここにおいてはパンデクテンシステムによる民法典が採用され、明治29年には民法総則、物権法、債権法の財産法が完成することになり、次いで、明治31年には親族法と相続法のいわゆる家族法が完成し、現行民法の基本を成すところがここに完成することになるのである。われわれは、いわゆるボアソナード民法について、これを「旧民法」と呼ぶことの関係からここに完成した民法典のことを慣例として「旧法」と呼ぶことになる。

[64] **その他の法典の編纂**　刑法、刑事訴訟法、憲法、民法の各法典について簡単にその成立のいきさつを述べてきたが、これ以外にも、商法や民事訴訟法などに触れなければならない。

　そこで、簡単に触れておけば、商法についてはやはり外国人であるドイツ人のレスラー Hermann Roesler（1834～1894）によってフランス商法をモデルにして起草され、これが明治23年に成立し、公布されることになった。ところが先に述べた民法典論争に巻き込まれ、さらに商

法がわが国の慣習を考慮せず、同時に民法典との調和も不十分であるとの理由で、明治26年まで施行は延期された。

　民事訴訟法については、同様にドイツ人であるテッヒョーによって日本民事訴訟法の原案が起草され、これが民事訴訟法典として成立し、明治23年には公布されて翌年から施行されている。この民事訴訟法にはプロイセンの民事訴訟法の影響が色濃く残されているものであるということを指摘することができるであろう。

　これは、強制執行の部分を除き、大正15年の全面改正を受けるまで機能し、強制執行の部分についても昭和54年に民事執行法として生まれ変わるまで機能し続けてきた。判決手続については、平成8年に全面的な改正（平成8年法律109号）を受けるまで機能し続けてきた。

第6章　日本における法典編纂以降の法学の進展

[65]　**法典編纂から法典解釈へ**　民法典の編纂に次いで商法典の制定・実施などがなされることになった。そして、その他にも民事訴訟法の制定・実施などが実現することにより日本の法典編纂の基本的なところは完成したということになる。ここに到り、近代的な法典の整備とともに長いこと念願とされていた条約改正も実現することになった。こうなってくると法律学は従来の立法の学から解釈の学への変遷をたどることになる。つまり、法典編纂が実現する前にあっては、法律学はいわば立法のための学であったということができよう。しかし、その法典編纂の目的が到達された後においては、法律学は単に従来と同様に立法の学にとどまることはできないことになる。そのために、それ以降、法律学は新たに完成した法典解釈の学という姿に変身をすることになる。

そこで、かようにして法典の編纂が成し遂げられた後においていかなる法学方法論が登場し、それがどのような役割を果たしていくのかについて以後においては大雑把に触れていくことにしたい。

[66] **概念法学の発生と展開**　民法典が編纂されるにいたったいきさつについては、かなり詳しく説明をしてきた。そこでの過程は、既に説明をしてきたドイツ民法の制定の過程と極めて類似しているということができよう。いわゆる法典論争などについても全く同じような思想的な背景をもつ議論がされることになったわけである。これと同様に法典編纂後の議論においても、ドイツのそれと極めて類似する問題が生じてきているところから、既に触れた記述について再度目を転じて頂きたい。

　それはともかくとして、法典編纂の直後においては、法典自体の「自足完結性」ということが信じられることになろう。つまり、十分な検討をし続けて編纂され、しかもそれこそ、できたての一番新しい法典ということになるわけであるから、これにはいかなる紛争をも解決することができるすべてのものが盛り込まれている法典であるとして、その完全性というか自足完結性が信じられることになる。そうなるといかなる法律問題に対してもこれを解決することができるだけの要素が新たな法典にはすべてが規定してあるはずであるという理解がされることから、法の解釈についてもこのような考えを前提として、制定法の各条項を実証的、形式的、論理的かつ機械的に解釈するという方法論が採用されることになる。そして、極端にいえば、このような解釈の方法によって紛争解決をはかろうとした場合に、その結論が常識や理性というものと反するようなことになってもやむをえぬものと考えることになるのである（つまり、法的紛争の解決には、事実に法というものを機械的にあてはめることによって当然にその紛争を解決するための結論が機械的に出てくるという考え方である）。ここにおいては解釈において何よりも大切なのは条文の字句であり、その解釈にあたっては概念だてを確実なものとし、これを前提とすることになる。

このような法解釈の基本的態度を用いる方法論のことを、イエーリングは揶揄的な表現を使い「概念法学」と呼んだことはよく知られている。しかし、このような法典編纂後に概念法学ともいうべき法解釈の方法論がわが国においてはびこった理由にはそれなりの合理性もあった。それは、一つには封建性との戦いということであった。つまり、近代化を迎えつつあったとはいえ、まだ当時のわが国においては、旧勢力がわが国をかつての封建社会へと復帰させるべきであるという思想を持ち、機会さえあればこれを実現しようと試みる態度をとり続けてきていたということができよう。もともと新立法編纂ないし法典整備ということのねらいは条約改正ということにあったわけであるが、それが必然的に近代法秩序の整備ということとなり、資本主義社会の確立をもたらすことになった。つまり、これが必然的に封建制排除・近代化ということをもたらしたわけである。しかしながら、法の解釈ということを通じて封建制復帰をはかるということも不可能ではない。そこで、概念法学の方法が採用されることによって、いかに裁判官といえども、ほしいままの解釈をすることができないという縛りをかけ、法的な安定性を求めるということで封建制への復帰を妨げようとするのである。また、こうした概念法学の方法は、当時のわが国の国権主義的な傾向ともうまく合致した。つまり、明治維新はあくまでも国民一般によりなされた革命というべきものではなく、国家指導型・国権優先型であったということができる。かような状態の下では御上の法律ということにもなればそれに対する絶対的な信頼やその完全性に対する盲信ということになるのもやむをえないといえよう。また、概念法学による学問の方法が従来からの日本的な学問の方法と一致したということも影響する。つまり、わが国においては伝統的な学問の方法として原典に注釈をつけるという学風があり（「訓詁の学」）、これが概念法学の手法となじんだということもできる。この方法は、聖書の無欠完全性と法典の無欠完結性というところからの類推をすることもでき、中世神学の聖書解釈の方法とも一致するといわれる。また、この方法

は、三権分立思想における立法権と司法権の峻別思想ともうまくマッチすることになる(「裁判官は法の口である」〔モンテスキュー〕という思想を想起せよ)。

　また何よりも、当時のわが国自身が目をむけている方向がドイツ一辺倒であり、そのドイツ法学の影響するところが大きかったということができる。すなわち、そこでは概念法学の影響を受ける精緻な解釈論の展開がされ、条文の字句が重んじられ、各条ごとの条文解釈が重視されることになる。そこで、ドイツでは当然のごとくに条文の逐条解釈書である大型のコンメンタールが次々に刊行されることになる。これは規模の違いはあるにしろわが国においても同様であり、立法後に刊行された起草者である梅謙次郎博士の著作である『民法要義』も逐条解説書であったし、その後に起草者の意見を明らかにした岡松三太郎の大著『民法理由』などもそれであった。また、この時期に輩出した著名な学者のほとんどがドイツ法の影響を強く受け、ドイツの議論を焼き直しているような状態であったといってもいい過ぎではなかったといえよう。この時期における著名な民法学者としては川名兼四郎、中島玉吉、石坂音四郎などがあるが、いずれもドイツ法の影響を強く受けた学者である。

　いずれにしても法学のみならず、当時のわが国における軍事・医学・工学などのすべてがドイツに向いていくこととなるのである。

[67]　**自由法論の発生と展開**　　かようにして隆盛を極めた概念法学であるが、このような法解釈の方法は、いずれにしても法解釈の基本的かつ基礎的な方法であり、批判的な言い方がされるものの、われわれが普通に行う法解釈の方法のほとんどがこれによるものであるということを明記しておくことが必要であろう。

　いずれにしてもこのような概念法学への批判が生じてきたことと、また第一次大戦の結果としてのドイツが敗退したことなどからわが国においても、従来のドイツ一辺倒への批判も生じてくることになる。また、このような法の自足完結性・実体法万能主義ともいうべきもの

は、資本主義の発展に伴って生じてきた激しい労使対立の発生等によって再度のみなおしがされざるをえないこととなる。つまり、今までの完全無欠さを誇っていた新法典の新しい事態への無力さがここではしなくも露呈されることになる。このような新しい事態を前提とする場合には単なる客観的な法解釈ということだけでは問題は解決することができないということになる。むしろ法解釈というものにあって、国家制定法というものはその立法の目的に従って解釈運用されるべきものであって、これによって変遷する社会にうまく適応する解釈をするのが妥当であるということになる。ここにおいて、概念法学だけが法学であるという時代は終わりを告げることとなる。

　いうまでもなく法の対象とする社会は常に変転するものである。このように変転する社会に対して法というものもこれに対応することができるものでなければならない。そのような意味から法の解釈というものはそれほどに硬直したものではない。このような観点からいわゆる「自由法運動」が生じてくる。この問題については既に同様の問題がドイツ民法の編纂後における動きとしてもあらわれており、これについては既に説いてきたところであるから、これを参照して頂きたい。そして、このような自由法運動の中心となった著名な学者としてはエールリッヒ、イエーリング、カントロヴィチなどがおり、サレーユ、ジェニーなどの名前も上げておくことができるであろう。この立場をとる日本の著名な学者としては刑法の牧野英一を挙げることができる。

　牧野は、その刑法理論において、新派刑法理論をもって自己の立場を主張し、構成要件論を絶対的なものとする旧派刑法理論に対決する。彼の刑法解釈においては、目的論的な解釈から旧派刑法理論がそうであるように犯罪構成要件に厳格に拘束されるというものではなく、ある程度緩やかな解釈がされることになる。また、刑罰の目的をもって教育であるということを考え、教育刑論を展開する。この教育刑論は旧派刑法理論のいわゆる応報刑論と対決するものである。また、犯罪論の前提問題として人間の意思の自由を否定し、決定論を採用するな

どに特色がある。

　この日本における自由法運動ともいうべき動向が民法の領域においては、いわゆる弱者保護というような立法の目的ということが強調されるようになり、それに合致するような解釈がとられることになる。とりわけ民法においては、債権法を中心として、その指導原理を「信義誠実の原則」に求めることになる。民法理論によっては、これによって弱者保護という設定目的を達成するなどの成果をあげることができる。この立場に属する日本の代表的な学者としては鳩山秀夫があり、彼の信義誠実の原則に関する理論、とりわけ論文集である『債権法における信義誠実の原則』はその成果であるということができる。いずれにしろ、ここにおいては目的論的な解釈をすることが必要とされる。

　この自由法論の考え方を整理して言えば、国家法に絶対の権威を与えるということをせず、その解釈の具体的方法は利益衡量の手法や目的論的構成によることになる。したがって、概念法学がいうように「裁判官は法の口である」ということには決してならず、裁判官は法の解釈を通じて法を創造する存在であるということになるわけである。自由法論が目的法学とか利益法学とか称されるゆえんである。

　いずれにしてもこの自由法論の展開は法と現実生活の不一致という問題に着目し、解釈ということを通じてこの矛盾を調整しようという努力をすることになる。このような自由法論の現実社会に向けた目がさらに深まることによって、この進展ないし発展の形態がいわゆる法社会学という学問へと発展してくることとになる。

[68]　**法社会学への発展**　いずれにしても自由法論の立場は制定法万能主義に対する反省という側面に着目して生まれてきたものということができる。そして、そこでは実生活の尊重ということがなされ、これが法社会学へと発展することになる。つまり、自由法論の立場にあっては、実生活に着目して法解釈の自由ということを呼び起こした。そして、これがさらに発展して自由法論によって呼びおこされた解釈の自由の基礎となる社会的な基盤に着目することになる。そして、社会

現象を研究し、これに沿う立法ということを志向する法社会学の手法へと発展する。ここでは、現実に社会において行われる法というものを知るために実態調査などの手法が用いられることになるし、また「生きた法」としての判例の実態を知るために、判例研究の手法が盛んに利用されることにもなってくるのである。

また自由法論の発展形態として、極端に発達した資本主義社会のもたらすひずみから生じる弱者保護という解釈目的の達成のために権利濫用の理論、無過失責任の法理、公序良俗の法理、信義誠実の原則などの活用がなされる傾向にある。

[69] **社会主義法学**　社会主義法学についてもこれを見落としてはなるまい。しかし、ひところに比較して言えば、現在においては社会主義法学の支配していた国であるソビエトが解体してしまったために、これを検討する意義は比較的薄いものとなったといえよう。しかしながら、社会主義法学について簡単に触れておけば、法解釈や立法の基本的な価値や原理を社会主義に求めるものがこれであるということができよう。そこでは、無産階級の利益のために生産ないし分配手段を共有することにし、資本主義社会を超える全体社会の組織を樹立することを理想とするものである。この理論の基礎にはマルクス主義があり、とりわけその理論はマルクスの唯物史観に基づいている。つまり、法は経済的基礎の上に建てられた上層建築物であり、法と国家とは資本主義の没落とともに階級対立における支配の必要性を喪失することとなり、やがて法は無用となるとする。

[70] **全体主義法学から戦争へ**　長い鎖国の夢をむさぼり、結局は、後発的な後進工業国として出発した日本にとってその強い希望にもかかわらず、海外市場の獲得は困難なものがあった。つまり、先進工業国によって既に各種の植民地政策が行われ、日本がこれに参入することはほとんど不可能に近い状態となっていた。ここにおいて、このような状態を一気に打開するには戦争による以外はないという短絡的な結論へと発展することもありえないことではなかった。かような状態に

おかれた日本においては、国権主義による独裁的な措置として臨戦体制を敷き、至上命令としての戦争協力がすべての国民に要求されることになる。ここではいわゆるファシズムやナチズムと共通する全体主義がとられ、全体を出発点としながら個人を位置づけるという思想が支配する。全体のためには個人の利益を無視してもよいという極端な帰結に発展しかねない論理のもとにおいて、法解釈もこの方向をたどり、法解釈というものまでが至上命令たる戦争協力体制に組み込まれていくことになる。

　かくして日本は国を挙げての戦争に突入することになるのである。

第7章　戦後法学の概観

[71]　**戦後におけるアメリカ法の影響**　日本の戦後処理に全面的に関与したのはアメリカであった。ここにおいて、各種の法律制度、とりわけ税制などについても全面的な見直しが行われることになる。かような制度の見直しということを通じて日本が従来はほとんど影響を受けることがなかった英米法、なかでもアメリカ法による再構成を迫られることになる。とりわけ、日本が全体主義そして戦争という道を歩む原因となったと思われる軍備と財閥という問題あるいは家制度を基本とする大家族制度などにメスを入れられることになるわけである。

　一番大きなものは、憲法の改正であったといえよう。つまり、この新憲法は昭和21年11月3日に公布され、翌年5月3日に施行されている。これが帝国憲法の改正という手法によってすることができるかについては問題はあるが（あるいは、この新憲法を「自主憲法」ということができるか「押付け憲法」というべきかは問題となるところであろう）、この新憲法は国民主権、平和主義、基本的人権の尊重ということを基本原理とし、

戦後の日本の骨格をなすところの基本法として国民に定着しているということができる。

　この憲法に直結する法としての刑事訴訟法（基本的人権の問題と直接のつながりがある法である）も完全にアメリカ法としてのそれに変わることになったといえよう。従前からの家族法からも非民主的要素が取り去られることになった。その他にも、戦後のアメリカの指導によって多くの法改正がされてきていることは逐一説明するまでもなかろう。

[72]　**世界の法の影響下の日本法**　　以上、わが国の法がたどってきた歴史的発展過程をながめてきたわけであるが、ここに今までの議論を一口に取りまとめてみれば、当初は律令ということで中国の法の影響を受け、やがて明治維新新政府の基本的方針により、フランス法ないしドイツ法というヨーロッパ大陸の法の影響を受け、戦後にあってはアメリカ法の影響を受け、いずれもそれらを自国法に取り込んで消化し、今日にいたっているわが国の法は、いわば世界の法の影響を受けながらそれがうまく融合してその現在をあらしめているといえよう。このようなことについて、著名な法学者によれば、日本はまさに「世界の法の十字路」であるということになるであろう（三ケ月章『法学入門』268頁）。

【参考文献】
・村上淳一『ドイツ近代法学』東京大学出版会・1964年
・田中英夫『アメリカ法の歴史』東京大学出版会・1968年
・伊藤正己編『外国法と日本法』岩波書店・1966年
・石井紫郎編『日本近代法史』青林書院新社・1972年
・我妻栄編『戦後における民法改正の経過』日本評論社・1956年
・鳩山秀夫『債権法における真義誠実の原則』有斐閣・1955年
・牧野英一『重訂　日本刑法』有斐閣・1938年

第4編　法の内容
　　……どのような法が作られてきたか

第1章　市民生活に関する法
　　　　（近代的市民法成立の基礎）

[73]　**市民生活と法**　われわれの市民生活について、これを規制している各種の法があることは誰でも知っている。そこにあってとりわけ重要な役割を果たしているのは民法である。私たちの日々の市民としての生活を考えてみればそのほとんどが民法という法律とのかかわりあいをもっている。そして、現在のわが国の経済機構が近代的な資本主義であるところから、市民生活の基礎ともなる民法という法も当然にその資本主義経済機構というものを前提とした存在であるということになる。近代市民法たる民法においては資本主義の根本原理である自由競争の原理が基調とされている。

[74]　**近代的市民法としての民法の成立**　近代的市民法としての民法、とりわけわが国の民法を考えるに際し、その成立過程に目を転ずる必要がある。わが国における近代的市民法の成立は日本の近代資本主義への幕開けともいうべき明治維新の時点を出発点として位置づけることができよう。かようにして近代資本主義への幕あけともいうべき明治維持をむかえたわが国の状況を明らかにしておくことにしよう（これについては高梨公之『法学〔全訂版〕』15頁以下を参考にした）。

　黒船の到来を契機として従来の鎖国政策を解いた日本は明治維新をむかえ、これを機会に近代化への方向をたどることになる。明治政府は諸外国の資本主義経済に接し、やがて日本自体が近代的資本主義経

済体制を採用していくことになるのである。わが国においても既に江戸時代末期においては都市を中心とする貨幣経済が相当程度に発達しており、近代資本主義経済機構が成立する下地が十分に育成され、ある意味では資本主義経済体制への準備が完了した段階であった。この時代にあっては、土地に生活の根拠を求めようとした農民や武士階級の生活状態は困窮し、物価支配の力を有していた商人の力の極端な強化現象があらわれてきていた。この時期における諸外国の趨勢は、英国の産業革命が成就して約一世紀が経過し、英国や仏国、米国などの資本主義国家が市場と原料国を求めて世界各地へ進出・発展し、鎖国中の日本と接触することになったのである。かように日本経済が諸外国の資本主義経済と接触する時期は、国内においては国内産業の倒産などが相次ぎ、貨幣経済の徹底化がはかられ、武士や農民の生活が圧迫される状況が生じていたときである。国自身も、近代的軍需製品の購入による慢性的な経済的逼迫状態をきたしていたということができる。このような諸状況から、日本自身も近代的資本主義経済国家としての地位を確立し、諸外国と対等の力をもって対応しうる国となる必要性を強く意識することになるのは当然であるといえよう。

[75] **近代的資本主義国家の成立**　ここでの明治新政府の為政者達は、①強力な中央集権国家の確立、②近代的資本主義国家への変身を目指した。この近代的資本主義国家として考えられたものの特色を挙げておこう。ⓐその指導原理が無限の利益追求であり、人間は当該個人の一生に必要とするだけの富を得てしまった後も不必要とされるまでの富の集中化をめざす。そのために生産は合理化され、客観的（財貨や労働をすべて貨幣価値に換算し、数量であらわす）・機械的（感情的要素をいれることなく）に遂行される。ⓑ経済の遂行は個人の手にまかされ、国家は自らは経済主体とならず、所有権の絶対性を保障し、確立された法制によって権力を制約される（法治国家の成立・成文法の優位・個人主義法制の確立）。ⓒ貨幣経済が発達し、生産は価格をめどとして行われ、生産物は市場に商品として出荷される。ⓓ生産社会においては資本家と労働者

という経済的・社会的な階級の分裂が生じる（商品生産社会と階級構造の発生）。ⓔ科学的・進歩的・非有機的（機械や分業・協業など）生産技術の発達が促され、当然、大量生産技術が確立される。

[76]　**個人主義法制の確立**　このようなことから明治政府の希望し、要求するところの個人主義法制というのはすべての個人を対等の権利主体と認め、各人の所有権を制度として保障し、自由な個人の意思(契約)による権利変動を認める法制度である。かつての封建社会では、人はその出生に伴う社会的な地位や身分によって自分の行動を束縛され、各人の自由な行動は許容されなかった（これにつきヘンリー・メイン Sir Henry Sumner Main（1822〜1888）はその著書『古代法 The Ancient Law』のなかで「身分から契約へ」(from status to contract) と説明している)。もとより、このような封建社会のように制約された社会機構の下においては自由競争を基調とする資本主義は発達する可能性はない。

　このような状況下で当時の日本社会がその発展を希望する方向は、一面では強力な中央集権国家の確立ということであり、他面では個人主義法制の確立ということであった。この個人主義法制にあっては、なによりも個人の自由とその結果の保障を狙いとするものであるから、その中心に個人の生活を規律する法である私法がおかれることになるのは当然である。そこで、この個人主義法制の基本的な諸原則としては私法を貫く基本原理の確立が要求されてくる。ここに個人主義法制度の基本原則として三ないし四原則がいわれる。ここで三原則といわれるのは私的自治の原則、所有権の絶対性、過失責任の原則がそれである。四原則という場合にはこれにいわゆる権利能力平等の原則が加えられるのが普通である。この権利能力の平等はこの三原則の基礎をなすものであると理解することができ、その意味では、これを除く三原則を近代市民法である個人主義法制を貫く基本原則ということができるであろう。この原理を保障するために国家自身もこれにふさわしい変身をする必要があった（近代国家への変身の必要性）。国家は、この原理を保障できるだけの組織と実力をもたなければならないということ

になる。もとより国家の究極の目的は個人の幸福を確保することにある。

このような制度に奉仕するためには権力の均衡・分立ということが是非とも必要とされ、いわゆる制度としての三権分立が保障されることになる。国家権力の作用としての立法・司法・行政について、相互牽制をはかり、権力の濫用の防止（専横抑制）をねらいとする制度がそれである。

[77] **近代市民法における基本原理**　この近代市民法における基本原則について個別的に検討しておく。既に説明してきたように近代市民法における四原則とは、権利能力の平等、所有権の絶対、私的自治の原則、過失責任の原則がそれである。三原則というときには第一のそれ以外のものがさされる。ここで、この近代市民法において要求される基本原則である「近代市民法における三原則」ないし「近代市民法における四原則」について概観を試みておくことにしよう。

　　a　権利能力平等の原則　　権利能力平等とは全ての人間（自然人）は出生によって平等の権利主体としての地位を与えられ、身分・階級・宗教・性別・人種・身上などに関係なく、平等な権利能力が認められるという原則のことである。現在においては権利の客体にこそなるが権利の主体としての地位を与えられない奴隷のような存在は認められないし、人によって権利をもつことのできる能力に差異があるなどというようなことはない。取引行為を考えれば、人は全て取引の主体として平等ということになる。民法3条1項は、「私権の享有は、出生に始まる」と規定し、この権利能力（権利能力というのは権利・義務の主体となることができる資格のことである）の始期を定め、同時に、全ての人間に平等の権利能力を保障したものであるといえよう。

　　このルールは同様に権利能力者である法人についても当てはまる。しかし、法人は目的による制限等の様々な制約がある。その意味では自然人の場合におけるのと全く同様な意味での権利能力の平等ということが機能するものではないが、そのような制約を除外すれば法人の

場合についても権利能力の平等原則が支配しているということができる。

　b　所有権絶対の原則　　所有権絶対の原則とは、基本的には個人主義民法は私有財産制度を承認し、財産権の基本としての所有権を不可侵かつ絶対なものとし、理由なく国家においてこれを侵害したり制限したりしないということである。権利の対象としての典型的な存在としての所有権に着目したものである。

　c　私的自治の原則　　私的自治の原則（契約自由の原則）とは、個人は社会生活において、自己の意思に基づいた契約によって私的な法律関係を形成することができ、国家はこれに干渉しないという原則のことである。つまり、個人主義民法の下における法律関係は個人の意思を基本として形成され、これこそが一番重要な存在とされる。かつては私的法律関係といえども、個人の意思によらず、各人の身分とか地位によって決定されていたものが、近代私法の下においては意思（契約）によって決まってくることになってきたということが「身分から契約へ」という言葉で表現されたことは前述のとおりである。

　d　過失責任の原則　　過失責任の原則とは、何人も故意や過失（過失のみならず、故意をも含め、「過失責任の原則」でいう「過失」概念の中に含ませる）がない行為によって生じた結果に対する損害賠償義務を負担する必要はないという原則のことである。人は自己の過失による行為から生じた結果についてのみ責任を負担するという意味において「自己責任の原則」ともいわれる。これは単に不法行為の領域のみではなくて債務不履行損害賠償の領域にも妥当する原則である（415条・709条）。古くはこの原則は認められず、むしろ「結果責任主義」（その人間の行為を原因として生じた結果に対して行為者には責任があるという原理）が支配していた。18世紀末ないし19世紀における個人自由の思想を尊重する思想は、行為者の意思を媒介することなしにはその者の責任を負担させることはないという思想によってこの原則が考えられることになった。すなわち近代法の下においては、自由な意思を有する自由な意思主体

が平等の立場で行動することが期待され、その結果としては、法の定める責任原因（故意・過失）に触れないかぎり、何人も損害賠償の責任を負担することはないとされる。このことは特に不法行為の領域において顕著な現象である。

　この過失責任の原則は、おりから発展途上にあった資本主義社会と深い関係があった。この原理は資本主義発展の基礎となったイギリスにおける産業革命を成就させるについての大きな原動力ともなったといわれる。つまり、その時代まで産業はいわゆる家内制手工業に依存していたものが新たな動力源の発明などによって一挙に大規模化していくわけであるが、それに伴って企業災害などというものがそれまでの経験からは予測できないような現れ方をする可能性がでてきた。ここに結果責任の原理がとりこまれたのでは企業が新しい動力をとり入れ、新たな事業形態をとることは無謀ともなりかねない。ここにおいていわゆる過失責任の原則がとりこまれることによって企業は当時における技術水準で可能なかぎりの措置を講じれば予想外の災害の発生があった場合でも責任負担から免れることができる。かようにして企業は行動する際に、その企業活動に伴って他人にいかなる損害を負わせても、故意や過失がない以上は損害賠償責任を負担することはないという原則にしたがっていきいきと活動することができることとなった。企業は、このような行動基準をもとにして積極的に新しい試みをすることができ、のびのびと行動しつつ発展し、これによって資本主義自体が極度の発展を遂げることとなったということができる。産業革命の成就ということもこのようなことと関連して理解することができよう。いずれにしても、その意味で「過失責任の原則」は、近代資本主義社会発展の基礎となった原則ということができる。

　e　基本原則の機能　　既述したように以上の四原則のうち、「所有権の絶対の原則」「契約自由の原則」「過失責任の原則」を個人主義民法における三原則という。ある意味では、この三原則の前提として「権利能力平等の原則」というものがあると理解しておけばよいであ

ろう。

　かくして、個人主義思想高揚の時代に、その思想に基づいて立法された民法は、前近代的な主従関係を排斥し、前近代的身分的結合関係を解消させ、人類文化の向上に寄与し、新たな工業技術の採用を可能とし、19世紀の資本主義経済の繁栄に著しい貢献をなしたことは紛れもない事実であった。

　以上に検討した基本原理は、個人主義民法ないし近代市民法の基本原理ではあるが、むしろ財産法の領域における基本原理ということとなる。ここで簡単に家族法の領域における基本原理について一言しておく。

[78]　**家族法に関する基本原理**　　家族に関する法は戦前の日本においては、「家」を中心として存在し、男性絶対優位の構造を有していた。ところが、戦後の憲法の精神から、現在においては「個人の尊重」(13条)、「法の下の平等」(14条)、「男女の本質的平等」(24条)の原理が支配することとなった。このような趣旨から家族法においても、「男女の本質的平等の原理」をもって基本原理として理解することができる。

[79]　**基本原理とその修正的発展**　　近代市民法の基本原理とされる事項について簡単に触れてきた。しかし、この各原理というものも初期の資本主義社会というものを前提とするかぎりにおいては合理的に妥当していた。しかし、資本主義の発展に伴い富の偏在が生じ、富めるものと富まざるものの経済的格差が極端になり、やがて資本家階級と労働者階級とが生じるようになると、この基本原理をそのまま当てはめていくことは、富まざるものの犠牲において富めるものが利益をあげていくことにもなりかねないということになってくる。つまり、19世紀後半に入り、資本主義の極端な発展に伴って自由競争に敗れ、労働力のみを有するだけの労働者となり、社会の下層に苦しむ者と、資本主義社会における成功者として巨額の富を手にした者との格差が極端となり、いわゆる労働者階級と資本家階級の階級が発生し、この間に越えがたい格差が生じるに至り、個人主義民法の基本原理といえども、

これが修正を受けないまま適用することは実質的な不公平を生じるようになってくる。

　ここで各基本原理の現在社会における変容について具体的に示すことは困難であるが、後に述べるように、所有権の絶対性といえども制約を受けることになるし、私的自治の原則（契約自由の原則）なども現在社会において広く行われている普通取引約款による契約という問題との関係においてどのように考えられるべきものなのかという観点から、これをめぐる法律問題を発生せしめている。過失責任の原則についても各種の領域において無過失責任の原理が発生し、これが取りこまれることになってきているなどの問題が生じてきている。具体的には自動車損害賠償保障法や製造物責任法（平成6年法律85号、平成7年7月1日施行、いわゆる「PL法」）などにおいてこれが採用されている。

　そのようなことからすると近代市民法における基本原理といえども、それが既に原初的な形でその形が留められているとは言えなくなってきているということが指摘されよう。ここの各問題点について触れていくだけの余裕がないところから、ここでは所有権の絶対性の問題と権利の濫用という問題点について少し触れておくことにする。

[80]　**所有権の絶対性と権利の濫用**　　所有権の絶対の原理は資本主義の基礎をなす原理でもある。人は自己の所有権を理由なく侵害されることのないことが保障されてはじめて、これを前提としての財産的な取引（契約）をすることができる。このことは私有財産制を保障する憲法の規定（29条）からも当然である。

　しかし、所有権という絶対的な権利も、権利というものが人間社会において存在しているものである以上、その行使によって他人にどのような迷惑や損害を与えてもよいわけではない。民法206条自体が、「所有者は、法令の制限内において、自由に所有物の使用、収益及び処分をする権利を有する」と規定して、この原則を説明しているが、「法令の制限内において」と規定して所有権にも限界があることを示している。同時に民法1条は、私権が公共の福祉に従い、権利の行使は信

義に従って誠実にされるべきことを規定し、同時に権利といえども濫用してはならないことを規定している。憲法29条2項・3項が財産権であっても正当な補償さえあれば、それが所有権であっても公共のために用いることができるとしている。要するにこれらによって個人主義民法の基本原理は修正を受けることになる。この絶対とされる所有権（前記修正によってひとり所有権のみが絶対の権利でなくなったことが明らかであるが）との関係において、「権利の濫用」について簡単に検討しておかなければならない。

　権利の濫用とは、外観上からは正当な権利の行使のようにみえるが、その実質は権利の社会性に反し、正当な権利の行使とはいえない行為のことである。権利の濫用となる行為は、場合によっては不法行為となり、濫用者において損害賠償債務を負担することもありうる。

　所有権と権利の濫用とに関連する典型的な判例として宇奈月温泉事件がある。この事件は山間の価値の低い土地の上を通過して宇奈月町まで温泉を運んでいる木管に土地所有者が異議を述べた事件である。この湯を引いている木管が、たまたま山間の他人の約二坪ばかりの荒地の上を通過していることに目をつけ、わざわざ、この土地を二束三文で買い受け、この木管の所有権者である会社に対して、この荒地とともに自己が別の所に所有していた土地とを一括して極端な高額で購入するように要求し、これが受け入れられないとなるや、木管の除去を請求したという事例である。判例においては、この木管を撤去し、新規の設備を作りなおすとなると膨大な日数がかかり、莫大な費用がかかるということを考えると、このような要求は権利の濫用であって、とうてい許されないという判断をして、この請求を否定している（大判昭和10年10月5日民集14巻1965頁）。このような場合は外観上では正当な権利の行使のようにもみえるが、このような権利主張は、権利の社会性に反するもので権利の濫用となるから、権利の本来の効果が不発生となるという結論が示されている。いずれにしても、所有権であっても、これを制限する法律は極めて多数にのぼり、その内容も多種多

様である。したがって「所有権の絶対性」とはいってみても、もはや歴史的な意味しかなく、所有権に限って絶対性を有する自由な権利であるとも言いきれなくなってきているのが実状である。所有権といえども、これが濫用された場合には、その権利としての本来の効果が認められないばかりか、場合によっては、その所有権行使自体が不法行為を発生させ、損害賠償請求権を生ずることにさえ発展することもある。

　もう一例ばかり、所有権の濫用が不法行為となる場合を紹介しておく。世に嫉妬建築事件として知られた大正15年の事件であるが、隣地の結核病院に自己の土地を高額で売り付けようと画策し、他にも十分な空き地があるのに、わざわざ病舎と並行して、境界から1尺3寸ほどの地点に幅2間、長さ19間、高さ21尺の板囲い物置小屋を建造し、通風と日光とを遮断し、あまつさえ建築を炎暑の時期に選択して、防腐剤の悪臭、トタン屋根板設置の雑音等のため、右病舎の患者の大部分を退院・転室させ、一部を興奮させて死期を早めさせたという事例である。判例は「世上権利ノ濫用ト目セラルヘキ例多シト雖モ、呼吸器病及結核病患者ヲ収容スル病舎ニ接触シテ同患者ノ最モ必要トスル清新ナ空気日光ノ遮断流通ヲ阻害スヘキ設備ヲ為シ因ツテ無コノ患者ノ生命ニ危殆ヲ及ホシタル事件ノ如ハ蓋シ稀」（安濃津地判大正15年8月10日法律新聞2648号11頁）であり、このような行為は不法行為を構成すると判断している。このことからも、権利濫用となると所有権の正当な行使のようにみえる行為であっても所有権の適正な行使とならないし、具体的な状況によれば不法行為となって損害賠償の請求を受けることさえあることがわかる。

【参考文献】
・橋本文雄『社会法と市民法』有斐閣・1918年
・米倉　明『民法講義　総則(1)』有斐閣・1984年
・大久保泰甫『日本近代法の父　ボワソナード』岩波書店・1977年

第2章　現代資本主義社会の法

1． 市民社会から現代社会へ

[81]　**産業革命**　本章では、現代の資本主義社会の法を説明する前提として、産業革命から近代資本主義社会を経て独占資本主義社会に至った歴史的状況を確認する。

　産業革命とは、通常は、18世紀後半から19世紀前半にかけてイギリスにおける技術革新による生産活動の機械化・動力化、とりわけ工場制手工業生産（マニュファクチュア）から機械制工場生産への変革とその普及、それによる経済・社会構造の大変革といわれている。産業革命によって機械設備を持つ大工場が生まれ、大量生産が可能となり、社会構造が根本的に変化して、近代資本主義経済が確立し、その結果として、工業都市が生まれ、産業資本家層と工場労働者層の階級が勃興したのである。初期の資本主義社会においては、労働者階級は、安い賃金や過長な労働時間、危険で有害な労働環境など、劣悪な労働条件のもとで労働を強いられ、極端な貧困と不健康な生活状態の下に置かれていた。このような労働者階級の状態について改善するための動きが当然に生じてきたのであるが、その一つは、労働者が団結し、労働組合を結成し、労働条件の改善を試みることによって、自らその地位の向上を図ろうとして労働運動を繰り広げたことである。もう一つの動きは、後述するように、労働者を保護する様々な法的制度を整えることによって、直接的に労働条件を規制したことである。

[82]　**近代市民社会**　ところで、近代法は、フランス革命（1789年）などの近代市民革命によって成立した近代市民社会の政治的枠組みと近代

資本主義の経済的枠組みを保障しようとするものであった。近代市民社会とは、自由で平等な独立した個々人が合理的な利益計算によって社会関係を自由に作り出そうとする社会である。したがって、近代市民社会においては、個々人は自由に法律関係を作り出すことが認められており、その際に、自由で平等な取引主体である個々人の水平的な取引関係の秩序を支えるための公正なルールを整備する必要があり、そのための法が近代市民法、いわゆる私法体系である。それに対して、国家と個人との垂直的関係を規律するルールが公法と呼ばれ、それは私法の背後においてやむを得ない場合にのみ個人に介入するという消極的役割しか認められてはいなかった。これが近代市民社会における私法の優位の原則と呼ばれるものである。

[83] **近代市民社会と近代法**　近代市民社会の水平的秩序を支えるための公正なルールである近代市民法は、第4編第1章「市民生活に関する法（近代的市民法成立の基礎）」で説明されている通り、「権利能力平等の原則」、「所有権絶対の原則」、「契約自由の原則（私的自治の原則）」、「過失責任の原則」を備えていた。さらに、国家と国民との垂直的秩序を規律する際に、近代国家の役割としては、外敵からの防衛と国内の治安の維持、すなわち犯罪の取締りなどの必要最小限度の公共事業に限定する「夜警国家観」ないしは「自由国家観」が採り入れられた。「夜警国家」では、国家は、個々人の経済活動には介入しないものとされた。というのも、人々が自由に自分の利益を追求するのに任せておけば、「神の見えざる手」（アダム＝スミス）に導かれて、市場において需要と供給が一致し、商品の値段が決定され、社会全体の利益も最大になると考えられ、したがって、なまじ国家が市場に介入すると社会的調和が崩れると考えられたからである。他方で、国家が犯罪を取り締まる場合に、個々人の自由と権利が侵害されないために、国家の行動に縛りをかけるために犯罪と刑罰が予め法律で決められていなければならないという罪刑法定主義も採用されたのである。

[84] **私法と公法の分化**　このように近代市民社会の法体系において、

私法と公法の分化が生じたのである（私法と公法の二元論）。私法とは、私人相互の関係を規律する法であり、公法とは、概ね国家とその構成員である個人の関係を規律する法である。前者には民法、商法などが属し、後者には憲法、行政法、刑法、訴訟法などが属している。

[85]　**独占資本主義**　19世紀後半に至り、近代資本主義社会が進展し、高度化する過程で、企業は、企業間競争の中で優位に立とうとするため生産および資本を集積、集中させ、技術を開発しようとした。そして、その競争の結果、優位に立った大企業が、競争において劣位に陥った中小企業をその支配下に組み込みつつ、さらに巨大な企業になり、市場を独占していくことになる。この段階が、いわゆる独占資本主義社会と呼ばれる段階である。歴史上、アメリカではモルガン、ロックフェラーなどの8大金融資本集団（コンツェルン）が、日本では三菱、三井、住友といった財閥などに見られる経済支配と金融寡頭制の体制がその例として挙げられるであろう。

[86]　**独占資本主義の修正としての現代法**　近代の資本主義社会における市場は、前述したように、小規模な多数の企業間の自由な競争を通じて商品の需要と供給の適正な調和が成り立ち、またその価格が適正に決定されると考えられていた。しかしながら、独占資本主義の段階に至ると、大企業が市場を独占したことによって、企業間の自由な競争が行われなくなり、その結果、独占企業はその市場と資本への支配力に応じて、独占的に商品価格を自由に決定できるようになった。そして、それを通じて一般消費者の生活利益は侵害されると同時に、経済的な力関係から中小企業に不平等な取引条件を強いることによって中小企業は市場から駆逐されていくこととなった。さらには、1929年秋にニューヨーク株式市場の大暴落から陥った世界恐慌は深刻さを増し、工業生産は約半分になり、失業者は1000万人を超えたと言われている。それゆえ、国家は、それを放置することができない状況に至ったために、経済的自由を調整し、国民の福祉を実現しようとした。このような段階が修正資本主義の段階とも呼ばれている。すなわち、国

家が、法を通じて経済秩序に積極的に介入して景気の変動を調整するとともに、市場における自由競争を可能にさせる実質的条件を整備するという任務を負うことになった。さらにまた、自らの労働力だけを頼りにするしかない社会的弱者である市民ないし労働者が疾病、老齢、障害、死亡、失業といった人間の社会的・経済的生活にあっては避けることのできない事故に遭遇した場合、近代法体系においてはこのような事態を十分に予想してはいなかったし、それに対処する方策も備えていなかった。そのため、彼らはただ貧窮状態に身を置くしかなかったのである。そこで、国家が法を通してそのような社会的・経済的弱者の生存あるいはその実質的な自由・平等にも真摯な配慮を払おうとしたのである。近代国家における夜警国家の役割のように治安の維持と外交関係の処理だけではなく、社会的弱者である市民ないし労働者の経済活動や日常生活に積極的に介入し、形式的正義を矯正して、実質的正義ないし社会的公正を実現する役割を与えられた国家が、「積極国家」ないしは「福祉国家」と呼ばれるものである。そして、福祉国家に現われる法が、「現代法」と呼ばれ、現代法に特有な法領域としては、私的独占及び公正取引の確保に関する法律（独占禁止法）等に代表される「経済法」と各種の労働法、社会保障法とに具体化される「社会法」などが引き合いに出される。ところで、たとえ現代法と呼ばれる法であったとしても、それは資本主義社会を前提としているので、近代資本主義社会のバックアップする近代法の基本原則を修正する法と考えられている。

2．憲法上の生存権・社会権

　20世紀の福祉国家観を踏まえて、国家の基本法である日本国憲法もそれに対応した条項を備えている。それらが、生存権（憲法25条）、教育を受ける権利（憲法26条）、勤労の権利（憲法27条）、労働基本権（憲法28条）という社会権である。社会権とは、とりわけ社会的・経済的弱者

を保護し、実質的平等を実現するために保障するに至った人権である。

生存権の規定（憲法25条）を受けて、生活保護法、児童福祉法、母子及び寡婦福祉法、老人福祉法、身体障害者福祉法などの各種の社会福祉立法、国民健康保険法、国民年金法、厚生年金保険法、雇用保険法、老人保健法、介護保険法などの各種の社会保険立法等の社会保障制度が設けられている。教育を受ける権利（憲法26条）を受けて教育基本法や学校教育法が制定された。

労働基本権（憲法28条）を踏まえて、労働基準法、労働組合法、労働関係調整法が定められており、それらは労働三法とも呼ばれている。

3. 労働法

[87] **雇用関係と労働法**　現代は、ビジネス社会といわれる。現在、わが国は約413万の企業があり、就業者数の8割に当たる約5500万人が企業に職を得ているといわれている（平成24年総務省経済センサス）。したがって、国民の大多数は、就職（労働契約の締結）に始まり、退職・解雇（労働契約の終了）に至るまで、賃金や労働時間などの労働条件（労働契約の内容）の決定と変更、人事異動、安全衛生などのさまざまな雇用関係上の問題にかかわっている。それ故に、労働法は、労働者が使用者に雇われて働くという雇用関係を中心に置いて、さらには集団的な労使関係のトラブルの解決方法を対象とする法分野である。

[88] **労働法の歴史**　今日のわが国の労働法と呼ばれているものが制定されたのは、第二次世界大戦後であり、1945年に労働組合法が、1946年に労働関係調整法が、1947年に労働基準法が制定された。そして、1947年に労働者災害補償法が、また同年には職業安定法と失業保険法が制定された。さらに、労働条件保護に関しては、安全衛生法令の整備がなされ、最低賃金法が制定された。1972年には労働安全衛生法が、労働基準法42条以下の規定に代わって独立した法律として制定された。雇用保障に関しては、職業訓練法（1958年）、雇用対策法（1966年）、

74年には失業保険法が雇用保険法へと改正された。1985年には男女雇用機会均等法と労働者派遣法が制定され、職業訓練法は職業開発促進法に改正された。1991年には育児休業法が制定され、それが95年に改正され、育児介護休業法に改称された。2003年には少子化社会対策基本法と次世代育成支援対策推進法が制定された。2004年には司法制度改革に関連して労働審判法が制定された。2007年には、新たに労働契約法が制定された。以上のように、労働法にはさまざまな個別の法律が制定されているが、ここでは、労働法の基本と理解される労働基準法、労働組合法、労働関係調整法のみを取り上げて説明する。

[89]　**労働基準法**　労働基準法とは、労働条件に関する最低基準を規定した法律であり、労働契約関係について規定する最も基本的な法律である。労働基準法は、正規労働者（いわゆる正社員）だけではなく、パートやアルバイトの非正規労働者も含めて、日本国内で営まれる事業に従事するすべての労働者に適用される。

[90]　**労働基準法の基本原則**　労働基準法は、第1章総則に、近代的な労使関係の形成のために必要とされた七つの大原則を掲げている。すなわち、①労働条件の基本原則（労基法1条1項・2項）、②労働条件の労使対等決定の原則（労基法2条）、③国籍・信条・社会的身分による賃金・労働時間・その他の労働条件の差別的取扱いの禁止を内容とする均等待遇の原則（労基法3条）、④男女同一賃金の原則（労基法4条）、⑤強制労働の禁止（労基法5条）、⑥中間搾取の排除（労基法6条）、⑦選挙権などの公民権行使の保障（労基法7条）がそれである。

[91]　**労働基準法の規定内容**　労働基準法は、労働条件に対して主な内容を規定しているが、それを三つの事項について整理しておこう。第一に、雇用・解雇に関して、第二に、賃金に関して、第三に、労働時間・休憩・休息に関して、である。

　第一の労働者の雇用に関しては、労働基準法に直接的な規定はないが、この法律で規定された労働条件の基準に達していない労働契約は、その部分について無効となり、無効となった部分はこの法律で規定さ

れた基準によるとされる（労基法13条）。さらに、不当に長期にわたる労働契約は締結してはならず（労基法14条）、労働契約の締結に際しては労働条件（賃金・労働時間など）が明示されなければならない（労基法15条）と定められている。一方で、労働者の解雇に関しては、労働者の国籍・信条または社会的身分を理由とする解雇は禁止されていると解されるし（労基法3条）、労働者が業務上の負傷または疾病にかかって療養のために休業する場合や、産前産後の女性が休業する場合には、一定の期間それらの労働者を解雇してはならないとしている（労基法19条）。そして、使用者が労働者を解雇しようとする場合には、少なくとも30日前にその予告をするか、そうでなければ、30日分以上の平均賃金を払わなければならないと定めている（労基法20条）。

　第二の賃金に関しては、賃金が確実に労働者の手元に渡るよう、通貨払い、直接払い、全額払い、毎月1回以上の一定期日払いの原則を定めている（労基法24条）。なお、最低賃金に関しては、最低賃金法に基づき、国が賃金の最低額を定め、使用者はその最低賃金額以上の賃金を支払わなければならないと定めている（最低賃金法4条）。

　第三の労働時間に関しては、1日8時間、1週間40時間労働の原則を採用している（労基法32条1項・2項）。また、休日に関しては、原則として、使用者は、労働者に対して、毎週少なくとも1回の休日を与えなければならないと定められている（労基法35条）。

　労働基準法が定める労働条件基準を使用者に遵守させるために、罰則が設けられている（労基法117条以下）。また、労働者に一定の賃金や手当が払われていない場合には、労働者の請求により、裁判所が不払い額と同一額の支払いを使用者に命ずることもできるという付加金制度もあり（労基法114条）、さらに、労働基準法に著しく違反している会社を監督・指導するための公的機関として労働基準監督署が設けられている（労基法97条以下）。

[92]　**労働組合法の意義**　　労働者と使用者との関係は、個々の労働者にとって、労働契約を通して具体的に展開される。しかし、労働者は、

使用者と比較して社会的・経済的弱者であるので、自らの利益を擁護するために自主的に団体を組織し、その集団的力を背景として使用者と実質的に対等な立場で交渉しようとする。そこで、労働者の団結・団体交渉・労働争議などを規律している法が、労働組合法であり、現代の労働法の中で重要なものとして位置づけられている。

[93]　**労働組合の資格要件**　法的保護を受ける労働組合の資格要件として、労働組合法では、①自主性の要件（労働法2条）、②民主性の要件（労組法5条）が定められている。これらの要件を満たしていない無資格労働組合は、使用者が不当労働行為を行ったとしても、労働委員会に救済を求めることができないなど、法的保護を受けられないことになっている（労組法5条1項）。

[94]　**不当労働行為の種類とその対応**　不当労働行為とは、使用者が労働組合の結成やその自主的活動に対する妨害行為である。労働組合法7条は不当労働行為として以下の四つを規定している。すなわち、①労働者が労働組合に加入し、もしくは組合を結成しようとしたこともしくは労働組合の正当な行為をしたことを理由として解雇したり、不利益な取扱いをすること、または労働組合に加入しないことなどを雇用条件とすること、②正当な理由がなくて団体交渉を拒否すること、③労働組合を結成し、もしくは運営を支配し、介入すること、または労働組合の運営のための経費を援助すること、④労働委員会に申し立てたことなどを理由として解雇したり、不利益な取扱いをすることがそれである。ところで、不当労働行為があった場合には、労働委員会は、労働者や労働組合の申立てに基づき、遅滞なく調査・審問を行い、使用者に対して不当労働行為がなかった状態に戻すという「原状回復」その他の命令（救済命令）を発し（労組法27条の12）、さらに、この命令に従わない使用者には、罰則が適用される（労組法28条・32条）。

[95]　**労働協約**　労働組合が、使用者との団体交渉の結果、労働条件などについて締結した協定が労働協約と呼ばれる（労組法14条）。労働協約に定められる事項は、賃金や労働時間をはじめ、人事、解雇、定年、

安全衛生、服務規律、福利厚生、教育訓練などの労働条件の基準や待遇を定める部分とユニオン・ショップ、団体交渉の手続やルール、争議行為の開始条件や手続、組合活動や便宜供与などの労使間の集団的な権利義務に関する部分などである。ところで、労働協約に定められた労働条件の基準の効力は、これに違反する労働契約の部分を無効にするが(労組法16条)、他方、就業規則は、法令または労働協約に反してはならず、行政官庁は、それらに抵触する就業規則の変更を命ずることができる（労基法92条）。

[96] **労働争議の種類とその効果** 社会的弱者である労働者は自己に有利な交渉を確保するために、団体行動権(争議権)が保障されている(憲法28条)。争議行為とは、労働組合が自らの要求を貫徹するために、集団的に就労を拒否したり、業務の正常な運営を妨げることをいう（労働関係調整法7条)。争議行為の具体的例としては、ストライキ(同盟罷業)、サボタージュ（怠業）、ロックアウト（事業所閉鎖）、ピケッティング（見張り）、ボイコット（不買の呼びかけ・取引業者に対する取引停止の要求）、生産管理、職場占拠などが挙げられる。そして、正当な争議行為については、労働組合法の規定(労組法1条2項・7条1号・8条)によって刑事責任が免れること、不利益な取扱いが許されないこと、民事責任を免れることなどが定められている。ただし、公務員については争議行為がほぼ全面的に禁止されている（国家公務員法98条2項、地方公務員法37条等参照）。

[97] **労働関係調整法の意義** 労働者と使用者との間ではさまざまなトラブルが生ずることがある。これらのトラブルには、一人の労働者と使用者との間で賃金や労働時間などの労働条件の内容に関して生ずる場合もあれば（「個別的トラブル」）、労働組合と使用者との間でストライキや組合活動に関して生ずる集団的なトラブルの場合もある（「集団的トラブル」）。ところで、いずれのトラブルも、通常は、まず労働者ないしは労働組合と使用者との間の自主的な解決に委ねられている。しかしながら、現実には、これらのトラブルが自主的に解決されることは、

労使間の利益対立の先鋭化から困難な場合もあり、また不可能な場合も稀ではない。そこで、労使間の集団的トラブルを調整、解決するための公的機関として労働委員会が創設され（労働関係調整法8条の2）、その機関において労働争議の斡旋、調停および仲裁が図られることになる（労働関係調整法10条～35条）。これに対して、個別的トラブルについては、「個別労働関係紛争の解決の促進に関する法律」が2001年に制定され、それに基づいて、都道府県労働局長の助言・指導制度、紛争調整委員会によるあっせん制度、さらに都道府県知事の委任を受けた都道府県労働委員会による相談・あっせん制度が設けられ、個別的トラブルの解決が図られている。

[98] **労働委員会の役割**　労働委員会は、公益代表（公益委員）、労働者代表（労働者委員）および使用者代表（使用者委員）から構成される行政委員会である。厚生労働大臣の所轄の下に設置される中央労働委員会（中労委）と各都道府県知事の所轄の下に設置される都道府県労働委員会（地労委）がある。

　斡旋とは、労働争議が発生した場合、労使当事者の双方または一方の申請に基づき、あるいは職権により斡旋員（労働委員会会長の指名）が労使双方の間に立ち、労使双方の主張を確かめながら、双方に譲歩を促したりして、双方の納得できるような形で事件解決のために助力するものである（労働関係調整法10条～16条）。多くの場合、斡旋案が提示されるが、これを受け入れるか否かは労使双方の自由である。

　調停は、労使当事者からの調停申請などにより、公益委員、労働者委員、公益委員の三者から構成される調停委員会が、当事者の意見を聴取したうえで、調停案を作成・提示して、その受諾を勧告し、労働争議の解決を図るものである（労働関係調整法17条～28条）。そしてその勧告案を受け入れるか否かは当事者の自由である。

　仲裁は、労使当事者双方からの仲裁申請などにより、三名の仲裁委員から構成される仲裁委員会が、労働争議についての仲裁裁定を行い、それによって労働争議の解決を図るものである（労働関係調整法29条～

35条)。仲裁裁定は、斡旋案や調整案とは異なって、労働協約と同一の効力を持つことにより (労働関係調整法34条)、当事者双方を拘束するものである。

4. 経済法

[99] **経済法の意義**　経済法という概念は、資本主義社会が進展し、高度化したことによって生じた独占資本主義社会の諸弊害、すなわち市場経済の自動調節機能の喪失 (市場の失敗) による企業の市場独占を回避し、その経済的矛盾を緩和するために、近代市民法原理を修正し、国家が市場経済秩序に直接的に介入する法規の総称と理解されている。わが国では、その経済法の代表的なものが1947年に制定された「私的独占の禁止及び公正取引の確保に関する法律(独占禁止法)」である。それ以外に、1962年に制定された「不当景品類及び不当表示防止法」、2002年に制定された「入札談合等関与行為の排除及び防止並びに職員による入札等の公正を害すべき行為の処罰に関する法律(「入札談合等関与行為防止法」)」などがある。本節では経済法の代表格である独占禁止法を取り上げる。

[100] **独占禁止法の意義**　消費者の立場から見ると、市場において企業間の競争が行われなくなると、より安い商品やより品質の良い商品を選ぶことができなくなるなど、消費者の経済的利益が奪われてしまう。そこで、企業間の競争を歪めるような行動を規制し、また競争が活発に行われるように市場メカニズムを維持することが必要となり、それらを規律している法律が独占禁止法である。

[101] **独占禁止法の規制行為**　独占禁止法が規制する行為には、①競争の回避を通じて競争の実質的制限 (市場支配力) をもたらす行為 (カルテル)、②競争の排除を通じて反競争的効果をもたらすもの (私的独占)、③不公正な取引方法であり、それには六つの類型が挙げられている(独禁法3条9項)。それらは (i) 共同の取引 (供給) 拒絶 (1号)、(ii) 差

別対価（2号）、（iii）不当廉売（3号）、（iv）再販売価格の拘束（4号）、（v）優越的地位の濫用（6号）、（vi）として（i）〜（v）の行為のおそれのある行為で、公正取引委員会が指定したもの（7号）である。

[102]　**独占禁止法のサンクション**　事業者が私的独占または不当な取引制限の禁止に違反した場合や不公正な取引方法の禁止に違反した場合のサンクションは、公正取引委員会が、その審決によって、違反事業者に対して、当該行為の差止めなどの排除措置を命ずることができること（独禁法20条・7条）や違反事業者に対して罰則（3年以下の懲役または500万円以下の罰金）を科すことができたり（独禁法89条1項1号・2号）、課徴金を科すことができる（独禁法20条の2〜20条の7）と規定されている。

[103]　**公正取引委員会**　独占禁止法に違反する行為に対処するために、独占禁止法の運用機関として公正取引委員会（公取委）が創設されている（独禁法27条）。公取委は、内閣総理大臣の所轄に属しているが、通常の行政機関と異なり上級機関の監督を受けることのない独立行政機関として位置づけられている（独禁法28条）。公取委は、委員長と四名の委員で構成され、内閣総理大臣が衆参両議院の同意を得て任命し、委員長の任免は天皇が認証する（独禁法29条）。

5．社会保障法

[104]　**社会保障制度**　近年では、社会保障法の法体系をどのように捉えるかについて、議論があるが、ここではオーソドックスに、社会保障制度審議会が1950年に出した「社会保障制度に関する勧告」を取り上げて説明することにする。それによると、「社会保障制度とは、疾病、負傷、分娩、廃疾、死亡、老齢、失業、多子その他困窮の原因に対し、保険的方法または直接公の負担において経済的保障の路を講じ、生活困窮者に陥った者に対しては、国家扶助によって最低限度の生活を保障するとともに、公衆衛生及び社会福祉の向上を図り、もってすべての国民が文化的社会の成員たるに値する生活を営むことができるよう

にすることをいう」とされる。したがって、社会保障制度には、公的扶助、社会保険、社会手当、社会福祉、公衆衛生の五つが入るとされる。しかしながら、公衆衛生が社会保障法に含まれるかについては異論があるので、本節では、前四つを概観するが、その中では公的扶助を主に説明し、その他の制度については、それぞれの意義と歴史について述べることにとどめたい。

[105] **公的扶助**　公的扶助とは、健康で文化的な最低限度の生活を維持できない生活困窮者に対して、国がその責任において直接的に給付を行うことで最低限度の生活を維持させることを目的とする扶助制度である。公的扶助制度の代表的法典として生活保護法が挙げられる。本節ではこの生活保護法を説明しよう。

[106] **生活保護法の基本原理**　生活保護法の原則として、①自立助長の目的（生活保護法1条）、②すべての日本国民に保護を受けられる機会が与えられるという「無差別平等の原則」（生活保護法2条）、③健康で文化的な最低限度の保障が受けられるという「最低生活保障の原則」（生活保護法3条）、④生活困窮者は生活の維持のためには可能なあらゆる資産・能力等を利用することが求められ、それでもなお最低限度の生活が維持できない場合に初めて、その不足部分について補足的に行われるという「補足性の原則」（生活保護法4条1項）が挙げられる。

[107] **生活保護の種類と方法**　①生活扶助は、衣食その他日常生活の需要を満たすために必要なもの、および移送に対する給付である（生活保護法12条）。②教育扶助は、義務教育に伴って必要な教科書その他の学用品、通学用品、学校給食その他に対する給付である（生活保護法13条）。③住宅扶助は、住居およびその補修その他住宅の維持のために必要なものに対する給付である（生活保護法14条）。④医療扶助は、診察、薬剤または治療材料、医学的処置、手術およびその他の治療に伴う世話その他の看護等を対象とし、原則として現物給付である（生活保護法15条・34条）。⑤出産扶助は分娩の介助等（生活保護法16条）である。⑥葬祭扶助は、火葬または埋葬、納骨その他総裁のために必要なもの等を対象

とする（生活保護法18条）。⑦生業扶助は、たとえば食料品店・飲食店や大工・植木職等の事由業等を営むために必要な資金または器具・資料の費用、ホームヘルパーの研修や国家資格の取得当の技能習得にかかる費用、および就職の確定した者に支給される就職のため必要とする洋服類や履物等を購入するための就職支度費を給付する。⑧介護扶助は、その内容として居宅介護、福祉用具、住宅改修、施設介護、移送が挙げられる（生活保護法15条の2）。

[108] **社会保険** 社会保険とは、疾病、老齢、障害、失業、業務災害・通勤災害、要介護などの生活を脅かす偶然的に発生する事故（保険事故）に備えて、被保険者が一定の金銭（保険料）を支出し、事故に遭った者に対し金銭（保険金）支払うことで、彼らの生活の安定を図る制度である。わが国の社会保険制度としては、医療保険（健康保険、国民健康保険）、年金保険（厚生年金保険、国民年金）、失業保険（雇用保険）、労働者災害補償保険、介護保険の五つが挙げられる。

　社会保険制度の主だった戦後の法的制度を取り上げると、1947年に失業保険法が、また同年に労働者災害補償保険法が制定された。翌1948年には国家公務員共済組合法が制定され、その後、私立学校教職員、地方公務員等の共済組合が相次いで法制化された。1950年代半ばに至ると、国民皆保険・国民皆年金と呼ばれる体制が実現された。具体的には、1958年には、1938年に成立した国民健康保険法が全面的に改正され、さらには翌1959年に、国民年金法が制定された。1974年に失業保険法が廃止され、雇用保険法が制定された。1990年代後半以降では、1997年に介護保険法が制定され、2000年4月に施行された。

[109] **社会手当** 社会手当とは、法の定める所定の支給事由が満たされる場合に、厳密な資力調査を必要とせずに、また拠出を前提とせずに、定型的な給付を行うところにその特徴がある。厳密な資力調査を必要としないという点で、公的扶助とは異なる一方で、定型的給付という点ではむしろ社会保険と共通する側面を有している。しかしながら、費用の負担が保険料によって行われていないので、社会保険とも異

なっている。したがって、社会手当とは、社会保険と公的扶助とのいわば中間形態ともいえるのである。

社会手当の主だった法的制度を取り上げると、1961年に児童扶養手当法が、1964年に特別児童扶養手当等の支給に関する法律（特別児童扶養手当法）が、1971年に児童手当法がそれぞれ制定された。

[110] **社会福祉**　社会福祉の目的・役割は、保護者のいない児童または保護者に看護させることが不適当の認められる児童、心身障害児（者）、介護を要する老人など、身体上または精神上の理由により、日常生活を自立して営むのに支障がある者の生活障害（発達障害）を対象として福祉従事者による介護、相談、訓練などの対人福祉サービスを行うところにある。

社会福祉の主だった法的制度を挙げると、1947年に児童福祉法が、1949年に身体障害者福祉法がそれぞれ制定された。1960年には精神薄弱福祉法（1998年に知的障害者福祉法に名称変更）、1963年には老人福祉法と翌64年には母子福祉法（1981年に母子及び寡婦福祉法に名称変更）が制定された。

【参考文献】
・平野仁彦・亀本洋・服部高宏『法哲学』（有斐閣アルマ・2002）
・宮川澄『市民法と社会法』（青木書店・1964）
・正田彬編著『法と経済社会』（日本放送出版協会・1975）
・浅倉むつ子・島田陽一・盛誠吾『労働法〔第5版〕』（有斐閣アルマ・2015）
・浜村彰・唐津博・青野覚・奥田香子『ベーシック労働法〔第6版・補訂版〕』（有斐閣アルマ・2016）
・菅野和夫『労働法〔第11版〕』（弘文堂・2016）
・岸井大太郎・大槻文俊・和田建夫・川島富士雄・向田直範・稗貫俊文『経済法〔第8版〕』（有斐閣アルマ・2016）
・川濵昇・瀬領真悟・泉水文雄・和久井理子『ベーシック経済法〔第4版〕』（有斐閣アルマ・2014）
・金井貴嗣・川濵昇・泉水文雄編著『独占禁止法〔第5版〕』（弘文堂・2015）
・西村健一郎『社会保障法入門〔第2版〕』（有斐閣・2014）

・加藤智章・菊池馨実・倉田聡・前田雅子『社会保障法〔第6版〕』(有斐閣アルマ・2015)

第3章　犯罪と刑罰に関する法

1. 刑法の構成と社会的機能

[111]　**刑法典**　　犯罪の要件とこれに対する法的効果としての刑罰の内容を規定する法を刑法という。狭い意味では、刑法と名付けられた法典、すなわち刑法典のことをいう。

現在、各国の刑法典のほとんどが総則と各則とに大別されている。日本の刑法典も同様に、第一編「総則」と第二編「罪」と題する各則の2編から成り立っている。このうち、総則は、各種の犯罪および刑罰に通じる一般的な規定が置かれている。これに対し、各則には、犯罪となる行為とこれに対する刑罰の種類と程度を個別に示した規定が置かれている。

[112]　**特別刑法**　　刑法典は、犯罪と刑罰に関する法のうち、主要なものを収めているだけである。そこで、犯罪と刑罰に関する法は、多くの法律に見ることができる。これを特別刑法という。

特別刑法は、二つのタイプに分けることができる。それは、①爆発物取締罰則、軽犯罪法、航空機の強取等の処罰に関する法律などのような、刑法典を直接補充する特別刑法、②会社法、道路交通法、所得税法、労働基準法、医師法、薬剤師法などの罰則規定、すなわち種々の行政上の目的達成のために置かれた命令・禁止規定の効力を確保する手段として、これに違反する者に対して刑罰を科することを定めている行政刑法である。

行政刑法は、いかなる行政上の目的を達成するものであるかによって、交通刑法、租税刑法、労働刑法、経済刑法、医療刑法などに分け

られる。また行政刑法は、違反行為に対して、その行為者だけでなく、業務主である法人等も処罰する、いわゆる両罰規定が設けられていることが多い。

[113] **刑事訴訟法**　刑事訴訟法は、刑法の内容を具体的に実現するための手続を規定する法のことである。

　刑法に規定される犯罪が行われ、処罰の要件がそなわれば、直ちに刑罰権が発生する。しかし、これを具体的に実現するためには、犯人および証拠を捜査し、公訴を提起し、公判を進めて犯罪事実を確定し、相当な刑を宣告し、これを執行する機関と手続が必要である。しかもそれらの機関の組織・権限と手続のあり方については、人権保護の観点から厳格な法的規制が要求される。この要求にこたえて規定されるのが刑事訴訟法である。

　刑法は、犯罪に対して刑罰という最も強力な国家的制裁で臨むことにより、社会秩序を維持し、人々の生活利益を保護しようとするものである。しかし、その実現には、常に可能な限り、被疑者、被告人、証人、参考人などの基本的人権やその他の利益を尊重しつつなされなければならない。つまり、刑法と刑事訴訟法の両法が有機的に連関してはじめて刑事司法が適正に行われ、社会的正義が実現するのである。

[114] **矯正および保護法**　犯罪者の矯正のための組織・手続・処遇を規定する法および、犯罪者の矯正施設外における更生保護を目的とする組織・手続・措置を規定する法のことである。刑事収容施設及び被収容者等の処遇に関する法律、更生保護法、少年院法、婦人補導院法などが代表的なものである。

　これらの法は、受刑者の教化・改善や刑の執行猶予や仮釈放になった者に対して、国家が積極的な保護を行うことにより、再犯を予防するためにも重要である。

[115] **刑法の社会的機能**　刑法は、犯罪と刑罰について定めている法であるが、この刑法には三つの社会的機能があるとされている。それは、社会倫理的機能、法益保護機能、自由保障機能の三つである。

a　社会倫理的機能　　刑法において、一定の行為を犯罪とし、これに一定の刑罰を結びつけることにより、犯罪と犯罪でないものを明らかにし、人々が行為の選択をする場合の判断基準を示す機能である。これは、刑法に内在する行為規範による機能である。刑法は、一般通常人なら誰でも守ることに困難を感じるようなものは規定していない。つまり、誰もが守れるルールであるにもかかわらず、守らなかった場合に刑罰という一定の制裁を科すことにしているのである。
　　b　法益保護機能　　刑法では、行為規範に違反するものに対して、刑罰という最も強力な国家的制裁を科すことにより、規範を守らせるようにしている。その結果、人々の生命、身体、自由、財産などの法的に保護されるべき生活上の利益、すなわち法益を守ることができる機能である。この機能によって、社会秩序の維持が可能になるのである。
　　c　自由保障機能　　刑法は、犯罪とされる行為の範囲と個々の犯罪に対する刑罰の種類・程度を明示することにより、国家権力に対し、いたずらに刑罰権を発動しないようにコントロールする。その結果、人々の自由を保障するとともに、犯人も恣意的な処罰から守る機能である。この意味において、刑法は「善良な国民のマグナ・カルタ」であると同時に「犯人のマグナ・カルタ」であるといわれる。これは、後述する罪刑法定主義の裏付けとなるものであり、刑事裁判手続の中での人権侵害を防ぐ観点から大いに強調されなければならない機能である。

2. 刑罰の内容と本質

[116]　**刑罰の内容**　　刑法の規定する刑罰は、死刑、懲役刑、禁錮刑、罰金刑、科料刑、没収刑の7種類である（刑9条）。
　刑罰は、犯罪行為を行ったことを条件として、国家が制裁として犯人の何かを剝奪するところに特色がある。どのように剝奪されるかと

いう観点から区別すると、生命刑、自由刑、財産刑に区別することができる。近代以前は、刑罰の中心が生命刑であったが、近代以降は自由刑が中心となり、とくに懲役刑に焦点が合わされている。

[117] **生命刑**　文字通り、犯人の生命を剥奪する刑である。死刑がこれに相当する。死刑は、刑事施設内において絞首により執行される（刑10条1項）。死刑の言渡しを受けた者は、執行の日まで刑事施設に拘置される（刑10条2項）。死刑の執行は、再審請求や共犯者の判決が未確定などの場合を除き、判決確定から6箇月以内に法務大臣の命令により執行される（刑訴475条）。

なお絞首による死刑は、憲法36条で禁ずる残虐刑にあたるのではないかという指摘があるが、「死刑といえども、他の刑罰の場合におけると同様に、その執行の方法等がその時代と環境とにおいて人道上の見地から一般に残虐性を有するものと認められる場合には、勿論これを残虐な刑罰といわねばならぬから、将来若し死刑について火あぶり、はりつけ、さらし首、釜ゆでの刑のごとき残虐な執行方法を定める法律が制定されたとするならば、その法律こそは、まさに憲法第三十六条に違反するものというべきである」として絞首の残虐性を否定している。（最大判昭和23年3月12日刑集2巻3号191頁）

[118] **自由刑**　犯人の自由を剥奪する刑であり、懲役刑、禁錮刑、拘留刑の三種類からなる。

　　a　**懲役刑**　無期懲役と1月以上20年以下の有期懲役があり、刑事施設に拘置して所定の作業（刑務作業）を行わせる刑である（刑12条）。なお、死刑または無期懲役を減軽する場合や併合罪や再犯などで加重する場合は、最長30年にすることができ、有期懲役を減軽する場合は、1月未満にすることができる（刑14条）。懲役刑は、検察官の指揮によって行われる（刑訴472条）。

刑務作業の内容は、炊事・洗濯など刑務所運営のための作業である経理作業と、公益財団法人矯正協会が国に材料を提供し靴・家具などを製作させたり、民間企業と刑務作業契約をして民間企業の製品を製

作させたりする生産作業の二種類がある。

　　b　禁錮刑　　無期禁錮と1月以上20年以下の有期禁錮があり、刑事施設に拘置される刑であり、刑務作業は行わなくてよい（刑13条）。なお、死刑または無期禁錮を減軽する場合や併合罪や再犯などで加重する場合は、最長30年にすることができ、有期禁錮を減軽する場合は、1月未満にすることができる（刑14条）。禁錮刑は、検察官の指揮によって行われる（刑訴472条）。

　　なお、刑事施設に収容されている禁錮刑受刑者は、願い出により刑務作業を行うことができる（刑事収容93条）。

　　c　拘留刑　　1日以上30日未満刑事施設に拘置される刑である（刑16条）。拘留刑は、検察官の指揮によって行われる（刑訴472条）。また、刑事施設に収容されている拘留刑受刑者は、願い出により刑務作業を行うことができる（刑事収容93条）。

［119］**財産刑**　　犯人の財産を剥奪する刑であり、罰金刑、科料刑、没収刑の三種類がある。

　　a　罰金刑　　1万円以上である。ただし、1万円未満に減軽することができる（刑15条）。罰金刑は自然人だけでなく、法人にも科すことができる。法人の場合、金融商品取引法207条1項1号の7億円以下のような非常に高額になることもある。

　　罰金刑の執行は、検察官の命令により執行される。執行方法は、民事執行法その他、強制執行の手続に関する法に基づいて行われる（刑訴490条）。

　　b　科料刑　　1,000円以上1万円未満である（刑17条）。科料刑の執行は、検察官の命令により、罰金刑と同じ手続きで行われる。

　　なお、罰金刑、科料刑を完納できない場合、労役場留置となる（刑18条）。罰金刑の場合は1日以上2年以下の期間、科料刑の場合は1日以上30日以下の期間、裁判で定められた総額に達するまでの日数分留置される。労役場では、所定の作業を行うが、刑務作業に比べて軽い作業を行う。

c　没収刑　　犯行に使われた凶器、通貨偽造事件で作成された偽造通貨、薬物犯罪で使用された禁止薬物など、犯罪行為を組成・供用したものや犯罪行為から産出したもの、犯罪行為で取得したもの、犯罪行為の報酬・対価を没収するものである（刑19条）。没収刑は、主刑に付随して科される付加刑であるため、単独で科すことはできない。

　没収刑は、検察官の命令で執行され、没収物は、検察官がすべて処分する（刑訴490条1項・496条）。

　なお、没収の対象物のうち、産出物件・取得物件・報酬物件・対価物件について、その全部または一部が、費消などによって失われて没収できないときには、その価額を追徴する（刑19条の2）。犯罪によって得られた利益を、犯人のもとに残すことは不当だからである。

[120]　**刑の執行猶予**　　刑の執行猶予には、刑の全部執行猶予制度と刑の一部執行猶予制度の二種類の制度がある。

　刑の全部執行猶予制度とは、過去に禁錮以上の刑に処せられたことの無い者などが、3年以下の懲役・禁錮または50万円以下の罰金の言渡しを受けた場合、情状により裁判確定日より1年以上5年以下の期間、その刑の執行を猶予し、期間中無事に経過すれば刑の執行はなかったものにする制度である（刑25条・27条）。猶予期間中、再び犯罪行為を行い禁錮以上の刑に処せられた場合などは、執行猶予が取り消され、猶予されていた刑は直ちに執行される（刑26条）。また、罰金刑に処せられた場合などは、執行猶予を取り消すことができる（刑26条の2）。

　刑の一部執行猶予制度は、薬物犯罪など再犯率の高い犯罪について、猶予期間中に円滑な社会復帰に向けた準備をさせ、再犯防止を目指す観点から導入されている。これは、3年以下の懲役・禁錮の言渡しを受けた者に対して、情状により刑の一部の執行を1年以上5年以下の範囲で猶予する制度であり、期間中無事に経過すれば、刑は猶予されなかった部分の期間に減軽の上、刑の執行を受け終わったものとする制度である（刑27条の2・27条の7、薬物一部猶予3条）。こちらも、猶予期間中、再び犯罪行為を行い禁錮以上の刑に処せられた場合などは、執行

猶予が取り消され、猶予されていた刑は直ちに執行される（刑27条の4）。また、罰金刑に処せられた場合などは、執行猶予を取り消すことができる（刑27条の5）。なお、薬物犯罪については、猶予期間中は保護観察が義務付けられる（薬物一部猶予4条）。

[121] **刑罰の本質**　人間社会は、古代から今日まで、その社会の秩序を乱す行為を犯罪と位置づけ、これに対して、刑罰という制裁を加えてきた。この犯罪と刑罰をいかに認識するか、言い換えるとどのような刑法理論をとるかについては、古くから「古典学派」と「近代学派」という二つの学派の争いが展開されてきたのである。

　　a　古典学派　　旧派とも呼ばれ、犯人の意思の自由を前提とする刑法理論である。

　この立場では、刑罰の対象としての犯罪の意味、すなわち刑事責任の基礎は、客観主義（行為主義）という考え方になる。これは、刑事責任の基礎を犯人の自由な意思の表れとしての外部的行為（客観的な動作・態度）とこれから生じた結果（実害）におくと考えるのである。そこで、刑罰の重さは、このような行為・結果の重大さの大小で決めるべきであるとする。

　次いで、刑罰の本質については、応報刑論という考え方になる。これは、刑罰を犯罪という悪行に対する反動としてこれに科せられる報復的な措置であり、犯人に対して刑罰をもってつぐないをさせると考えるのである。

　そして、刑罰の目的については、一般予防主義という考え方になる。これは、法律で刑罰を予告し、あるいは現実に犯人に刑罰を科することによって一般人に警告を与え、犯罪の発生を一般的に予防することが刑罰の目的であるとする考え方である。

　　b　近代学派　　新派とも呼ばれ、犯人の意思の自由を否認する刑法理論である。

　この立場では、刑事責任の基礎は、主観主義（行為者主義）という考え方になる。これは、犯罪の原因が素質と環境により決定づけられた犯

人の社会的危険性（反社会性）にあるとし、刑事責任の根拠は、このような危険性におくという考え方である。そこで、刑罰の重さは、犯人の社会的危険性の程度の大小で決めるべきであるとする。

次いで、刑罰の本質については、教育刑論という考え方になる。これは、刑罰は応報ではなく教育であると考える。すなわち、犯人が持つ反社会的性格を刑罰という教育的措置で立て直し、将来再び犯罪を起こさないようにして社会復帰させると考えるのである。

そして、刑罰の目的については、特別予防主義という考え方になる。これは、刑罰の目的を犯人の再犯の予防にだけおく考え方である。

　　c　現代の刑法理論　　古典学派、近代学派それぞれの考え方は、どちらも刑罰の本質の考え方として当てはまるものがある。そこで、現代ではこれらを対立するものとして捉えるではなく、両者を統合して考えるべきであるという傾向が有力になっている。

これは、次のような考え方である。犯罪は人間の行為である以上、犯人の性格などを無視して犯罪を評価し刑を決めることは妥当ではない。また、外部的行為や結果を無視して犯人に対する刑を決めることも妥当ではない。そこで、刑罰の本質は、応報を基礎としつつも、国民一般の規範意識を維持させるとともに、犯人を教育・改善させることにより、犯罪を一般的に予防するとともに、犯人の再犯を防止し社会復帰を促進させ、これによって社会秩序を維持することにあると考えられている。このような考え方を、併合主義（統合主義）という。

3．刑法の基本原理

[122]　**罪刑法定主義の意義**　　刑法の基本原理は、罪刑法定主義である。これは、どのような行為が犯罪であり、それに対してどのような刑罰を科するかは、法律の形式であらかじめ国民に知らせておかなければならない、という考え方である。

近代以前の社会では、為政者は人々を威嚇して犯罪を抑圧すること

のみにとらわれていた。そこで、一方では残虐な刑罰を多用し執行を公開しながら刑罰を用いた。他方で、どのような行為が犯罪となり、それに対してどのような刑罰が科せられるかを人々に一切知らせず、恣意的に刑罰を用いた。また、裁判や刑罰においては身分による差別的取扱が当然とされ、訴訟手続としては、自白が重視され、自白を得る手段として拷問が認められていた。近代社会は、このような罪刑専断主義を人道主義・自由主義に反するものとして排斥し、罪刑法定主義を確認したのである。近代刑法学の父といわれるアンゼルム・フォン・フォイエルバッハ（Anselm von Feuerbach）は、「法律がなければ刑罰はない、法律がなければ犯罪はない」と表現している。

　罪刑法定主義の基礎となる思想は、次の二つになる。一つ目は、どのような行為が犯罪として処罰されるかは国民の代表である議会で決定しなければならないとする、国民主権の思想である。これは、モンテスキュー（Charles-Louis de Montesquieu）の三権分立論に基礎を置く考え方である。次に、犯罪と刑罰をあらかじめ規定することは、人々にある行為が処罰されるものであるかについての予測可能性を与え、人々の行為の自由を保障するという、刑法の自由保障機能の考えである。これは、かつては刑罰を予告することで人々を犯罪から遠ざけようとする、フォイエルバッハの心理強制説と結び付けられていたが、現在では広く人道主義・自由主義にその根拠を求めることができる。

　いずれにせよ、罪刑法定主義は単に犯罪と刑罰をあらかじめ規定しておけばよいというものではない。すなわち、国民が安心して生活できるように国家権力の恣意的な発動を防ぐことにその意義があるのである。

[123]　**罪刑法定主義の沿革**　　罪刑法定主義は、1215年に成立したイギリスのマグナ・カルタにその源を求めることができるとされている。やがて、この思想はアメリカに渡り、1774年のフィラデルフィア宣言、1776年のヴァージニア権利章典をはじめ諸州の権利宣言にも掲げられ、さらに1787年に作成され、1791年以後修正条項を付加したアメ

リカ合衆国憲法にも盛り込まれることになった。

　ヨーロッパ大陸においては、まず、1787年のオーストリアのヨセフィーナ刑法典に掲げられ、次いで、1789年のフランス人権宣言にも取り入れられた。その後、19世紀初頭以降、次第にヨーロッパ諸国の憲法や刑法に規定されるところとなり、近代市民国家の刑法の基本原則として定着したのである。

　一方、日本においては7世紀後半以降の法である律令の中で罪刑の法定は行われていた。これは、当時は司法も行政事務として行われており、官僚は君主が定めたことを忠実に執行するものと考えられていたことによる。また、法令に該当する条文が無い場合、類似する罪を類推適用すること（断罪無正条）や法令に明文がなくても情においてしてはならないことをした者の処罰（不応為条）に加え、遡及処罰（断罪依新頒律）も認めていたため、近代的な罪刑法定主義とは趣旨が異なっている。日本における本格的な罪刑法定主義の導入は、明治13（1880）年に公布された刑法（いわゆる旧刑法）からである。その2条に「法律ニ正条ナキ者ハ何等ノ所為ト雖モ之ヲ罰スルコトヲ得ス」と規定された。その後、明治22（1891）年に公布された大日本帝国憲法23条に「日本臣民ハ法律ニ依ルニ非スシテ逮捕監禁審問処罰ヲ受クルコトナシ」と規定された。これにより、罪刑法定主義は、憲法上で保障されることになったのである。

[124]　**罪刑法定主義の派生原則**　　罪刑法定主義が実際に行われるに当たり、以下の七つの原則が必然的に派生する。そしてそのいずれが破られても、罪刑法定主義は実質的に機能しなくなるのである。そこで、これらの原則は、罪刑法定主義の実質的内容とも言われるのである。

　　a　罪刑の法定　　犯罪と刑罰の内容は、必ず国会で法律の形式で制定されなければならない原則である。憲法31条は、このことを明言しており、法治主義思想に基づくものである。ここから、慣習刑法は刑法の法源から排除されるのである。なお、地方公共団体の議会は、地方自治の趣旨に従って条例に罰則を設けることが認められている。

これは、地方自治法によって懲役刑・禁錮刑は2年以下、罰金刑は100万円以下と上限が設けられているので問題はない（自治14条3項）。

　b　罪刑の均衡　　犯罪の重大さの程度と刑罰の重さは、バランスがとれていなければならない原則である。刑法が、世の中の理非曲直をはっきりさせる役割を果たすためには、犯罪の重大さと刑罰の重さを比べて、多くの人が納得できるものでなければならない。たとえば、殺人罪の法定刑が罰金刑のみなどということになると、われわれの日常生活は不安のどん底に落ちることになるからである。

　c　遡及処罰の禁止　　刑罰法規は、施行日前に起こった事項にさかのぼって適用してはならない。また、法改正で法定刑の引き上げが行われた場合も、改正前の事項にさかのぼって適用してはならない原則である。このことは、憲法39条でも保障されている。

　もし、遡及処罰が許されると、国家権力は都合の良いように人々を狙い撃ちすることができるようになり、人々の予測可能性は無意味となり、行為の自由を失うことになるからである。そこで、刑法に規定されていないが、処罰の必要性が認められる現象については、新たに立法し、以後の処罰を期待するほかないのである。

　なお、刑法6条では、犯罪後の法律により刑の変更があったときは、その軽いものを適用すると規定する。これは、軽い刑罰の適用は犯人の不利にならないから認めてよいという趣旨であり、罪刑法定主義とは関係がない。

　d　類推解釈の禁止　　ある事項について、刑罰法規に直接の規定が無い場合、その事項に類似する他の事項の刑罰法規を適用することは許されない原則である。

　刑法の条文は、ある程度抽象的に規定されているが、新たな犯罪現象が発生した場合、これに即応して犯罪として法定することは難しい。そこで、従来の類似した現象に適用されていた刑罰法規を適用しようという要請が出てくるのである。この場合、どこまで法文の語義を拡げて適用できるかが問題となる。ここで許されるのは、刑法の処罰目

的の範囲内の拡張解釈までは許されるが、類推解釈は、あらかじめ法定されていなかった事柄を処罰することになるから許されないと理解するべきである。

なお、刑法の処罰目的の範囲内の拡張解釈の具体例は、刑法125条1項などに見られる「汽車又は電車」にディーゼルカーやバスを含めると解釈するようなことである。

　　e　絶対的不定期刑の禁止　　有罪を言い渡しながら刑期を定めず、釈放の時期が行刑当局（検察官や刑事施設）の一存で決定されるような刑は許されない原則である。これは、刑罰をあらかじめ規定していないことと同じになるからである。

なお、無期懲役・無期禁錮は、無期という期間の定めがあるので、絶対的不定期刑には当たらない。また、不定期刑でも期間の幅に相当の限度があるものは、相対的不定期刑として許される（少年52条を参照）。

　　f　刑罰法規の明確性　　あらかじめ何が犯罪となるかを規定する以上、それがどのような内容か明確でなければならない原則である。これは、不明確な規定は捜査当局や裁判官の恣意的な刑罰権の行使を許すことになるからである。

　　g　実体的デュープロセスの原則（刑罰法規の適正）　　刑罰法規は、その処罰範囲が広すぎてはならない原則である。これは、刑罰法規の内容が処罰に値しない行為まで含んでいると、それによって人々の行為の自由が不当に制限され、基本的人権の保障が阻害されるからである。

4．犯罪の成立要件

[125]　**犯罪の成立要件の意味**　　犯罪行為が発生したからといって、直ちに犯罪が成立するものではない。犯罪は、人の行為が、犯罪構成要件に該当し、違法かつ、有責なときに成立するのである。この四つの成立要件を詳しく見てみよう。

[126] **人の行為**　人の行為は、積極的行為（作為）、消極的行為（不作為）を問わない。また、睡眠中に他人に危害を加えたような無意識下の行為や強盗犯に脅された状態で行ったような絶対強制下の行為は含まない。人の行為をめぐっては、次のような問題がある。

　a　故意と過失　人の行為は、罪を犯す意思がなければならない。これを故意という。刑法は、原則として故意犯を処罰対象としている。また、罪を犯す意思がない、または行為者の不注意による場合を過失というが、刑法は、過失犯処罰規定のあるもののみ処罰対象としている（刑38条1項）。

　なお、Aに弾丸が当たるかもしれないが、あたってもよいと思って発砲するように、犯罪事実が発生する可能性を認識しながら、その発生を認容したような場合も故意が成立する。これを未必の故意という。

　b　錯誤　犯罪事実の認識があり、故意が認められるとしても、その具体的内容が実際に生じた犯罪事実と異なっていることがある。たとえば、Aを殺すつもりで拳銃を発射したが、Aには命中せず、横にいたBに命中してBが即死した場合である。このような、行為者の認識内容と実際の犯罪事実の内容とに食い違いがある場合を事実の錯誤という。

　事実の錯誤の場合、実際に生じた犯罪事実について故意を認めることができるのかが問題となる。すなわち、先の例でいえば、行為者のBに対する殺人の故意が成立するのかどうかということになる。これについて現在の有力な見解は、法律上定められた犯罪類型の範囲と、その限度内で、行為者の認識した事実と実際に発生した事実とが重なり合えば（これを符合という）、その間に違いがあっても故意が成立するという考え方である。この考え方を法定的符合説という。

[127] **構成要件該当性**　人の行為が、刑法に規定される犯罪類型、すなわち犯罪構成要件に当てはまることである。これについては、偽証罪（刑169条）のような行為のみを内容とする挙動犯の場合よりも、殺人罪（刑199条）のような行為にもとづく一定の結果発生を内容とする結

果犯の場合、いくつかの問題がある。

　　a　因果関係　　結果犯の場合、実行行為と犯罪結果との間に、原因・結果の関係があることが必要とされる。これを因果関係という。因果関係をめぐっては、原因行為と結果との間に事実的つながりがあるのはもちろんだが、この事実的つながりは、経験則上通常あり得る範囲に限定して判断すべきという考え方が有力である(相当因果関係説)。

　　b　既遂と未遂　　結果犯の場合、実行行為に着手後、所定の結果が発生することが要求される。これを既遂という。ところが、何らかの事情で結果が発生しない場合がある。これを未遂という。未遂犯は、処罰規定があるもののみ処罰の対象となる(刑44条)。未遂犯の取扱は、結果が発生しなかった事情によって異なる(刑43条)。①中止未遂、自己の意思で結果発生を止めた場合であり、刑は必ず減軽・免除される。②障礙未遂、自己の意思によらずに結果発生が止まった場合であり、刑は減軽することができる。

　この他、予備といって、犯罪実行行為の準備をした場合も処罰の対象になることがある。これは、放火(刑113条)、殺人(刑201条)など重大犯罪が対象となる。また、陰謀といって、犯罪計画を立案した場合も処罰の対象になることがある。これは、内乱(刑78条)、外患(刑88条)、私戦(刑93条)といった国家的法益に対する罪が対象となる。

　なお、呪いで人を殺そうとするような、犯罪実行行為に着手するも、実行行為の内容が危険性を欠く行為の場合を不能犯という。これは、当然に処罰されない。

　　c　共犯　　刑法の犯罪構成要件は、原則として一人で行われる単独犯を予定している。しかし、実際の犯罪は、複数の人が関与して行われることがある。これを共犯という。共犯には、二つの類型がある。まず、構成要件上初めから複数の行為者を予定して定められている必要的共犯である。これには、内乱罪(刑77条)のような大勢の行為者の存在を前提とする多衆犯と重婚罪(刑184条)のような相手方の存在を前提とする対向犯がある。次に、条文上、単独の行為者を想定して定

められている犯罪を、二人以上の行為者によって実現する場合である任意的共犯がある。このうち、任意的共犯については、その関与の態様に応じて分類をしている。

① **共同正犯**（刑60条）　二人以上の者が、共同して犯罪を実行した場合である。この場合、共同者全員が正犯として扱われる。共同正犯の成立には、ⓐ共同実行の意思、ⓑ共同実行の事実を必要とする。なお、共同実行の意思決定には参加したが、共同実行に参加しなかった場合にも共同正犯が成立するという、共謀共同正犯という考え方がある。判例は、これを認める立場をとっている（練馬事件、最大判昭和33年5月28日刑集12巻8号1718頁）。

② **教唆犯**（刑61条）　人をそそのかせて犯罪を実行させた場合のことである。教唆者を教唆した場合も教唆犯となる。教唆犯の処分は、正犯に準ずる、すなわち正犯に適用される構成要件に規定された法定刑が適用される。教唆犯の成立には、ⓐ人を教唆すること、つまり教唆の意思と教唆行為、ⓑ被教唆者が犯罪を実行したことを必要とする。

　また、教唆犯と類似するものに間接正犯がある。間接正犯とは、責任無能力者や故意の無い者を利用して犯罪を実行する場合である。これは、責任無能力者等を犯罪の道具として利用しているため、利用者が正犯になる。そこでこれは、共犯の問題ではない。

③ **従犯**（幇助犯）（刑62条）　正犯を幇助した場合をいう。従犯の処分は、正犯の刑に照らして減軽される（刑63条）。従犯の成立には、ⓐ正犯の幇助行為、すなわち正犯の実行行為を幇助する意思と幇助行為を行うこと、ⓑ正犯者が犯罪を実行したことが必要である。

④ **身分なき共犯**（刑65条1項）　特定の身分を有する者を処罰対象とする犯罪を身分犯という。たとえば収賄罪（刑197条）の処罰対象は公務員といったような場合である。この身分犯に身分のない者が加功した場合、身分犯の共犯として扱われる。

[128]　**違法性**　刑法が規定する犯罪構成要件は、違法な行為を類型化して規定している。そこで、犯罪構成要件に該当する行為は、自動的に

違法性を有することになる。ところが、犯罪構成要件に該当する行為だが、違法性を有しない行為も存在する。たとえば、人を殺害して殺人罪の構成要件に該当するのだが、実は相手から殺されそうになり、やむを得ず反撃して相手を殺害してしまった場合がそれである。このような場合、この行為は社会的に許さざるを得ない。このように、犯罪実行行為が行われた具体的状況を検討して、そこに違法性阻却事由の存在の有無を確認する必要が生じるのである。

刑法には、四つの違法性阻却事由が規定されている。

　a　正当防衛（刑36条1項）　急迫不正の侵害に対して、自己または他人の権利を防衛するためにやむを得ずした行為である。正当防衛の成立には、①侵害が避けられないものである、②防衛行為以外の手段がない、③防衛行為が侵害の程度を超えていないことが必要である。

なお、防衛の程度を超えた場合は、過剰防衛となり違法性は阻却されない。しかし、情状により刑は減軽または免除することができる（刑36条2項）。

　b　緊急避難（刑37条1項）　自己または他人の生命、身体、自由もしくは財産に対する現在の危難を避けるためやむを得ずした行為で、その行為から生じた害がその避けようと害の程度を超えていない場合に成立する。

なお、避けようと害の程度を超えた場合は、過剰避難となり違法性は阻却されない。しかし、情状により刑は減軽または免除することができる（刑37条2項）。

　c　法令行為（刑35条）　法によって直接認められている行為のことである。たとえば、警察官が犯人の逮捕、逃走の防止や抵抗の抑止などのために、合理的に必要と判断される限度で武器を使用すること（警職7条）などが、それである。

　d　正当業務行為（刑35条）　法令の根拠が無くても、社会通念上、正当なものと認められる業務上の行為のことである。たとえば、医師による手術、ルールに基づいて行われるスポーツ競技などが、それで

ある。

[129] **有責性**　犯罪構成要件に該当し、違法性を具備した行為については、最後に行為者本人の具体的状況を踏まえて、道義的に非難できるかどうかを検討しなければならない。これを有責性あるいは、責任能力という。刑法は、責任なければ刑罰なしという責任主義の原則に立っているからである。そこで、責任能力のある者を責任能力者、これを有しないものを責任無能力者という。刑法は、責任無能力者の行為を罰しないことにしている。

　刑法では、次のような者を責任無能力者としている。

　　a　心神喪失者（刑39条1項）　精神に重大な障害があって、自己の行為の善悪を判断し、それに基づいて行為する能力を有しない者である。

　なお、精神に障害があり、自己の行為の善悪の判断能力が一般人より劣る者は、心神耗弱者という。これは限定責任能力者であり、心神耗弱者の行為は、刑が減軽される（刑39条2項）。

　　b　刑事未成年者（刑41条）　14歳未満の者のことである。14歳未満の者は、人格が未成熟で、まだ長い将来があるため、大人と同様に犯罪として取扱うよりも、非行として教育的・福祉的処分を受けることが望ましいからである。

【参考文献】
・団藤重光『刑法綱要総論（第3版）』創文社・1990年
・前田雅英『刑法総論講義（第6版）』東京大学出版会・2015年
・西田典之『刑法総論（第2版）』弘文堂・2010年
・山口厚『刑法総論（第3版）』有斐閣・2016年
・大谷實『刑法講義総論（新版第4版）』成文堂・2012年

第4章　国家の組織と作用に関する法
（近代憲法の仕組み）

1. 国家と憲法

[130]　**国家と憲法**　憲法は国家の基本的な組織・作用を定める基本法であるとされる。つまり憲法の前提には国家がある。人間は集団で共同生活を営む上で法を必要とするが、「社会あるところ法あり」といわれるように法は社会の存在を前提としている。われわれは最小単位の家族から大きくは国家、国際社会といういくつもの重なり合った社会に所属している。そのなかでも複雑な組織をもつ国家は、複雑な法によって秩序づけられている。

　古代にはエジプトをはじめとする四大文明の地にすでに国家の存在が認められ、ギリシャの都市国家、ローマ帝国、中世、近世を経て現代に至るまで国家はさまざまな形態で存在している。しかし、国家は触れることのできる実体ではなく、抽象的なもの、いわばそれ自体は人為的につくられたバーチャルな世界の存在ともいえる。そのため、国家の発生や存在意義など、古くから国家観をめぐる多くの議論がある。

　しかし、一般的に国家は、一定の地域である「領土」を基礎に、固有の支配権である「統治権（主権）」をもち、一定の人間集団である「国民」によって組織された団体であるとされる。このように抽象的な団体である国家は、国家が排他的に支配権を及ぼす空間（領空、領海、領陸）からなる「領土」である領土主権（領土内のすべての人および物に及ぶ支配権）と対人主権（国民に対する国家の支配権）からなる「統治権」、そして国家に所属する構成員全体である「国民」を不可欠の構成要素とし

て成り立っている。

　日本の場合、明治時代に「憲法」という言葉が英語・仏語の Constitution、独語の Verfassung の訳語として用いられるようになったが、憲法という言葉はいろいろな意味に用いられる。憲法が国家の基本的な組織・作用を定めた法であるという場合、それを「固有の意味の憲法」という。近代より前ではそれは必ずしも成文法として存在していたわけではなく、伝統や慣習などからなり、権力的支配を永続化し、正当化するためのものであるといえる。この意味の憲法はいかなる時代、いかなる国家においても存在するものである。これと対比されるものが、次に述べる「近代的意味の憲法」である。

2. 近代憲法

[131]　**近代憲法の意味**　　近代国家は、それまでの絶対的専制君主が権力を一手に掌握していた国家を打破して成立し、専断的な権力を制限し、国民の権利を保障するという立憲主義の思想に基づく憲法をもつに至った。つまり、近代国家の憲法では二つの原理、「権力分立」と「基本的人権の保障」が国家の基本秩序の不可欠な要素となっており、これを「近代的意味の憲法」または「立憲的意味の憲法」という。1789年の「人および市民の権利宣言」（フランス人権宣言）の 16 条は「すべての権利の保障が確保されず、権力の分立が定められていない社会は、憲法を有するものではない」と述べ、この趣旨を示している。

[132]　**形式的意味の憲法と実質的意味の憲法**　　成文法の形式で制定され、特に憲法典という形式*をもつものを「形式的意味の憲法」という。成文化された憲法ということから成文憲法とも言われる。それは時代、国家を問わず存在しているものではなく、日本の場合は、明治憲法と日本国憲法のみである。憲法典は、国法体系のなかで最も強い形式的効力が与えられ、国家の基本秩序を確保するもので、通常の法律の改正手続より厳重で、たとえば、国民投票による承認、議会の特別多数

など特別の手続を必要とするため、これを硬性憲法という場合がある。

一方、法形式にかかわらず、国家の統治組織、国家と国民との関係など実質的に国家の基本秩序に関する法の総体を「実質的意味の憲法」という。イギリスの憲法は、憲法典の形式をもたないという意味で不文憲法ともいわれるが、この実質的意味の憲法である。

形式的意味の憲法は、実質的意味の憲法の内容と必ずしも一致するとは限らず、憲法典を実施するための諸法律、判例、慣習などのなかにも実質的意味の憲法が存在している。たとえば、憲法典のなかに定められているが、内容的には憲法とはいえない規定もある。スイス憲法旧25条の2は「出血前に麻痺せしめずに動物を殺すことは一切の動物の殺戮方法及び一切の種類の家畜について例外なくこれを禁止する」と規定していたが、ユダヤ教の慣行を禁止する意図をもつため実質的意味の憲法であるとの反論もあったが、1973年に憲法改正で削除された。また、アメリカ合衆国の憲法典では、裁判所の違憲立法審査権の規定がなく、判例にその根拠がある。

> ＊ **憲法規範の特質**　憲法には他の法にみられない特質がある。憲法という形式をもつ法は、実定法の段階的法体系の中で最上位にあり、最も強い形式的効力をもつ最高法規であり、最高規範としての憲法に反する下位規範は無効とされる。また、法律その他の下位規範は直接的または間接的に憲法の授権に基づいて存立しているため、憲法はすべての法規範に対して授権規範でもある。さらに、憲法は、国家機関の権力行使のコントロールと限界を定めていることから制限規範でもある。

[133]　**近代憲法の歴史**　近代立憲主義は、17世紀、18世紀の欧米諸国での市民革命により確立したもので、国家権力が憲法の制約を受け、憲法に基づいて国政が行われるという原則である。近代憲法はこの立憲主義を制度化したものといえる。

この近代憲法をいちはやく生み出したのはイギリスである。イギリスでは、すでに中世の時代にブラックトン Bracton（？〜1268）の「国王といえども神と法の下にある」という言葉に示されているように法の

支配の原理の伝統があった。1215年のマグナ・カルタは、国王ジョンに対する封建貴族の要求文書であるが、文書によって権力から臣民の権利・自由を保障するという権利保障の制度の先駆けである。やがて、17世紀になると議会が国王チャールズ1世の非行を列挙して、その要求を承認させた権利請願(1628年)、国王ジェームズ2世との対立によって名誉革命が起こり、その成果である権利章典(1689年)では、イギリス人の「古来の権利・自由」を確認しているが、近代憲法の人間の権利ではなかった。しかし、そこに列挙された権利の保障はイギリス憲法史で大きな役割を果たしたといえる。こうして議会は裁判所と協力しつつ、国王の恣意的支配に制約を加えて、自由の保障、代議制、議院内閣制など、近代立憲主義の諸原理とされたものをイギリス憲法の中で発展させていった。

　世界で最初に制定された成文憲法は、1787年のアメリカ合衆国憲法(1788年発効)である。1776年の独立宣言では人民の主権や、自然権が宣言されており、独立後の諸州で制定された憲法は近代的意味の憲法といえる。人は生まれながらにして自由・平等であり、生命・自由および幸福を追求する天賦の権利を有し、国家はこれらの諸権利を擁護するために、人民の意思に基づいて成立するなどの原理を骨子とするものであった。同様の原理に基づいて合衆国憲法が制定されたが、制定時に権利章典がなかったため、1791年に修正条項として10か条が追加された。

　一方、ヨーロッパでは、フランス革命の結果、1789年のフランス人権宣言では主権の淵源は国民にあり(3条)、人間は自由で権利において平等である(1条)として、自由権を中心とした人権の体系を示し、16条で近代憲法の原理を宣言した。1791年には人権宣言の原理に基づいてヨーロッパで最初の近代憲法が制定された。その後、フランスでは帝政、王政、共和制というように政治的変動に伴って多くの憲法が制定された。

　18世紀末のアメリカ、フランスの成文憲法の制定は他の諸国に大き

な影響を与え、19世紀には次々と立憲主義に基づく憲法が制定された。1831年のベルギー憲法は君主制を維持しつつ、国民主権、権力分立制などを採用した。また、1871年のドイツ帝国憲法は君主主権の下に、君主の執行権が強大で、議会の力が弱いことに特徴があり、外見的立憲主義憲法の典型である。このように近代憲法は、各国の歴史的背景や憲法制定当時の政治状況などからその性格はさまざまである。

[134] **日本における近代憲法の導入** 1868年の明治維新後、新政府は幕藩体制に代わる新たな国家体制を模索するようになり、それは封建制国家から近代国家へ踏み出すことでもあった。そして天皇を中心とする政治的統一をはかり、中央集権体制の確立をめざす、いわゆる「上からの近代化」を推し進めることになった。

1874（明治7）年、板垣退助、江藤新平などによって「民撰議院設立建白書」が提出され、民撰議会設立の主張は自由民権論者の憲法制定の議論の展開でもあった。政府もその必要性を認め、1875（明治8）年、「立憲政体の詔勅」で「国家立憲ノ政体ヲ立テ」とし、翌年、国憲起草の勅令を発し、元老院は1878（明治11）年に「日本国憲按」を、1880（明治13）年には「国憲」を示したが採用されなかった。この頃、民間でもさまざまな私擬憲法が作成された。こうした動きの中で、1881（明治14）年、政府は「国会開設の勅諭」で、1890（明治23）年に国会を開設する旨を明らかにした。

政府は憲法制定のための調査団をヨーロッパに派遣して、伊藤博文らにヨーロッパ諸国の憲法を調査させた。彼らは主としてドイツの憲法、とくにプロイセン憲法を学び、帰国後、憲法原案が起草され、枢密院の審議を経て、1889（明治22）年2月11日、大日本帝国憲法（明治憲法）が発布され、翌年、第1回帝国議会が開会された11月29日から施行された。

欽定憲法である明治憲法は、日本が初めて制定した近代憲法であり、比較法的にはプロイセン憲法の影響を受けたものである。「大日本帝国ハ万世一系ノ天皇之ヲ統治ス」（1条）、天皇は「神聖ニシテ侵スヘカ

ラス」(3条)、「国ノ元首ニシテ統治権ヲ総攬シ」(4条)として天皇主権を基本原理としながら、一方で西欧の近代憲法の諸原理を導入した。しかし、議会制度、国務大臣が天皇を輔弼して責任を負うという大臣助言制度、司法権の独立、臣民の権利の保障など、権力分立と権利保障を内容としているが、近代立憲主義憲法の原理を外見的に採用したものであり、いわゆる外見的立憲主義憲法の典型であった。

[135] **近代憲法の変容**　近代市民革命を経て立憲主義を実定化した18世紀、19世紀の近代憲法は、とくに第一次世界大戦以降からその諸原理を変容させるようになる。それまでは個人は自由かつ平等であり、個人の自由意思による経済活動が広く認められ、個人の競争を通じて調和が実現されると考えられた。国家の役割は外交や社会の治安維持などの警察的任務を負うものとされ、このような国家を自由国家・夜警国家・消極国家という。

しかし、19世紀末以降は、自由放任主義により資本主義の高度化にともなって、一部の者への権力と富の蓄積をもたらし、貧富の差、階級対立など、その矛盾が明らかになった。個人の自由な活動が、結果として個人の不平等をもたらすことになったのである。ここに至って、国家はそのような状況を克服し、個人の自由と生存を確保するために市民生活に積極的に介入し、社会的・経済的弱者の救済に向けて努力をするという役割を担わなければならないことになった。自由国家から、福祉国家・社会国家・積極国家への役割の転換である。

このような国家観の変化が、18世紀、19世紀の近代憲法の諸原理に少なからず影響を与えることになった。20世紀の憲法を現代憲法と称するとすれば、いくつかの特徴がある。第一は、福祉国家の要請に応ずるため、行政の権力的、非権力的な作用を含めて行政活動が飛躍的に増大し、行政権の肥大化、つまり「行政国家」化の現象によって権力分立の原理に影響を与え、三権のバランスが行政権へと重心がシフトしている。第二は、近代憲法は自由権を中心とする体系であったが、福祉国家の理念の下で社会権をも保障する体系へと変化した。第三は、

人権保障の拡大と人権の国際化である。とくに第二次世界大戦以降は、人権を国内法的に保障するだけでなく、国際法的にも保障しようとする傾向がある。

日本国憲法も現代憲法の特徴がみられ、社会権をはじめとする人権保障の規定が豊富であり、また国会を「国権の最高機関」と位置づけて行政権に対する統制の面がみられる一方で、行政国家化にともなって、国民の意思を代表する国会に基礎づけられた行政部優位の議院内閣制をとっている。

3．日本国憲法の基本原理

[136] **国民主権**　国民主権は君主主権に対抗して生み出された概念であり、近代憲法では国家統治の基本原理として採用された。歴史的にみれば、主権概念は、絶対王政が確立する過程で、君主の権力を中心に考えると封建領主に対しては国内的には最高であり、対外的にはローマ教皇・神聖ローマ皇帝に対して独立であることを主張して形成されたといえる。フランスのジャン・ボダン J. Bodin（1530〜1596）は『国家論』で主権概念を体系化した。君主主権の確立後は、やがて国家の成立の由来を社会契約により説明する考えが登場し、権力は契約によってつくり出されたとするようになった。フランス革命では、まさに国民が君主からその主権を奪取し、主権者の地位についたのである。

近代市民革命の成立以後、国民主権は国家統治の基本原理として採用された。国民主権という場合、「主権」には統治権、国家権力の最高性・独立性、国家意思を最終的に決定する最高の力または権威というようなさまざまな意味がある。近代憲法における国民「主権」は、国家意思を最終的に決定する最高の力または権威という意味に用いられている。

ポツダム宣言8項で「日本国の主権は、本州、北海道、九州及び四国並びに吾等の決定する諸小島に極限せられるべし」とするのは国家

の統治権を意味しているし、憲法前文で「自国の主権を維持し、他国と対等関係」とあるのは国家権力の最高性・独立性を意味している。また、憲法前文の第1段は、「日本国民は、正当に選挙された国会における代表者を通じて行動し、……ここに主権が国民に存することを宣言し、この憲法を確定する」と定めている。この意味での主権は、国家意思を最終的に決定する最高の力または権威という意味で用いられており、「そもそも国政は、国民の厳粛な信託によるものであって、その権威は国民に由来し、その権力は国民の代表者がこれを行使し、その福利は国民がこれを享受する」と定め、国民が国家権力の究極の淵源であるという国民主権の原理の意味を明らかにしている。

ところで、「国民」の範囲や意味をどのようにとらえるのかという点で、フランスでは抽象的、観念的な存在としての全国民である「国民（ナシオン）」とみるか、「国民」は政治的意思を表明する有権者の総体である「人民（プープル）」とみるかを区別してきた。それは主権の正当性が究極的に国民にあるとすること（正当性の契機）か、主権を国民自身が行使すること（権力的契機）なのかという問題と結びつく。前者は、国民を「ナシオン」と理解して、国民主権の原理は権力の正当性の所在を明らかにしており、後者は、国民は「プープル」であり、主権は国民によって行使され、または行使されるべきであるとする。それは制限選挙・普通選挙という選挙制度のあり方、代表民主制と直接民主制の問題につながるといえる。

今日、議会制民主主義をとる国家は普通選挙制をとり、また政党が国民と議会を媒介する重要な役割を担って、選挙を通じて多数派の政党が立法権、さらには議院内閣制の下で行政権を掌握するに至り、比例代表制が導入されている。さらに一定の直接民主制が具体化されており、ナシオン主権からプープル主権へと移行し、プープル主権論を基礎とした政治制度を採用しているといえる。

日本国憲法では国民主権の原理を採用しながらも、天皇制を存続させている。天皇は日本国の象徴であり、日本国民統合の象徴であって、

この地位は、主権の存する日本国民の総意に基づく（1条）とし、天皇は主権者である国民の総意に基づいて日本国の象徴的地位を与えられている。そのため憲法に列挙されている国事に関する行為のみを行い、国政に関する権能を有しない（4条）。この象徴天皇制は、明治憲法の天皇制とは原理的に大きな相違があり、国民主権原理と矛盾するものではないとされている。

[137] **代表民主制**　国民主権の原理は、代表民主制によって具体化されることになる。主権は国民に属するが、国民は直接その主権を行使せず、国会議員の選挙という手段を通じて行使することが原則である。国民によって選挙された議員が国民の代表者とされ、その議員によって構成される国会が最高の国家意思を決定する。このように国会は国民代表機関としての地位を有する。憲法43条1項は、国会が「全国民を代表する選挙された議員」で組織されると定めており、そこには選ぶ者と選ばれる者との間に「代表」という観念がある。

　「全国民の代表」の意味については見解が分かれている。第一は、「政治的代表」とするもので、国民は代表機関を通じて行動し、代表機関の行為が国民の意思を反映する。したがって、議員は特定の選挙区、選挙母体の代表ではなく、全国民の代表であり、各議員は自己の信念に基づいて議会で発言・表決し、選挙母体に拘束されることはないとする。この考えの特色は、評決の自由（自由委任の原則）であるといえる。政治的代表の考えは、議員は全国民のために活動する意思を有していればよく、そこには国民の意思と議員の意思の一致を必ずしも求めない。このような代表観を純粋代表とよんでいる。この考えによれば、代表者である議員は、選挙民から独立して行動できるため、選挙民に法的責任を負わず、罷免も認められないということになる。憲法43条1項は「命令委任の禁止」を定めていることになる。第二は、「社会的代表」で、社会学的視点から議会の民主的性格を強めて、民意を忠実に反映すべきであるという考えである。この観念は、国民の多元的な意思や社会の諸勢力の存在を認識し、多様な意思を反映しうる選挙制

度が憲法上要請されることになる。

　政治的代表も社会的代表も法的意味の「代表」とはとらえていない。日本国憲法の「代表」は、政治的代表という意味に加えて、古典的な代表制を補完するために社会的代表の意味を含み、この二つの代表観念が緊張関係にありながら共存しており、可能な限り国民の意思を忠実に反映することが憲法上要請されるといえる。また43条を半代表*と理解して同様の結論を導こうとする見解もある。

　このように、代表者は、選挙区や利益団体の利害に拘束されず、国民的、国家的視野に立って判断することが求められるという意味で、命令委任禁止の代表観も依然として今日的意味をもっているといえる。一方、利益配分を基礎とした集票構造や一部選挙民の利益代表、地域代表となっている点で、また、国会の発言、表決で所属政党の党議に拘束されている点など、議会制民主制を考える上で、これまで述べてきた代表者と被代表者の意思の一致を要請する代表観も重要であるといえる。

> ＊　**半代表**　純粋代表制と直接制の中間的形態を「半代表制」と呼んでいる。フランスでは、純粋代表はナシオン主権と結びついて理論化されたが、その後、できるだけ代表者と選挙民の意思が一致するような代表の考えが、プープル主権を前提に主張されるようになった。歴史的には、近代初期の議会においては、各身分の利益代表の集まりを国民代表議会に転換するにあたり、代表者が選挙区などの指示に拘束されず、その独立性が強調された。それに対し、普通選挙制の確立後、代表者が選挙民を通して、国民の意思を反映しながら決定をすべきであると考えられるようになった過程がうかがえる。

[138]　**人権保障**　人権の本来の意味は、個人としての人間に最高の価値を認め、人間が生まれながらにして当然にもつ権利、国家以前に存在する自然権であるとされる。

　イギリスでは、1215年のマグナ・カルタ、1628年の権利請願、1679年の人身保護法、1689年の権利章典など近代人権宣言の前史的意義を

有する憲法的文書を有していた。しかし、これらはイギリス人の古来の権利・自由を確認した文書であり、近代的、個人主義的人権、つまり普遍的な人間の権利へと発展するためにはロック、ルソーなどが説いた自然権思想および社会契約の理論の基礎づけを必要とした。

アメリカ諸州で1776年から1789年の間に制定された憲法の人権宣言の規定は、社会契約説の影響の下で生来の前国家的な自然権を保障した。そのなかでも1776年のヴァージニア権利章典は、人は生まれながらにして人間としての権利を有するとした天賦人権思想に立って、本来の人権を宣言した最初の憲法的文書である。同年のアメリカ独立宣言も「生命、自由、幸福追求」の権利が天賦の権利であるとしている。1789年のフランス人権宣言も同様の思想に基づいており、以後、ヨーロッパ諸国では人権宣言を含む近代憲法が制定された。しかし、19世紀から20世紀前半に制定された憲法では、「国民」の権利を保障したものもあり、自然権的な人権の観念に基づいて規定されなかったため、「外見的権利保障」であった。1850年のプロイセン憲法、明治憲法はそのような権利保障の典型であった。

近代憲法は、資本主義の初期段階にあり、人権は自由権を中心とする体系であったが、資本主義の進展による社会的、経済的諸条件の激変により20世紀前半以降は、福祉国家の理念の下で社会権を保障する体系へと向かった。その典型が1919年のワイマール憲法である。社会的弱者の保護とそのために積極的な国家活動を行う義務を定め、他方で財産権はもはや不可侵の権利ではなく、社会的に拘束されるものとした。各国の憲法も、これ以後、社会権を保障し、国家に対して国民の福祉向上のために積極的に努力する義務を課すようになった。

第二次世界大戦の苦い経験は、人間であることに基づいて、必然的に享受する人権があるという初期の人権思想が見直されることになった。個人としての人間に最高の価値を認め、「個人の尊重」「人間の尊厳」という言葉で表現され、各国の憲法はこの価値観を明文で示した。

[139] **日本国憲法の人権の体系**　　憲法に定められた人権の主体は、人権

がすべての人間によって享受される権利であるとすれば、原則として国籍にかかわらず、すべての自然人に保障されることになる。複雑な社会・経済生活における法人についても可能な限り人権が認められる。

また、人権は「国家からの自由」というように本来的に対国家的なものであるため、私的団体内での人権侵害に対して憲法はいかなる立場をとるのかが問題となる。今日、憲法の人権保障が私人間に適用されるべきであるとする考えにも直接適用と間接適用があるが、私法上の一般原則（民法90条の公序良俗規定など）の解釈を通じて間接的に人権規定を適用すべきであるとする考えが通説であり、判例もこの間接適用説の立場をとっている。

さらに、公務員などの特別の公法関係は、これまで「特別権力関係」と呼んで、法律の根拠に基づかずにその関係にある者の権利・自由を広範に制限でき、裁判所の司法審査はその関係の内部に及ばないなどとされていたが、日本国憲法の下では通説・判例ともこのような「特別権力関係論」は成立しえないとしている。今日では、「特別の公法関係」はそれを設定する目的を達成するための必要最小限度の人権制限が認められるとされる。

憲法は10条から40条まで人権規定をおいている。そのうち10条から14条までは人権の一般的、総則的規定であり、15条以下に個別的、具体的な権利が定められている。人権の主体、人権の本質としての自然権的性格を明らかにし、人権保障の限界、新しい人権の根拠でもある包括的人権である幸福追求権、法の下の平等がそれである。

一般的に、国家に対する国民の法的地位という観点から人権は次のように分類されるが、相対的なものである。「自由権」は信教の自由、表現の自由などの精神的自由、財産権などの経済的自由、被疑者や刑事被告人の権利などの人身の自由からなり、国家の不作為を求めるもので、個人の領域を確保し、国家の介入を排除するものである。「受益権（国務請求権）」は国家賠償請求権などのように国民が国家に対して作為を求める権利である。生存権などの「社会権」も国家に対して作

為を求め、自らの生存を実現するための積極的権利である。選挙権などの「参政権」は国家意思の形成に能動的に参加する権利である。

歴史的には、基本的人権は、近代憲法成立当初は自由権中心の体系であったが、後に自由権確保のために参政権が、さらに社会権が含まれるようになった。そのため対国家としての市民的権利、政治的権利が「第一世代の人権」、経済的人権、社会的人権が「第二世代の人権」、さらに知る権利、環境権などの新しい人権が「第三世代の人権」というように人権保障の拡張の傾向がみられる。

[140]　**権力分立**　権力分立制は、近代憲法の統治機構に関する基本原理である。権力が集中することによる弊害を除去するために、それをできるだけ分散させて、相互に抑制と均衡 (Checks and Balances) をもたせることにより、国家権力の濫用や恣意的行使を防止しようとする原理である。それは国民の自由および権利を確保するために、権力の濫用を防止しようとすることを目的とする原理*であるともいえる。

歴史的沿革からみると、絶対主義体制の下では、国家権力はすべて国王の掌握するところであったが、まず、立法作用が国民代表議会の手に移行し、次に国王の政治的干渉から離れて独立の裁判所に司法作用が移行し、最後まで国王の手中に残ったのが行政作用であった。

権力分立制は歴史的に形成されてきたため、制度的具体化は各国でさまざまである。制度面からみれば、立法部と行政部の関係の相違にあるといえ、アメリカ合衆国の大統領制**のように三権を憲法の下で同格とみなして、その原則をかなり厳格にする国と、イギリスの議院内閣制のようにその分化が融合している国、フランスのように議会を中心とする立法権優位の国などがある。

しかし、立法、行政、司法の三権を、別個の機関に分掌させ、相互の抑制・均衡状態を作り出すという定式は、近代国家に共通のものがあるといえる。

日本国憲法は、41条で国会を「国権の最高機関」「国の唯一の立法機関」とし、65条で行政権を内閣に帰属させ、76条1項で司法権は最高

裁判所および下級裁判所に属すると規定している。内閣が国会に対して連帯して責任を負うことを原則とする議院内閣制を採用しつつ、裁判所に違憲審査権を認めて法の支配の考え方を取り入れている。

* **権力分立の理論**　権力の分立を最初に理論構成したロック John Locke（1632～1704）は『市民政府論』（1690年）で、社会契約によって成立した国家権力は制限されたものであり、国民を代表する議会の立法により権力行使の準則が定められるべきとした。そして国家権力を「立法権」「執行権」「同盟権」に区別し、執行部にこの「執行権」と「同盟権」を属させ、「立法権」と「執行権」を分離すべきであると説いた。

　その影響を受けてモンテスキュー Montesquieu（1689～1755）は、『法の精神』（1784年）で「立法権」、「万民法に関する事項の執行権」、「市民法に関する事項の執行権」を区別、第二のものを「執行権」、第三のものを「裁判権」と呼んで三権分立を主張した。

** **大統領制と議院内閣制**　アメリカの場合、連邦憲法では、連邦議会（1条）、大統領（2条）、連邦裁判所（3条）が別個に規定され、大統領制の下で三権の各主体が相互に独立して厳格な権力分立が採用されている。そして三権の抑制と均衡については、大統領は刑の執行停止・恩赦の権限、法律案に対する拒否権を有し、議会（上院）は大統領を含めた弾劾裁判権、大統領の条約締結権・最高裁判事などの任命に対する「助言と承認」権が認められ、連邦裁判所には違憲立法審査権が認められている。

　議院内閣制は、イギリスにおいて歴史的に発達した統治機構の形態の一つであるが、権力分立制の下で、立法部と行政部の関係のあり方は、国、時代により異なる。一般的に、議院内閣制とは、立法部と行政部は分立しているが、行政部は立法部の信任に基づいて成立・存続し、議会に対して責任を負うという、両者の協力関係を重視する制度である。そのため、両機関の厳格な分離により、相互作用を認めないアメリカのような大統領制と対置される。議院内閣制の共通項を挙げれば、①内閣が議会（下院）の信任により成立すること、②内閣が議会に対して責任を負うこと、③両者の間に互いの抑制手段が存在すること、④両者の間に人的な融合がみられることが挙げられる。

[141]　**法の支配**　英米における「法の支配」（Rule of Law）の原理は、権力の制限と人権保障を考える上で重要な原理である。「法の支配」の原理はイギリス憲法の基本原理の一つであるが、自由国家の下で恣意的な権力の行使を抑制して、個人の権利を保障するために裁判所の役割を

重視し、法自体の内容や手続の実質をも問うという原理である。

　歴史的に形成された原理で、中世まで遡ることができる。ジェームズ1世の暴政を批判して、コーク Edward Coke（1552〜1634）が引用したブラックトン Bracton（？〜1268）の言葉で「国王といえども、神と法の下にある」は、この法の支配の意味を示している。その概念の具体的内容は、主として、ダイシー A. V. Dicey（1835〜1922）の所説を出発点として説明されてきた。ダイシーは、第一に、国民の生命・身体または財産に対しては、法によらずして国家による侵害を受けず、行政権に恣意的・裁量的な権限を与えないこと、第二に、法の前の平等を説いて、行政も通常裁判所の法に従い、特別の裁判所である行政裁判所の存在を否定し、第三に、憲法の一般原則は、通常裁判所の判決の結果として形成されたとする。イギリスでは福祉国家化による行政権の拡大に伴いその内容が修正・変化しているが、なお人権保障と権力の制限原理として意味は大きい。

　また、「法の支配」の原理はアメリカにわたり、憲法典を制定して憲法を最高法規とし、国民の権利・自由を国家権力による侵害から擁護するため、立法権に対する「憲法の優位」が確立した。また、裁判所の役割を尊重して、「司法権の優位」の下で通常裁判所に違憲審査権をもたせ、法の内容や手続の公正を求める適正手続を保障することになった。

　日本国憲法も、基本的人権を保障し、実体と手続の内容の適正を保障し（31条）、憲法の最高法規性（98条）、違憲審査制（81条）を導入して、法の支配の原理を受け継いでいるといえる。

［142］　**平和主義**　　歴史的にみても、平和主義と戦争の放棄を定めた憲法は少なくない。1791年のフランス憲法は「征服目的で行う戦争を放棄」して、侵略戦争を放棄した最初の憲法であり、1946年のフランス第四共和制憲法、1948年のイタリア共和国憲法、1949年のドイツ連邦共和国基本法にも、征服・侵略戦争の放棄を明記している。しかし、これらの憲法では、軍備の保持を否定したものはない。

憲法は前文で、平和主義の理念を宣言し、それを具体化したものが9条の「戦争の放棄」である。国際法上の戦争だけでなく、戦争に至らない実力行使、武力を背景とした相手国への威嚇も放棄する。日本国憲法はさらに踏み込んで、「国権の発動たる戦争」を放棄するだけでなく、戦力の保持を否定して、徹底した平和主義を宣言した。

しかし、9条の解釈をめぐっては議論があり、また日本の防衛に関する規定がないため、現実の国際情勢の下で、日米安全保障条約などのあり方を含め、防衛をいかに考えるかは憲法上の重要な課題である。

4. 人権の総則的規定

[143] **人権の享有主体** 憲法第3章は「国民の権利及び義務」とあり、文言上は人権保障の主体は日本国籍を有する自然人である。日本国民の要件は法律で定められ (10条)、それが国籍法である。国籍法は、血統主義 (父母両系) を原則として、父母ともに知れないとき、例外として生地主義を定めている (同法2条)。天皇および皇族は日本国籍を有する国民である (多数説) が、皇位の世襲と象徴としての地位から、言論の自由、婚姻の自由など一定の制約が認められる。

[144] **外国人の人権** 人権が人間の生来の権利であるとすれば、国民以外、たとえば、日本国籍を有しない外国人 (無国籍者も含む) の人権をどのように考えればよいのであろうか。憲法は国際協調主義を理念とし、また、国際人権規約 (A・B規約) も「内外人平等」の実現を求めているため、今日では、判例・通説ともに外国人を権利主体として認めている。その場合、権利の性質によって個別的に検討するという「権利性質説」をとっており、人権規定の中で保障可能なものとそうでないものを区別して、性質上適用可能な人権規定はすべて保障される。

第一に、自由権の中で政治的表現の自由は、マクリーン事件で「わが国の政治的意思決定又はその実施に影響を及ぼす活動等」(最大判昭和53年10月4日民集32巻7号1223頁) を除いて保障されるとしている。

また、経済的自由は、公証人法などにより職業選択の自由、鉱業法などにより財産権（鉱業権）が制約されている。さらに、入国の自由は、憲法上の規定はないが、国際慣習法上、国家により自由に決定できるとされ、通説・判例（最大判昭和32年6月19日刑集11巻6号1663頁）は外国人には認められないとしている。

　第二に、社会権は立法政策上、外国人に保障することは問題がなく、国際人権規約（A規約）などの批准により社会保障関係法の受給資格要件から国籍条項が削除された。

　第三に、参政権については、選挙権・被選挙権は国民主権により国民固有の権利とされ、通説は外国人に認められないとしている。国政レベルでは、最高裁は「日本国民に限っている公職選挙法9条1項の規定が憲法15条、14条の規定に違反するものではない」としている（最判平成5年2月26日判時1452号37頁）。また、地方参政権に関して、最高裁は法律によって「選挙権を付与する措置を講ずることは、憲法上禁止されているものではないと解する」（最判平成7年2月28日民集49巻2号639頁）として、法律改正による導入の可能性を認めた。さらに、公務就任権に関しては、従来から、公務員の中で「公権力の行使または国家意思形成への参画にたずさわる」場合は、日本国籍を必要とするという政府見解（内閣法制局）がある。そのため、それ以外の公務就任は、職業選択の自由と法の下の平等から見直しが求められている。

[145]　**人権保障と不可侵性**　11条は、人権の本質が自然権的性格をもつもので、人間であることにより生まれながらにして当然にもっている権利であり、不可侵の権利として保障されるとしている。また、97条は人権の歴史的由来から同様の趣旨を述べている。しかし、人権の不可侵性は、人権が絶対無制限であることを意味しない。「自由は、他人を害しないすべてのことをなし得ることに存する」（フランス人権宣言4条）のであり、他者の人権との関係で一定の制約があるといえる。

　憲法は、12条で人権を享受する主体の責任を明らかにし、13条で国家の人権に対する取り組み方を示して、「公共の福祉」による制約があ

ることを定めている。また、経済的自由（22条・29条）についても同様の「公共の福祉」による制限を定めている。「公共の福祉」を理由とした人権制約にはいくつかの考えがあるが、通説は「公共の福祉」が人権相互の矛盾・衝突を調整する原理で、憲法の規定にかかわらず、すべての人権は他人の同じ人権を侵害してはならないという制約があり、人権の性質によってその内容は異なると考えている。

　最高裁は、昭和20年代から30年代にかけて「公共の福祉」を人権の一般的な制約原理として用いていた。しかし、昭和40年代になると、抽象的な公共の福祉論とは別に、人権制約の合憲性の審査基準として、対立する利益を比較衡量して判定するという考え（比較衡量論）をとるようになった。それは、「人権制限によりもたらされる利益」と「制限しない場合に維持される利益」を比較し、前者の価値が高いと判断されるとき、その人権制限を合憲とするものである。

[146]　**個人の尊重と幸福追求権**　　13条は、前段で人権の総則的規定として個人の尊重を中心とする個人主義の原理を明らかにし、国がそれを最大限尊重する責務を有することを宣言している。個人の尊重の原理は憲法全体を貫く原理ともいえるが、この原理に基づくものが「生命、自由及び幸福追求に対する国民の権利（幸福追求権）」である。

　憲法は15条以下に詳細な人権を規定しているが、すべての人権を列挙したものではない。初期の学説は、幸福追求権の具体的権利性を消極的に解して、裁判上の救済を受ける具体的な法的権利を導き出すことはできないとしていた。しかし、1960年代のさまざまな社会変革から生じた諸問題（公害など）に法的に対応するため、憲法上の「新しい人権」の根拠が幸福追求権であるとされるようになった。

　幸福追求権はその内容と保障の範囲のとらえ方の相違があるが、通説は個人の人格的生存にとって必要不可欠な権利・自由を包括的に総称したもの（包括的権利）としている。そのため15条以下の人権規定に限定されず、人格的生存に必要不可欠な権利であれば、憲法に規定されていない人権も最大限尊重される。したがって、幸福追求権は、第

3章で個別的に規定されている人権に漏れているものや、新たな人権の根拠となる一般的・包括的な人権であるということになる。しかし、この幸福追求権からどのような具体的権利が導き出されるかについては、「新しい人権」の主張とその侵害に対する救済に関わる裁判所の役割は重要である。

人格権は、これまで生命、身体、名誉、肖像、プライバシーなど、人格に本質的なものに関する利益の総体とされる。この人格権の中で人格価値に関わる憲法上の具体的な権利として、プライバシーの権利、肖像権、自己決定権、環境権などがある。

第一に、「プライバシーの権利」は、アメリカの判例で「一人でそっとしておいてもらう権利」として確立したものである。日本では三島由紀夫の「宴のあと」事件で、裁判所は「私事をみだりに公開されないという保障」の権利性を認めた（東京地判昭和39年9月28日下民集15巻9号2317頁）。また、今日では、情報化社会の到来により、本人が個人情報の収集・保有・記録・利用に関して「コントロール」する必要性が増大している状況に対応し、「自己情報コントロール権」としてプライバシーの権利を積極的に定義づける見解が有力になっている。

第二に、「肖像権」については、無断写真撮影の許容性との関係で、最高裁は「個人の私生活上の自由として、何人も、その人の承諾なしに、みだりにその容ぼう・容態を撮影されない自由を有する」として肖像権の具体的権利性を認めた（京都府学連事件・最大判昭和44年12月24日刑集23巻12号1625頁）。

第三に、「自己決定権（人格的自律権）」は、個人が一定の私的事項について公権力の干渉を受けずに自ら決定することができる権利として主張されている。たとえば、①家族のあり方を決める自由、②服装などライフスタイルを決める自由、③輸血拒否などの自己の生命・身体の処分について自ら決定する自由などが、個人の人格的生存に関わる重要な私的事項として挙げられる。通説である人格的利益説によれば、自己決定権は13条に根拠づけられ、憲法上保障されるとしている。自

己決定の権利性については、学説上は多くが支持するところであるが、その具体的内容などについては今後の課題でもある。信仰上の理由に基づく輸血拒否について、裁判所は「各個人が有する自己の人生のあり方（ライフスタイル）は自ら決定することができるという自己決定権に由来する」とし（東京高判平成10年2月9日判時1629号34頁）、最高裁は人格権の侵害として原判決を肯定している（エホバの証人輸血拒否事件・最判平成12年2月29日民集54巻2号582頁）ように、これからの判例に注目する必要がある。

　第四に、「環境権」については、1960年代以降の高度成長期に大気汚染などの公害が大量発生し、それに対して環境を保全し、良好な環境の下で国民が生活できるために新しい人権として提唱された。環境権は、健康で快適な生活を維持する条件としての環境を享受する権利とされている。環境権の憲法上の根拠としては13条説、25条説、13条・25条競合説がある。しかし、これまで下級審から最高裁に至るまで、裁判所により環境権が認められるに至っていない。

[147]　**法の下の平等**　　近代憲法における平等は、国家の任務が個人の自由な活動の機会を各人に平等に保障し、各人の法的取扱いを平等にするという形式的平等（機会の平等）を意味していた。しかし、19世紀の市民社会では、資本主義の進展にともない、一部の者への権力と富の集中をもたらした。個人の自由な活動が、結果として、個人の不平等をもたらし、法律上の自由・平等は、事実上の不自由・不平等を生じさせた。そこで、現実の不平等を是正し、各人の人たるに値する生活の保障をめざして、社会的、経済的弱者に対してより厚い保護を与え、国家の積極的活動が求められるようになった。現代の平等観念の中には形式的平等に加えて、実質的平等（結果の平等）が含まれるようになったといえる。日本国憲法の平等を考える場合も形式的平等を原則としながら、形骸化した機会の平等を実質的に確保することが重要とされている。

* **積極的差別是正措置（Affirmative Action）** アファーマティブ・アクションは、人種差別や性差別解消を目的として考えられたものである。たとえば、実質的平等を確保するため、アメリカでは大学入試にあたってマイノリティーに優遇措置がとられたり、また女子差別撤廃条約でも女性への「暫定的な特別措置」（4条）をとることを認めるなどが挙げられる。

　第一に、14条1項は「すべて国民は、法の下に平等であって、人種、信条、性別、社会的身分または門地により、政治的、経済的または社会的関係において差別されない」規定している。法の下の平等の基本原則を宣言し、さらに個別的に貴族制度の廃止（14条2項）、栄典にともなう特権の禁止（3項）、普通選挙の一般原則（15条3項）、選挙人の資格の平等（44条）、夫婦の同等と両性の本質的平等（24条）、教育の機会均等（26条）の規定をおき、平等原則の徹底化を図っている。

　第二に、1項前段の「法の下の平等」は、①「法」を執行し「適用」する行政権・司法権だけでなく、法の「内容」を定める立法権をも拘束する（立法者拘束説）。②法の下の「平等」は性別、能力などの事実的、実質的差異を前提として、同一の事情と条件の下では、均等に取り扱うこと（相対的・比例的平等）を意味する。個人に付着している事実上の差異を考慮せずに、法律上均等に取り扱うこと（絶対的・機械的平等）によって、かえって不合理な結果をもたらすことになるからである。③法の下の「平等」は、各人の事実上の差異を考慮に入れ、異なった取扱いをすることに正当な理由があれば、それを是認することもあるということになる。通説・判例とも各人の差異に応じて法的取扱いを区別する場合、合理性があればその区別は憲法の趣旨に反しないとしている。④後段の列挙事由は例示的なものであり、それ以外の事由であっても、理由なしに差別することはできないが、合理的な根拠がある場合は許されるとする。通説、判例はこの考えをとっている。

* **合理性** 恣意的な差別は許されないが、たとえば、区別される事項（税）と事実的、実質的な差異（所得の差）との関係が、社会通念からみて合理的である限り、その異なった取扱いは平等違反ではないとされる。しかし、

何をもって合理的な区別、不合理な差別であるとするのかである。そこで、14条1項後段の列挙事由に基づく異なった取扱いは原則的に不合理なものとみなし、合理的区別であるとするためには、異なった取扱いをすることが必要不可欠とされる事情がなければならず、それ以外の事由による差別に比べ、より厳格な審査基準が適用されるとする見解が有力になっている。

　第三に、憲法は差別的取扱いの禁止事由として人種、信条、性別、社会的身分、門地を列挙している。この中でも性別を理由とした差別については、24条を中心として家族の封建的有り方が見直され、戦後、民法が改正された。その後も女子の結婚退職制、出産退職制、若年定年制などは、判例で公序良俗違反として無効とされた。近年では、1981年発効の女子差別撤廃条約（85年に批准）を機会に1985年に男女雇用機会均等法、1999年には男女共同参画社会基本法などが制定されているが、性差別の問題は、依然として現行法上残されているといえる。

　そして、憲法は、これらの事由を理由として政治的関係（選挙権、被選挙権など）、経済的関係（労働関係、納税など）、社会的関係（教育、居住地など）において差別してはならないとしている。

*　**平等原則に関する代表的判例**　①改正前の刑法200条の尊属殺重罰規定が14条に違反するかどうかが問われ、最高裁は「夫婦、親子、兄弟等の関係を支配する道徳は、人倫の大本、古今東西を問わず承認せられているところの人普遍の道徳原理」であるとして、尊属殺重罰規定を合憲としていたが（最大判昭和25年10月11日刑集4巻10号2037頁）、後に違憲とした（尊属殺重罰規定違憲判決・最大判昭和48年4月4日刑集27巻3号265頁）。刑法200条の規定などの尊属に対する重罰規定は、1995年の改正で削除された。②嫡出子の法定相続分の2分の1とする民法900条4号の非嫡出子相続分規定に関しては、最高裁は違憲と判断した（最大決平成25年9月4日民集67巻6号1320頁）ため、民法が改正された。③嫡出推定の重複を避けることを立法の趣旨とする民法733条で女性のみ6ヶ月の再婚禁止期間を設けていることについて、最高裁は、100日を超える禁止期間は、違憲とし（最大判平成27年12月16日民集69巻8号2427頁）、その後、民法が改正された。④議員定数不均衡の合憲性も14条と関連する重

要な問題である。各選挙区の議員定数の配分に不均衡があり、そのため人口数との比率において、選挙人の投票の価値（一票の重み）に不平等が存在しており、それが違憲ではないかが問われている。最高裁は、1976年、衆議院議員選挙の定数を定める公職選挙法の規定（別表1）を違憲とし、定数不均衡に関して初めて平等違反とした（最大判昭和51年4月14日民集30巻3号223頁）。判例・学説も、衆議院については、一票の重みが議員一人当たりの人口の最高選挙区と最低選挙区との間で、おおむね2対1以上にひらくことは、投票価値の平等の要請に反することが支持されている（[189] 憲法訴訟の具体例・[191] 違憲審査の方法と基準参照）。

5．自由権

[148] **精神的自由**　憲法の人権規定で中核的な地位を占めているのは「国家からの自由」、すなわち自由権であり、自由権のカタログを大別すると精神的自由、経済的自由、人身の自由がある。精神的自由は民主主義を支える基礎となるものである。思想・良心の自由（19条）、信教の自由（20条）、表現の自由（21条）、学問の自由（23条）がある。精神的自由の中で、「思想・良心の自由」はその内面的保障であり、「表現の自由」はその外面的保障の中心にある。宗教・学問上の内面的、外面的精神活動については別個の保障規定をおいている。

　　a　思想及び良心の自由　19条は「思想及び良心の自由はこれを侵してはならない」としている。内面的精神活動の自由の中で最も根源的なもので、個人の心の問題に国家は干渉してはならないという原則を明らかにしている。思想・良心の自由の内容は、世界観、主義・主張などの個人の内面的精神活動を広く含むと解されている。この自由の保障の意味するところは、国民はいかなる世界観、国家観などを持とうとも、内心の領域にとどまる限りは絶対的に自由であり、国家がそれにより不利益を課したり、特定の思想・良心をもつことを強要したり、禁止したりすることはできない。また、国家によって個人の思想・良心を告白するよう強要されないという「沈黙の自由」の保障

が含まれる。思想・良心の自由の侵害が争われた代表的判例として、裁判所が新聞紙上で謝罪広告を命ずることができるかについて、最高裁は「単に事態の真相を告白し陳謝の意を表明するに止まる程度」であり、その強制は良心の自由を侵すものではないとしている（謝罪広告事件・最大判昭和31年7月4日民集10巻7号785頁）。

　　b　信教の自由　　憲法は信教の自由を保障し（20条1項前段、2項）、宗教団体に対する特権の付与・政治上の権力行使（1項後段）、国の宗教活動（3項）および宗教団体への国の財政援助を禁止した（89条）。

　第一に、20条1項前段は「信教の自由は、何人に対してもこれを保障する」としている。信教の自由の内容として、①「信仰の自由」には、内心で宗教を信仰しまたは信仰しない自由、宗教の選択・変更について自ら決定する自由、信仰告白の自由が含まれる。個人の内心の自由の宗教的側面といえ、この限りでは絶対的無制約なものである。信仰の自由が保障される効果は、思想・良心の自由と同様である。②「宗教上の行為の自由」は、礼拝・祈禱その他の宗教上の祝典・儀式・行為など（2項）を行う自由で、宗教上の行為をしない自由、宗教上の行為への参加を強制されない自由を含む。③「宗教上の結社の自由」は、信仰を共にする者が特定の宗教を宣伝し、共同で宗教的行為を行うことを目的として団体を結成し、活動する自由である。宗教団体に加入する自由、加入しない自由、脱退の自由も含まれる。

　第二に、「政教分離の原則」については、20条1項後段・3項・89条は、国から特権（特別の利益または地位）を受ける宗教を禁止し、国家の宗教的中立を求め、宗教団体に対する財政援助を禁止している。また、国およびその機関は宗教教育その他の宗教的活動をしてはならないとしている。この原則の法的性格について、通説・判例は、信教の自由を確保するための手段として制度を保障したとする制度的保障説（人権規定の中には、個人の人権保障のほか一定の制度を定めて、人権保障を補強する）といえる。政教分離の形態は各国の歴史的経緯により異なるが、日本は両者を完全に分離するというアメリカ型を採用している。しかし、

両者のかかわりを一切排除することは不可能であり、アメリカの判例では、目的・効果基準と呼ばれる基準が用いられており、日本でも、この原則に関して初めて本格的な判断を下した津地鎮祭事件で、最高裁は、20条の宗教活動は「当該行為の目的が宗教的意義をもち、その効果が宗教に対する援助、助長、促進または圧迫、干渉等に成るような行為をいうものと解すべき」(目的・効果基準)で、地鎮祭は世俗的なものであって、憲法の禁止する宗教活動にあたらないとした(最大判昭和52年7月13日民集31巻4号533頁)。

その一方で、同じ基準を用いて、県が靖國神社・護国神社に玉串料などを奉納したことは20条3項の禁止する「宗教活動」、89条の「公金の支出」にあたり、違憲であるとしている(愛媛玉串料訴訟・最大判平成9年4月2日民集51巻4号1673頁)([189]憲法訴訟の具体例参照)。

　　c　集会・結社の自由　　21条1項は、言論・出版とならんで、表現行為の一形態として集会・結社の自由を保障している。

「集会・結社の自由」については、両者ともに共同の目的ための集団的な行為であることは共通しており、既存の権力に対する批判を内容とするものがあるため、権力による規制を受けやすいものでもある。

第一に、集会の自由には、集会を開催する自由、参加する自由、また、「動く集会」とされる集団行動・集団示威運動が含まれる。規制立法としては道路交通法、公安条例などがある。第二に、結社の自由は、団体を結成し、加入する自由、脱退する自由、加入を強制されない自由などをその内容とし、それらについて公権力から干渉されないことを意味する。憲法は、宗教(20条)、労働組合(28条)については、別個の規定を設けて保障している。

　　＊　**集会の自由の規制**　　公共施設に関しては、労働組合の皇居前広場の使用申請に対する厚生大臣の公園管理権の行使による不許可処分について、合憲とした皇居外苑使用許可申請拒否事件(最大判昭和28年12月23日民集7巻13号1561頁)などがある。公安条例に関しては、新潟県公安条例事件(最大判昭和29年11月24日刑集8巻11号1866頁)、東京都公安条例事件(最大判昭和35年7月20日刑集14巻9号1243頁)、徳島県公安

条例事件（最大判昭和50年9月10日刑集29巻8号489頁）では、いずれも合憲としている（[189]憲法訴訟の具体例参照）。

　d　表現の自由　　言論などの表現は、思想・良心などの個人の内面的精神活動によって生み出されたものを外部に表明することであり、精神的自由の中でも中心的な存在といえる。古典的な表現形態としての言論、出版をはじめ多種多様なものが含まれる。表現の自由の保障は、言論活動を通じて個人が自己の人格を形成・発展させるため（自己実現）、また議会制民主主義の下で、国民が政治的意思形成に積極的に関与・参加するため（自己統治）に不可欠なものである。

　第一に、表現の自由が精神的自由の中で非常に重要な権利であるとはいえ、本来的には社会的な性格をもち、他者の権利や公共の福祉と衝突する場合があるため、無制約ではない。①報道の自由と取材の自由（博多駅テレビフィルム提出事件・最大決昭和44年11月26刑集23巻11号1490頁、外務省秘密漏洩事件・最決昭和53年5月31日刑集32巻3号457頁など）②名誉・プライバシー（月刊ペン事件・最判昭和56年4月16日刑集35巻3号84頁、「宴のあと」事件・東京地判昭和39年9月28日判時385号2317頁、「石に泳ぐ魚」事件・最判平成14年9月24日判時1802号60頁など）、③わいせつ表現（『チャタレー夫人の恋人』事件・最大判昭和32年3月13日刑集11巻3号997頁など）など、表現の自由の規制は多様な問題を含んでいる。

　第二に、表現の自由の「制約の審査基準」については、表現の規制の基準をあいまいにしておくと、恣意的な法適用の危険性や予測可能性に基づく表現の委縮効果をもたらすこともある。そのため、制約の基準を特に厳格にする必要があるため、種々の審査基準が採用されている（[191]違憲審査の方法と基準参照）。

　第三に、「検閲の禁止」については、検閲は、公権力によって外部に発表される前に表現内容を審査し、不適当と認める場合、その発表を禁止することである。憲法は無条件にこれを禁止している（2項前段）。表現の自由の保障によって、原則として事前抑制が禁止されるが、憲

法が2項であえて検閲を禁止しているため、「検閲」と「事前抑制」の関係をどのように考えればよいのか。両者を区別して検閲は絶対的に禁止され、検閲に至らない事前抑制は例外として認めるという見解と、両者を同一視した上で例外を認める見解に分かれている。いずれも厳格な審査に服することにはかわりがない（[189] 憲法訴訟の具体例参照）。

　第四に、通信の秘密の不可侵性（2項後段）については、それによって意思伝達の自由と私生活の秘密が保護されている。通信の秘密に関する制限としては、犯罪捜査のための郵便物の押収を定めた刑事訴訟法（100条）などがある。なお、公権力レベルでの犯罪捜査にあたり、秘密裏に捜査機関によって行われる通信傍受については、令状によらなければ違憲であるとするのが多数説である。

　第五に、「知る権利」との関係について、学説は知る権利の根拠条文として表現の自由、国民主権などの複数の根拠を援用する説がある。今日の国家への情報集中と国家機密の増大などを背景として、知る権利が新しい人権概念として登場してきた。しかし、表現の自由は、本来は表現の送り手と受け手の存在を前提としている。知る権利は、表現の受け手の自由（情報受領の自由、情報収集の自由）という自由権的側面、政府情報へアクセスする権利（情報公開請求権）という請求権的側面および参政権的側面という複合的性格をもつ権利とされている。また、政府に対する情報公開請求権としての知る権利を21条が保障するかについて、学説は積極説が多数といえるが、情報公開請求権については法律による具体的な定めが必要であるとする考え（抽象的権利説）が通説である。

　e　学問の自由　23条は学問の自由を保障している。学問の自由には、通説では学問研究の自由、研究発表の自由、教授の自由および大学の自治が含まれる。

　第一に、学問の自由の中心は「学問研究の自由」であり、人の内面的精神活動という意味で思想・良心の自由（19条）の一部をなし、絶対的に保障される。しかし、クローン技術などの先端科学技術分野では

研究の方法・手段などを含めて、研究活動自体が一定の制約を受けることがある。第二に、学問研究の前提としてその成果を自由に発表できることが必要であり、学問の自由に「研究発表の自由」が含まれる。この場合、研究発表が表現行為であることから、表現の自由（21条）の一部でもある。第三に、学問の自由に「教授の自由」が含まれるが、従来の通説は、大学その他の高等学術研究教育機関のみ教授の自由を認めていた。そのため、初等中等教育機関でも学問の自由に含まれる教育の自由を教師が享受できるかについて、判例は「普通教育における教師に完全な教授の自由」は認められないとした（旭川学力テスト事件・最大判昭和51年5月21日刑集30巻5号615頁）。第四に、「大学の自治」は、学問の自由を保障するための制度的保障であると考えて、23条によって保障されたものとされている。大学の自治の内容としては、従来は、①教員人事の自治、②大学の施設管理の自治、③学生管理の自治を挙げていたが、最近の学説は④研究教育の内容・方法の自主決定権、⑤予算管理の自治を含め、自治の内容を広くとらえている。

　これまで問題となった大学の自治と警察権（ポポロ事件・最大判昭和38年5月22日刑集17巻4号370頁）との関係では、警察官が大学の了解なしに警備公安活動のために大学構内に立ち入ることは、原則として許されない。

[149]　**経済活動の自由**　　憲法は、22条と29条で居住・移転の自由、職業選択の自由、財産権の保障について定め、経済的自由の制限は「公共の福祉」によることを明示している。

　　a　居住・移転の自由　　職業選択の自由とともに22条1項により保障されており、居所・住所を自由に決定・変更する自由であり、広く人の移動の自由を保障する。そのため居住・移転の自由は、経済活動の自由という観点からは、職業・営業を行う場所の選択の自由を保障している。

　第一に、居住・移転の自由は「公共の福祉に反しない限り」という条件の下で保障され、法律上の制限がある。第二に、2項で外国移住の

自由が定められており、通説・判例は「移住」に一時的な海外渡航（外国旅行）が含まれるとし、その中には帰国の自由も含まれる。外国人に関しては、外国への一時的な旅行の自由および再入国の自由は憲法上保障されていないとしている（森川キャサリーン事件・最判平成4年11月16日集民166号575頁）。第三に、国籍離脱の自由は、自己の意思によって国籍を離脱することができるが、無国籍者を防ぐために、外国籍を取得した者に離脱を認めている（国籍法11条）。

　　b　職業選択の自由　職業の選択・決定、選択した職業を遂行する自由を含み、これらが国家によって妨げられないことを意味する。また、職業を選択・遂行する自由には営業の自由も含まれる。職業選択の自由も「公共の福祉に反しない限り」において保障され、規制の目的により社会公共の安全と秩序維持のため（消極目的規制）と社会的・経済的な弱者の保護や国民の生存権確保のため（積極目的規制）に分けられるが、医師などの「資格制」、風俗営業などの「許可制」など、規制はさまざまである。なお、営業の自由と適正配置規制に（距離制限規制）について、最高裁は、公衆浴場法に関して「公共の福祉」のために必要であるとして、22条に違反するものとは認められず合憲とした（最大判昭和30年1月26日刑集9巻1号89頁）が、旧薬事法に関しては違憲と（最大判昭和50年4月30日民集29巻4号572号）している（[189]憲法訴訟の具体例参照）。

　　c　財産権　29条1項がその不可侵性を規定し、2項でその内容は法律で定められるとしている。

　第一に、1項の意味するところは、通説はこれを制度的保障と考え、私有財産制を制度的に保障し、さらに個人が有する個々の財産権を保障したものとしている。第二に、財産権の内容は、「公共の福祉に適合するように」法律を定め、その制限には人の生命・健康などに対する危害や災害の防止のための消極目的規制（食品衛生法7条・8条、消防法5など）と社会的・経済的な政策を行うための積極目的規制（農地法など）のため、多数の立法例がある。第三に、3項は私有財産を「公共のため

に用いる」ことができると定めており、そのための損失補償が必要となる。その場合、「正当な補償」の意味については「相当補償説」（取引上の市場価格ではなく、その当時の経済状況に応じて客観的・合理的に相当であると認められる金額であれば足りる）と「完全補償説」（客観的な市場価値の全額補償）に分かれるが、前者が通説である。なお、生活権補償という考えも主張されている。

[150] **人身の自由**　専制主義が支配していた時代には、不当な逮捕・拘束、拷問および恣意的な刑罰権の行使があった。近代憲法では、人身の自由が不当に侵害された歴史的経緯を踏まえて、人身の自由を保障することが通例となった。明治憲法下では、特に治安維持法により人身の自由の過酷な侵害があったことから、日本国憲法はその徹底的な排除のために詳細な規定をおいている。

　　a　奴隷的拘束および苦役からの自由　18条は、何人も奴隷的拘束を受けず、犯罪による処罰を除いては、その意に反する苦役に服せられないとして、人身の自由の基本的な考え方を示している。

　「奴隷的拘束」は、たとえば人身売買のように、人間としての人格を認められない、奴隷のような自由を拘束された状態をいう。「苦役」は、精神的・肉体的苦痛をともなうが、奴隷的拘束までには至らないものをいう。ここでいう「意に反する苦役」としては、強制労働などが挙げられよう。

　　b　適正手続の保障　31条は、人身の自由についての基本原則を定めたものである。公権力を手続的に拘束して、人権を手続の面から保障しようとする考えで、アメリカ合衆国憲法修正5条（州については修正14条）の「法の適正な手続」(due process of law) を定める条項に由来するものである。

　第一に、31条は「法律の定める手続」としており、手続が法律により定められることのみを求めているようにみえる。通説は、手続および実体要件の双方について要求し、さらに両者の内容の適正をともに要求する規定であると解しており、手続が法律によって定められてい

るだけでなく、その法律で定められた手続が「適正」であることを求めている。刑罰を科す手続は法律により定められ、「適正」の具体的内容は33条以下に規定されているが、手続の適正はそれ以外にも考えられ、31条はその「基本原則」を定めているといえる。なお、判例は31条が行政手続にもその保障が及ぶとしている（第三者所有物没収事件・最大判昭和37年11月28日刑集16巻11号1593頁）。第二に、31条は罪刑法定主義の一般的規定とされ、手続とともに実体もまた法律で定められていなければならないことを要求しているとするのが通説である。何が犯罪であり、それを犯すことによりどのような刑罰が科せられるのかが、あらかじめ法律によって定められていなければならないとする罪刑法定主義は、近代刑法の原則である。

c　被疑者の権利　33条・34条・35条は、捜査過程における被疑者の人権保障を目的として、司法官憲の捜査活動をチェックし、被疑者の利益保護のための主要な原則を規定したものである。刑事訴訟法は、捜査に関わる詳細な規定をおいている。

第一に、33条は、不法な逮捕を阻止する基本的要件として「令状主義」を挙げ、裁判官が関与することで逮捕時の職権乱用を防止しようとしている。原則として、実力によって身体を拘束する逮捕には令状が必要であって、「権限を有する司法官憲」（裁判官）に対して逮捕状の発給が請求される（刑訴199条）。この令状主義の例外としては現行犯逮捕、準現行犯逮捕、緊急逮捕がある。

第二に、34条は、逮捕後の不当な拘束を阻止するための要件を定めている。抑留（一時的な身体の拘束）・拘禁（継続的な身体の拘束）の要件としては、何人も理由を直ちに告げられ、かつ直ちに弁護人に依頼する権利（弁護人依頼権）を与えられなければ、抑留または拘禁されない。また、何人も、正当な理由がなければ、拘禁されず、要求があれば、その理由は、直ちに本人およびその弁護人の出席する公開の法廷で示されなければならない。

第三に、35条は、犯罪の捜査、証拠収集の過程において行われる侵

入（物理的に内部に押し入るだけでなく、通信傍受なども含まれる）、捜査、押収についての要件を定めたものである。この過程で、私生活が公権力の介入を受けやすいため、違法な侵害から私生活の中心である「住居」、「書類」、「所持品」を保護している。捜索、押収をすることができるのは、「正当な理由に基づいて発せられ」、捜索対象となる場所・押収する物を明示する令状による場合（令状主義）と、「33条の場合」（逮捕時）場合である。通説は、令状による逮捕および現行犯として逮捕する場合は、35条の令状なくして、住居の侵入などを行うことができるとしており、緊急逮捕のさいにも同様である（刑事訴訟法220条）。

なお、本条に違反して収集された証拠を犯罪立証のために用いることができないという、違法な捜査・押収を抑制する違法収集証拠排除の原則を含むといえる。

　　d　刑事被告人の権利　　31条の法定手続の具体的内容として、37条・38条は、刑事被告人の基本的権利を保障している。

第一に、37条1項は、公平な裁判所の迅速な公開裁判を受ける権利を定めている。「公平な裁判所」とは、組織・構成などの点で当事者の一方に不当、不利益とならず、不公平のおそれのない裁判所のことである。不当な裁判の遅滞は、適正な裁判の保障を確保できず、裁判の拒否に等しい結果となるため、「迅速な裁判を受ける権利」が保障されている。最高裁は、長期にわたる審理の中断により著しい遅延が認められる場合は、免訴の判決をすべきであるとして、その具体的権利性を認めている（高田事件・最大判昭和47年12月20日刑集26巻10号631頁）。

第二に、37条2項は、刑事被告人の証人に関して二つの権利を保障している。刑事被告人は、裁判の公正を確保するため、すべての「証人に対して審問する機会（証人審問権）」を充分に与えられ、反対尋問をする機会を与えられない場合は、その証人の証言は証拠とすることはできない。また、後段は、被告人の「証人喚問を申請する権利（証人喚問権）」を保障している。被告人にとって不利益な証人には反対尋問権があるが、証人喚問権は、逆に被告人に利益のある証人を公費で喚問

させ、被告人に防御権を与えている。

　第三に、34条では、被疑者の「弁護人依頼権」を保障しているが、37条3項では、刑事被告人は、いかなる場合でも、弁護人依頼権を有するとしている。また、3項後段は、これを実質的に保障するため、国選弁護人の制度を認めている。

　第四に、38条1項では、犯罪事実や、量刑上不利益となる事実のように、自己の刑事責任に関する不利益な事実の供述を強要されないという「黙秘権」が保障されている。また、2項では、自白排除の法則を定め、強制、拷問もしくは脅迫による自白または不当に抑留もしくは拘禁された後の自白は、これを証拠とすることができないとして、任意になされない「自白の証拠能力」を否定している。さらに、3項は、何人も、自己に不利益な唯一の証拠が本人の自白である場合には、有罪とされ、または刑罰を科せられないとして、自白の証明力を制限し、自白の「補強証拠」を求めている。これらはいずれも捜査段階での人権侵害を防止するため、自白偏重を避けることで、誤判の危険性を回避しようとするものである。

　　e　拷問・残虐な刑罰の禁止　　36条は、公務員による拷問および残虐な刑罰を絶対に禁止するとしている。「拷問」は、自白を強要するために肉体的・精神的苦痛を加えることであり、被疑者または被告人の尊厳を傷つけることがあってはならない。判例は「残虐な刑罰」とは「不必要な精神的、肉体的苦痛を内容とする人道上残酷と認められる刑罰」（最大判昭和23年6月30日刑集2巻7号777頁）であるとしている。死刑が残虐な刑罰かという問題については、判例は「生命は尊貴である。一人の生命は全地球より重い」とした上で、死刑そのものは残虐な刑罰にあたらないとしている（最大判昭和23年3月12日刑集2巻3号191頁）。通説は合憲としているが、合憲論の論拠を再検討すべきとする見解もある。なお、1989年に死刑廃止条約が国連で採択されており、世界的流れは、廃止論に傾いているといえよう。

　　f　遡及処罰の禁止・一事不再理・二重処罰の禁止　　39条では、

実行の時に適法であった行為は、後になって刑罰を受けることはないという遡及処罰の禁止が定められている。事後法の禁止ともいわれ、罪刑法定主義から帰結する重要な原則である。また、一度無罪の判決が確定した場合には、これを覆して有罪とすることはできないという一事不再理の原則を定め、同一の犯罪について重ねて処罰することはできないという二重処罰を禁止して、被告人に不利な再審を認めないことで、法的安定性を確保しようとしている。

6. 社会権・国務請求権・参政権

[151]　**社会権**　基本的人権の成立と発展の中で、その中核をなしてきたものは自由権であった。それは「国家からの自由」、すなわち、国家に対して自由の領域を確保することに主眼があった。しかし、19世紀末になり貧困、失業などの社会問題が顕著になると、国家の積極的行為・施策が求められるようになり、従来の自由権に加えて、「国家による自由」ともいわれる社会権が登場することとなった。

その内容は、国民が人間に値する生活を営むことを保障することであり、法的にみると、国家に対して一定の行為を要求する権利である。この点で、国家の関与を排除することを目的とする自由権とは性質を異にするといえる。社会権が保障されたことにより、国家は福祉国家として、国民の社会権実現に努力すべき義務を負うことになった。

　　a　生存権　　25条1項は、「健康で文化的な最低限度の生活」を営む権利を有するとしている。この生存権の保障は、社会権の中で原則的な規定であり、国民が人間的な生活を送ることができる権利を宣言したものである。この1項の規定を受けて、2項では社会福祉（生活保護法など）、社会保障（国民年金法など）、公衆衛生（感染症予防法など）の各分野で、国家にその向上および増進に努めなければならないとし、多くの立法化がなされている。

第一に、生存権は、国家の積極的な配慮を求める権利ではあるが、

「健康で文化的な最低限度の生活を営む権利」とは、どのような性質の権利なのか（国民は、直接に本条を根拠として、国家に対してそのような生活保障を法的に請求できるのか）については考えが分かれている。プログラム規定説（立法者に対して国政運営の指針を示したものであって、国民に対しては裁判による救済を受けるような具体的権利を与えたものではない）、抽象的権利説（必要な立法などの措置を求める抽象的な権利を有しているとし、国家もそれに対応する抽象的な法的義務を有する）、具体的権利説（国家に対して生活保障を求める具体的な権利をもつ）がある。学説・判例（朝日訴訟・最大判昭和42年5月24日民集21巻5号1043頁）はプログラム規定説が通説的見解であったが、現在は、抽象的権利説が通説といえる。

　第二に、新しい人権の一つとしての「環境権」は、自由権としての側面を有して13条の幸福追求権に根拠づけることができる。一方、良好な環境を保全することにより人の生命・健康を維持し、人間らしい生活を営むために、国や地方公共団体に対して、良好な自然環境を保全する積極的措置を求めるという点で、社会権としての性格をも有しているといえ、その根拠として25条が考えられる。

　b　教育を受ける権利　　26条では、すべて国民は能力に応じてひとしく教育を受ける権利を有すると規定されている。かつては教育の機会均等を実現するために、国が経済的弱者に対して奨学金などの経済的配慮をなすよう求める権利であるとされていた。しかし、今日では、特に子どもが教育を受けることにより人間として成長・発展していく権利（学習権）があり、子どもの学習主体としての積極的な権利としてとらえ、教育の内容的側面から教育条件の整備を要求するという見解が支配的である。判例も学習権を認めている（旭川学力テスト事件・最大判昭和51年5月21日刑集30巻5号615頁）。

　第一に、教育を受ける権利は、自由権としての側面と社会権としての側面を有する複合的性格の権利とされている。子どもの学習権に対応して、子どもに教育を受けさせる義務を負うのは、第1次的には親権者であり、2項前段が定めているところである。第二に、教育内容を

決定するさいの「教育権の所在」はどこにあるのか。また、「教育の自由」、特に、初等・中等教育における教師の教育の自由はどの程度認められるのか。前者については国家教育権説(教育内容について、国が関与・決定する権能を有する)と国民教育権説(責任を負うのは、親およびその付託を受けた教師を中心とする国民全体であり、国は教育条件の整備の任務を負うにとどまる)が対立している。この問題は、教科書裁判、学力テスト事件で議論された。教育の全国的水準を維持する必要から、国が教育科目、授業時間などの教育の大綱を決定できるのであるが、国の過度の教育への介入は、教育の自主性を阻害する可能性もある。また、初等・中等教育における教師の自由についても肯定説、否定説がある。

　　c　勤労の権利　　27条は、生存権を具体化する手段として、労働の意思と能力のある者に対して労働の機会を国に求める権利を保障している。勤労の権利の法的性格については、生存権と同様の議論があるが、通説は、勤労の権利は資本主義経済体制の下での社会的・経済的条件の現実、具体的内容が立法によって定められる必要があるなどから、直接に具体的な権利を保障するものではないとしている。したがって、労働の機会がないときは、生活費の支給など適切な措置を講ずることを求める権利である。そのため国は必要な立法措置(雇用保険法など)を講じて、できるだけその実現に向けて努力する義務を負い、立法により適正な基準を定めねばならない(2項)とし、労働基準法などにより法定されている。

　さらに、過去の経験から、児童はこれを酷使してはならないとして、特にその禁止を規定している(3項)。

　　d　労働基本権(労働三権)　　28条は、勤労者の団結権、団体交渉権、その他の団体行動権(争議権)を保障している。

　第一に、労働基本権は、権利保障を具体化するために、国家に対して立法その他の措置をとるよう求める社会権であるが、さらに国家によってその権利行使を妨害されず、労使間に直接適用される具体的権利であるという側面をもつところに特徴がある。

第二に、「団結権」は、労働者が自主的に適正な労働条件の維持・改善のために団体（労働組合）を結成し、これに加入する権利である。「団体交渉権」は、労働者を代表する団体が、使用者と労働条件の維持・改善などに関して交渉し、労働協約を締結する権利である。「争議権」は、ストライキなどの争議行為を行う権利で、正当な争議行為に対しては刑事免責、民事免責が認められている。労働三権の関係は、労働者と使用者が対等の立場で団体交渉をするために団結権があり、団体交渉権に基づいて使用者との間で有利な条件を導き出すための団体交渉を確保するために、使用者に対するストライキなどを行う団体行動権（争議権）がある。

　第三に、他の人権と同じく労働基本権も一定の制約を受けるが、特に、公務員の諸権利に対する厳しい制限をめぐって議論がある。実定法上は、警察官などは三権のすべて、非現業の公務員は労働協約締結権と争議権、現業職員などは争議権が否定されている。そこで、公務員のさまざまな職務の性質を考慮して、争議権を一律に禁止することに関してその合憲性が問題とされている。学説は、公務員の労働基本権の制限についてその職務の性質を勘案しつつ、必要最小限度の制約を認めているといえる。判例は、争議権の一律禁止を合憲としている（全逓名古屋中郵事件判決・最大判昭和52年5月4日刑集31巻3号182頁）。

[152]　**国務請求権**　国務請求権（受益権）は、国民が国家に対して、自己の利益となるよう一定の行為を要求することができる権利であり、憲法で規定されている人権を確保するための諸権利である。請願権（16条）、国家賠償請求権（17条）、裁判を受ける権利（32条）、刑事補償請求権（40条）がある。

　　a　**請願権**　16条は、何人も損害の救済、公務員の罷免、法律、命令、または規則の制定、廃止または改正その他の事項に関し、平穏に請願する権利を有し、請願をすることによっていかなる差別待遇も受けないとしている。請願権は、国や地方公共団体の機関に対して、その事務に関する希望・苦情を述べる権利であり、請願の対象は広範

な事項に及んでいる。

　請願権が権利としての性質を有するのは、その請願を受理するよう求めることにある。したがって、適法な形式と手続を経た請願については、国や地方公共団体はこれを受理し、「誠実に処理」する義務を有するにとどまり、請願を受けた機関は、請願の内容を審査し、何らかの措置を講ずる法的な義務はないとされている。請願の一般的手続および処理に関しては、請願法がある。

　　b　賠償請求権　　17条は、何人も公務員の不法行為によって損害を受けたときは、法律の定めるところにより、国または公共団体に、その賠償を求めることができるとし、国家責任の原則を定めている。その趣旨を法律によって具体化したものが国家賠償法で、「違法」な公権力の行使と公の営造物（公の目的のために共されてる有体物および物的施設）の設置または管理の瑕疵によって生じた損害に対しては、国や地方公共団体に賠償責任があるとしている。

　賠償責任の法的性格については代位責任説と自己責任説があるが、通説・判例（最判昭和30年4月19日民集9巻5号534頁）は、公務員の不法行為に基づく賠償責任は、公務員が故意・過失による責任を負うことを前提に、公務員の責任を国が代わって行うとする代位責任説である。そのため被害者は公務員に対して直接に損害賠償の請求はできない。

　　c　裁判を受ける権利　　32条は、何人も裁判所において裁判を受ける権利を奪われないと規定し、第6章の「司法」の規定を考慮に入れて、国民に裁判を求める権利があり、国家は適法な手続による訴えに対しては、裁判を拒否することができないことを意味する。また刑事事件では、何人も裁判所の裁判によらなければ、刑罰を科せられず、37条1項で重ねて規定している。「裁判所」は、憲法76条以下に定められているように、「最高裁判所及び法律の定めるところによる設置する下級裁判所」（76条1項）を意味し、特別裁判所は禁止され、行政機関による終審裁判は禁止される（76条2項）。「裁判」は82条の裁判の対審および判決の公開、公正な裁判の手続を保障している。

d　刑事補償請求権　　40条は、何人も、抑留または拘禁された後、無罪の裁判を受けたときは、法律の定めるところにより、国にその保障を求めることができるとしている。国家権力の刑罰権行使により自由を拘束され、それにより物質的・精神的損失を被った者に対して、事後的救済として、その不利益を金銭によって補うという刑事補償の制度を定めたものである。具体的な内容およびその他の要件を定めた刑事補償法がある。

［153］　**参政権**　　国民主権の原理は、国民が政治に参加する権利の保障を不可欠としている。参政権は国民が直接または間接に国政に参加する権利であり、憲法は公務員の選定・罷免権（15条1項）、国会議員の選挙権・被選挙権（44条）、地方公共団体の長・議会の議員などの選挙権（93条2項）、最高裁判所裁判官の国民審査（79条2・3項）、地方特別法の住民投票（95条）、憲法改正の国民投票（96条）を定めている。日本国憲法は、間接参政を原則として、直接参政を一部採用しているといえる。

　第一に、15条は「公務員の選定・罷免権」は国民固有の権利（公務員の地位の根拠づけが究極的には国民の意思に基づく）であるとしている。政治の担い手を国民自身が決めるという代表民主制の基礎になる規定であり、国民と公務員の関係の原則を定めたものである。しかし、すべての公務員が国民によって選挙され、罷免されることを要求するものではない。

　第二に、参政権の中心は議員を選定する選挙権であり、選挙人として選挙に参加する地位・資格とされている。この選挙権の法的性格については見解が分かれるが、通説は、人権の一つである参政権行使のための権利としての側面もあるが、公務員という公の機関を選定する権利に、公務としての性格が付与されているとみる権利・公務二元説である。また、自らが公務員となって直接に政策の決定、執行にたずさわる、いわゆる公務就任権（公務員になる資格）は、参政権としての性格をもち、その一内容であるとする見解が多数である。

　第三に、選挙の基本原則としては普通選挙、平等選挙、秘密選挙、

直接選挙、自由選挙が挙げられる。①「普通選挙」は、選挙人の資格を財産、教育などで制限して行う「制限選挙」に対するものである。日本では、1925年の普通選挙法により、財産資格による選挙権の制限が撤廃され、25歳以上の男子に選挙権が与えられた。戦後、1945年の改正選挙法により、女性に選挙権が認められると同時に、年齢資格が20歳以上に引き下げられ、さらに公職選挙法の改正で、平成28年より18歳以上に引き下げられた。15条3項は成年者による普通選挙を保障するとし、選挙人の資格についても、人種・信条・性別・教育・財産などによる差別を禁止している（44条ただし書）。②「平等選挙」は、等級選挙（選挙人を納税額などにより等級づけし、等級別に選出する）などの不平等選挙に対するものである。憲法には平等選挙の原則に関する明文の規定はないが、憲法14条の平等原則と合わせ、投票価値の平等を要求するものと解されている。③「秘密選挙」は、選挙人が外からの圧力なしに自由意思に基づいて投票できることを確保するもので、15条4項は選挙における投票の秘密は侵してはならないとしている。秘密投票は「公開投票」に対するものである。④「直接選挙」は、選挙人が自ら直接公務員を選挙するもので、アメリカの大統領選挙などの間接選挙（有権者が選んだ中間選挙人が公務員を選定する選挙）に対するものである。憲法では国会議員の選挙に対する規定はないが、地方公共団体の長、議会の議員などを住民が直接選挙するということを明文で規定している（93条2項）。⑤「自由選挙」の原則については憲法上の規定はない。投票を有権者の自由に委ねるということが中心になり、そのため強制投票の禁止、棄権の自由などが含まれる。

　　＊　**国民の憲法上の義務**　　人権規定は、国家権力によっても侵されることのない権利・自由を中心としたものであり、国民が国家に対して一定の義務を有することはあるとしても、国民の憲法上の義務規定の数は少ないといえる。日本国憲法は、国民の義務として、「教育の義務」（26条2項）、「勤労の義務」（27条1項）、「納税の義務」（30条）の三つを定めている。なお、これらの個別的な義務のほか、基本的人権に関する一般的な義務を規定している。12条は、憲法の保障する自由および権利を不断の努力によって保

持しなければならないこと、これを濫用してはならず、公共の福祉のために利用する責任を負うと定めているが、これは道徳的義務・倫理的な責任であって、この規定から直ちに具体的な法的義務が生じるものではない。

7. 国　会

[154]　**権力分立制の現代的変容**　現代国家においては、前述した古典的な権力分立の形態が大きく変化している（[140]権力分立参照）。この原理が変容する要因として次のことが挙げられる。第一に、行政国家化の現象である。20世紀に至り、福祉国家の要請に応じて行政活動が飛躍的に増加し、行政権の肥大化が顕著になった。そのため三権のバランスが不安定になり、行政部と他の二権との関係で、立法部・司法部による行政部のコントロール、行政部における内部統制の充実などが必要になっている。第二に、「政党国家化」の現象である。政党が国民と議会を媒介する役割を担い、政治の主体として活動し、議会制の中で重要な役割を演じている。第三に、「司法国家化」の現象である。議会の地位の相対的な低下にともなって、裁判所を通して人権を擁護し強化するということが重視されるようになった。違憲審査制度が導入され、司法権が議会・政府の活動をコントロールするという役割が重要になっている。

[155]　**国会の地位**　日本国憲法は、国会を中心とした政治を行う代表民主制（議会制民主主義）を基本理念として、国民の意思は国会によって代表されるとともに、国会が公開の討論によって国政を決定する。国会は三つの憲法上の地位を有する。

　第一は、「国民代表機関」の地位である。43条1項は、国会が「全国民を代表する選挙された議員」で組織されると定めている。「全国民の代表」の意味については、見解が分かれることは前述した（[137]代表民主制参照）。

第二に、41条は、国会が「国権の最高機関」であるとしている。国会の最高機関性については、憲法が国政の基本原理として権力分立制を採用し、三権を抑制と均衡の関係においているために、その意味をめぐり意見が分かれている。考えの相違は、たとえば、衆議院の解散、国政調査権の性質と範囲などの解釈に影響を与えるものであり、法解釈上の重要な問題の一つである。通説的見解では、国会は、国民の代表機関として国政の中枢的な地位にある重要な機関であり、そのことを政治的に宣言したもので、国会に与えられた政治的な美称であるとする（政治的美称説）。そのため、国会が国権の最高機関であるということは、法的な意味をもつものではなく、選挙を通じて国民に直結していることから、国家機関の中でも特に重要性が認められているにとどまるとしている。

第三に、41条は、国会が「国の唯一の立法機関」であるとしている。「立法」は法規範の制定であるが、国会が所定の手続によって議決して成立した法律（形式的意味の立法）と一定の内容・性質をもった法規範（実質的意味の立法）の意味がある。ここでの「立法」は、実質的意味の法律を制定することである。通説的見解によれば、国民の権利・義務に関する法規範のみでなく、より広く一般的・抽象的法規範の定立を国会に帰属させるものとしている。国会が国の唯一の立法機関であるということは、①国会が立法権を独占して、国会以外の機関が立法作用を行わないこと（国会中心主義）、②他の機関が立法に関与しないこと（国会単独立法）を意味する。しかし、①については議院規則（58条2項）、最高裁判所規則（77条1項）、条例（94条）、政令（73条6号）、また、②については地方特別法（95条）に関して憲法自体がその例外を定めている。

[156] **国会の組織**　　国会は衆議院と参議院によって構成される（42条）。両院制では、一院（下院）は公選された議員によって組織されることが共通しており、他の一院（上院）は貴族院型（イギリス）、連邦型（アメリカなど）、日本の参議院型（民選議院型）などの類型がある。両院制の利点としては、①両院間の抑制と均衡による議会への権力集中と過激化の

防止、②両院での審議の繰り返しによる審議の慎重さと審議への世論の反映、③国民の多様な意見・利益の代表、④第二院の存在による補充的役割などが挙げられる。

第一に、「議院の構成」については、全国民を代表する選挙された議員でこれを組織する（43条1項）とし、成年者による普通選挙により両議院の議員を選出する（15条3項）。同時に両議院の議員であることはできない（48条）とし、兼職を禁じている。議員の任期については衆議院議員の任期は4年とし、衆議院解散の場合は、期間満了前に終了するものとされ（45条）、参議院議員の任期は6年とし、3年ごとに半数が改選される（46条）。参議院議員の任期が長く、解散がないことから、国会における議員活動の補充性・継続性が期待できる。

第二に、「議員の選挙」については、両議院の議員の定数（43条2項）、議員および選挙人の資格（44条）、選挙区、投票の方法その他選挙に関する事項（47条）は、憲法の規定により法律（公職選挙法）に委任されている。その中でも「選挙区」は選挙人団を地域的に区分したもので、大きく分けると小選挙区（選挙区で一人の代表を選出）と大選挙区（二人以上の代表を選出）の二つがある。小選挙区制は、二大政党の対立による安定政権を生み出すのに役立つが、一方で、死票が多く、小政党の進出を阻止し、特定の政党に有利な選挙区割に結びつく危険性を有し、また、選挙区域の狭さのために人口変動の影響を受けやすく、投票価値の平等の問題が生ずることがある。大選挙区は、死票が少なく、少数代表の出現などの可能性をもっているが、その反面、小政党の分立、同一政党候補の同士討ちなどの可能性を含んでいる。

現行の選挙制度は、衆議院では小選挙区選挙と比例代表選挙に二分して「小選挙区比例代表並立制」がとられ、参議院では選挙区選挙と比例代表選挙を併用している。

第三に、「両院の関係」については、ともに独立して意思決定を行い、互いに制約を受けることはない。両議院は別々の議決をして、その議決が一致したときに、国会の議決は成立するが、両院が異なった議決

第4章 国家の組織と作用に関する法 **181**

をすることもある。そこで、憲法は、国政の渋滞を避けるために衆議院に優越性を認め、また両議院の意見が対立した場合、話し合いをして互いに譲歩し合うことで、両議院の意見の一致を図ろうとする両院協議会の制度を設けている。①法律案の議決では、衆議院で可決し、参議院でこれと異なった議決をした法律案は、衆議院で出席議員の3分の2以上の多数で再び可決したときは、法律となる（59条2項）。衆議院は、両院協議会を開くことを求めることができ（3項）、その成案が両院で可決されたとき法律となる。また、参議院が、衆議院の可決した法律案を受け取った後、国会会期中の期間を除いて60日以内に議決しないときは、衆議院は、参議院がその法律案を否決したものとみなすことができる（4項）。②予算の議決では、衆議院が先議し（60条1項）、参議院で衆議院と異なった議決をした場合、両院協議会を開いても意見が一致しないとき、または参議院が、衆議院の可決した予算を受け取った後、国会休会中の期間を除いて30日以内に参議院が議決しないときは、衆議院の議決が国会の議決となる（60条2項）。③条約の承認の議決に関しても予算の議決規定が準用される（61条）。④内閣総理大臣の指名の議決では、衆議院と参議院が異なった指名の議決をした場合、両院協議会を開いても両議院の意見が一致せず、または衆議院が指名の議決をした後、国会休会中の期間を除いて10日以内に、参議院が指名の議決をしないときは、衆議院の議決が国会の議決となる（67条2項）などがある。

[157] **国会の活動** 国会が活動能力を有する一定期間を会期という。会期は天皇の召集の日に始まり、閉会の日まで存続するが、国会の意思は会期ごとに独立したものと考えられている。したがって、一会期中に審議に至らない案件は、原則として、後会に継続しない（国会法68条）とされ、会期中に議決されなかった案件は廃案となる。国会法がこの会期不継続の原則を採用しているのは戦前からの慣行によるもので、憲法は明示していない。会期には召集方法および時期により3種類ある。①「常会（通常国会）」は、毎年1回1月中に召集され（52条、国会法

2条)、会期は150日とし(国会法10条)、延長は1回とされる(同法12条)。会期延長については、両議院の議決が一致しないとき、参議院が議決しないときは、衆議院の議決が優越する(同法13条)。②「臨時会」は、臨時の必要に応じて、内閣が召集を決定することができる(53条)。いずれかの議院の総議員の4分の1以上の要求があれば、内閣が召集を決定しなければならない(53条、国会法3条)。また、衆議院議員の任期満了による総選挙または参議院議員の通常選挙が行われたとき、その任期が始まる日から30日以内に召集される(国会法2条の3)。臨時会の会期は、両議院一致の議決で定め(同法11条)、一致しない場合は衆議院の議決が優越する(同法13条)。③「特別会」は、衆議院が解散されると、その解散の日から40日以内に総選挙が行われ、総選挙の日から30日以内に召集される(54条1項)。特別会は、臨時会と同様に2回まで会期を延長できる(国会法12条)。

　第一に、「国会の召集と閉会」については、召集は内閣の助言と承認により天皇が行い(7条2号)、会期が始まる。会期中に一時その活動を休止する休会は、両議院一致の議決を必要とし(国会法15条1項)、また、休会中の緊急事態の場合、議長がその必要を認めたとき、または総議員の4分の1の議員の要求があったとき会議を開くことができる(同法15条2項)。各議院は10日以内にその院の休会を決議することができる(同法15条4項)。国会は会期の終了により閉会となるが、会期中に衆議院が解散されたときは、参議院も同時に閉会となる(54条2項)。

　第二に、「衆議院の解散」は、衆議院議員の任期満了前に、議員の身分を失わせ(45条ただし書)、国会の活動を終了させるものである。解散による衆議院議員総選挙後の特別会の召集があったときは、内閣は総辞職しなければならず(70条)、総選挙によって示された国民の意思に基づいた新たな内閣が組織される。解散に関わる規定は、天皇の国事行為(7条3号)、内閣不信任の決議の可決または信任の決議の否決の場合(69条)の2か条のみである。憲法がいかなる場合に行いうるかを明示していないため、その法的根拠はどこにあるのかが問題となる。学

説は、69条説、7条説（3号の解散は天皇の国事行為であり、実質的解散決定権は、国事行為に助言と承認を行う内閣にある）などに分かれるが、判例（苫米地事件・最大判昭和35年6月8日民集14巻7号1206頁）は内閣による自主解散を認めており、実際の運用では、7条に基づいて、内閣は政治的裁量で解散の時期と場合を決定している。

　第三に、「議事手続」については、①議事を開いて、議決をするために必要な出席者数である「定足数」は、両議院の各々の総議員の3分の1以上の出席がなければならない（56条1項）。総議員の意味については、法定議員数（法律で定められた議員数）と現在議員数（現に任にある議員数）があるが、通説は法定議員数によっている。②「表決数」については、両議院の議事は、この憲法に特別の定めのある場合を除いて、出席議員の過半数でこれを決し、可否同数の場合は、議長の決するところとする（56条2項）。棄権者、無効票、白票については、学説および先例は参入説をとり出席議員の中に含めている。「議決」は、出席議員の過半数という多数決の原則をとっているが、この例外は、「出席議員」の3分の2以上という特別多数を求めているものがある。資格争訟の裁判（55条ただし書）、秘密会（57条1項ただし書）、懲罰（58条2項ただし書）、衆議院での法律案の再可決（59条2項）がある。また、特別多数を要する場合でも、各議院の「総議員」の3分の2とする憲法改正の発議（96条1項）がある。③両議院の「会議は公開」とする（57条1項）。公開の原則は議会制民主主義の要求するところであるが、例外としては秘密会（1項ただし書）などがある。

　第四に、「大臣の議院出席」については、内閣総理大臣その他の国務大臣は、両議院の一つに議席を有すると否とにかかわらず、何時でも議案について発言するため、議院に出席することができる。また、答弁または説明のため出席を求められたときは、出席しなければならない（63条）。内閣は議案を提出し、行政権行使について国会に対し責任を負い、国会は内閣の監視など大臣の答弁、説明を求める必要があるため、大臣の議院出席の権利と義務を定めたものである。

[158] **国会議員の地位と権能**　国会議員の身分は選挙で当選することによって取得する（43条1項）が、その身分を失うのは次の場合である。①「任期の満了」である（45条・46条）。②任期満了前に「衆議院の解散」があった場合は、衆議院の全議員の身分は、解散と同時に失う（45条ただし書）。③議員の「資格争訟裁判」で、両議院は、各々その議員の資格に関する争訟を裁判するが、出席議員の3分の2以上の多数による議決を必要とし、それによって身分を失う（55条、国会法111条以下）。④「除名の議決」で、両議院は、各々院内の秩序を乱した議員を懲罰することができ、議員の資格を奪う除名の場合は、出席議員の3分の2以上の多数による議決を必要とする（58条2項、国会法121条以下）。⑤議員が「他の議院の議員」になったとき（48条、国会法108条）、法律に定める被選挙資格を失ったとき（同法109条）、退職者となる。⑥議院の許可を得て「辞職」することができる（同法107条）。⑦裁判所の判決により、「選挙または当選無効」となったとき（公職選挙法204条以下）、また、当選人または選挙運動総括主宰者などが一定の選挙犯罪により刑に処せられたとき（同法251条以下）は、退任するなどである。

第一に、議員は、議院の構成員として議院の活動に参加するため、次の「権能」を有している。①「議案の発議権・動議提出権」（国会法56条・57条など）、②「質問権（一般質問と緊急質問）」（同法74条以下）、③「質疑権・討論権・評決権」（衆議院規則118条、参議院規則108条・113条）がある。なお、表決権を自由に行使できることは憲法で規定されている（51条）。

第二に、議員は、全国民の代表者として他から圧力を受けることなく、自由に活動して自らの職責を果たすために、次のような特権が与えられている。①「不逮捕特権」は、会期中の議員の身体の自由を保障し、他の機関からの干渉を排除することにある。両議院の議員は、法律の定める場合を除いては、国会の会期中逮捕されず、会期前に逮捕された議員は、その議院の要求があれば、会期中これを釈放しなければならない（50条）。不逮捕特権には会期中の訴追を禁じたものでは

ないので、不起訴特権は含まれない。②「免責特権」は、議員の職務遂行をより確実にするために、議院内での言論の自由を保障することにある。両議院の議員は、議院で行った演説、討論または表決について、院外で責任を問われることはない (51条)。免責の効果は、院外での法的責任である民事責任・刑事責任・懲戒の責任を負わないことであり、院外の政治的責任の追及や院内における発言などが秩序をみだす場合の懲罰 (58条2項) はこの限りでない。③「歳費を受ける権利」については、議員は、法律の定めるところにより、国庫から相当額の歳費を受ける (49条)。

[159] **国会および議院の権能**　「国会の権能」として立法権 (59条)、憲法改正の発議権 (96条)、条約承認権 (61条・73条3号)、内閣総理大臣の指名権 (67条)、財政に関する権限 (60条・83条など)、弾劾裁判所設置権 (64条) などが挙げられる。

　第一に、「立法権」については、法律案は、この憲法に特別の定めのある場合を除き両議院で可決したとき法律となる (59条1項)。法律案は、議員によって発議される (国会法56条) ほか、内閣も提出できる (内閣法5条)。法律案は、両議院で可決されて法律となるが、憲法上は若干の例外がある。①衆議院における法律案の再議決 (59条)、②参議院の緊急集会においてとられた措置 (54条2項・3項)、③その地方の住民投票で過半数の同意を必要とする特定の地方公共団体のみに適用される特別法 (95条) がある。国会の議決で成立した法律は、主任の国務大臣が署名し、内閣総理大臣が連署して (74条)、内閣の助言と承認により、天皇が公布する (7条1号)。

　第二に、「憲法改正の発議権」で、憲法改正は、各議院の総議員の3分の2以上の賛成で、国会が発議し、国民に提案してその承認を必要とする (96条)。国会の発議の中に内閣の憲法改正案の提出が含まれるのかについて学説は対立している。

　第三に、「条約承認権」については、条約の締結は、内閣の権限に属するが、事前に、または時宜によっては事後に、国会の承認を経なけ

ればならず (73条3号)、国会の承認は衆議院の優越が認められる (61条)。事後承認を得られなかった条約については、学説は有効説、無効説、条件付無効説があるが、無効説が多数説といえる。

　第四に、「財政に関する権限」については、83条は、国の財政を処理する権限は国会の議決に基いて行使しなければならないとし、財政民主主義の原則を示している。84条の租税法律主義をはじめとして、国会が課税、予算、支出などの財政に関する基本的な決定権を有している。この予算を作成して、提出するのは内閣であり (73条5号・86条)、予算の議決に関しては衆議院の優越が認められている (60条)。

　第五に、「内閣総理大臣の指名権」については、67条1項は、議院内閣制度の基本原則を明文で示し、内閣総理大臣は国会議員の中から国会の議決によって指名されるとし、衆議院の優越が認められている。内閣総理大臣は、「国会議員」であり、「文民」でなければならないが (66条2項)、指名されるときに国会議員であるだけでなく、在職の要件でもある。衆議院・参議院いずれの議員でもよいとされているが、憲法施行後、すべて衆議院議員から指名されている。

　第六に、「弾劾裁判所設置権」については、国会は、罷免の訴追を受けた裁判官を裁判するため、両議院の議員で組織する弾劾裁判所を設ける (64条1項、国会法125条)。裁判官は、その職務遂行上、十分な身分保障がなされているが、国民代表機関としての国会による公の弾劾制度を認めている。

　国会の権能、たとえば立法権は両議院がその権能を分有しているが、各議院が単独で有する権能がある。

　第一に、「議院の自律権」は、他の国家機関、議院の干渉を受けず、各議院の内部組織・運営を自主的に決定する権能である。役員の選任権 (58条1項)、議員の釈放要求権・逮捕許諾権 (50条、国会法33条)、議員の資格争訟の裁判権 (55条)、議員の懲罰権 (58条2項) がある。

　第二に、「国政調査権」については、両議院は、各々国政に関する調査を行い、これに関して、証人の出頭および証言ならびに記録の提出

を要求することができる (62条)。国会は、立法その他の権限行使に必要な情報などを確保するために、調査権限を与えられている。国政調査権の性質については、「独立権能説」(国政全般にわたる統括作用を行うための独立の権能であり、調査の範囲は一切の国家作用に及ぶ) と「補助的権能説」(法律案や予算の審議・議決など、憲法上、各議院に与えられている権能を効果的に行使するための補助的手段である) があるが、通説は後者である。調査権は国政全般に及ぶとしても、特に司法権の独立を侵すようなことは許されず、調査権の範囲にも自ら限界がある。具体的には、係属中の特定の裁判事件や検察権との並行調査が問題となる。調査の強制の方法については「議院における証人の宣誓及び証言等に関する法律」(議院証言法) がある。

第三に、衆議院のみの「内閣不信任の議決」については、衆議院は内閣不信任の決議案を可決し、または信任の議決案を否決することができる (69条)。総辞職か衆議院解散かの選択を内閣に迫るもので、内閣の責任を追及する強力な手段である。また、参議院は衆議院の解散と同時に閉会となるが、内閣は、国に緊急の必要があるときは、「参議院の緊急集会」を求めることができる (54条2項)。集会を求める権限は内閣のみにある。参議院は、緊急の必要を満たすものに限って、法律案、予算案の議決など国会の権能の範囲で、あらゆる措置をとることができる。国会の権能を一院のみで代行するという機能を果たすため、緊急集会でとられた措置は臨時のものであって、次の国会開会の後10日以内に、衆議院の同意がない場合には、その効力を失う (54条3項) が、その効力は過去に遡ることはない。

8. 内　　閣

[160]　**議院内閣制**　　日本国憲法は議院内閣制を採用しており、次のような諸規定に具体化されている。①内閣は衆議院で不信任の決議案を可決し、または信任の決議案を否決したときは、10日以内に衆議院が解

散されない限り、総辞職しなければならない（69条）。②内閣は、行政権の行使について国会に対して連帯して責任を負う（66条3項）。③内閣総理大臣およびその他の国務大臣は、議席の有無にかかわらず、何時でも議案について発言するために議院に出席し、答弁または説明のために出席を求められれば、出席しなければならない（63条）。④内閣総理大臣は、国会議員の中から国会の議決で、これを指名する（67条）。⑤国務大臣の過半数は、国会議員の中から選ばなければならない（68条1項）。⑥内閣総理大臣が欠けたとき、または衆議院議員総選挙後に初めて国会の召集があったとき、内閣は総辞職しなければならない（70条）。このように、内閣の存立の基盤を国会の信任に依存し、国会に対して連帯責任を負う（［140］権力分立参照）。

[161]　**内閣の地位**　「行政権」は内閣に属する（65条）。行政は立法作用、司法作用と並ぶ国家作用の一つであるが、行政の内容を当然に定義できるものでもない。そこで、「行政」の意味を積極的に定義しようとする試み（積極説）もあるが、国家作用から比較的定義しやすい立法と司法を除いた残余のものが行政と定義されることが多い（消極説）。

　　行政権の帰属主体である内閣は、すべての行政権を行使するよう求められるのではない。内閣の下に、その指揮監督に服して各所掌事務と権限を与えられた行政機関があり、内閣は行政権の最高機関として、行政権行使について最終的責任を国会に対して負っている。また、内閣は、天皇の国事行為について「助言と承認」を与える機関としての地位も有している。

[162]　**内閣の組織**　内閣は、法律の定めるところにより、その首長たる内閣総理大臣およびその他の国務大臣でこれを組織する（66条1項）。その詳細については内閣法が定められている。総理大臣とともに内閣を構成する国務大臣の数は14人以内とし、特別に必要がある場合は17人以内である（内閣法2条2項）。各大臣は、主任の大臣として各省の長として行政事務を分担管理する。内閣の重要政策に関する内閣の事務を助けることを任務とした内閣府が、内閣府設置法により設置され

ている。
　第一に、行政権が合議体としての内閣に帰属しているため、内閣総理大臣および国務大臣が任命されることにより、内閣は成立する。総辞職後の内閣は引き続きその職務を行うが（71条）、内閣が総辞職したときは、国会は他のすべての案件に先立って、国会の議決により内閣総理大臣を指名しなければならない（67条1項）。この国会の指名は、両院が同一人物を指名する議決によって成立する（異なった議決の場合は［156］国会の組織参照）。国会の指名があると、衆議院議長より内閣を経由して天皇に奏上される（国会法65条2項）。国会の指名により、内閣は助言と承認を与え、天皇が内閣総理大臣を任命する（6条1項）。内閣総理大臣の任命によって、前内閣は職務を退く。
　第二に、「内閣構成員の資格」として、憲法は二つの要件を定めている。内閣総理大臣および国務大臣は、文民であること（66条2項）、内閣総理大臣は国会議員であって（67条1項）、国務大臣の過半数は国会議員であること（68条条1項ただし書）である。内閣総理大臣の場合は、選任要件であると同時に在職要件でもある。文民統制（Civilian Control）は、軍人でない者が軍隊を統制することにより、その独走を防止するためのものである。自衛官については、学説の多数は、過去および現在も「文民」ではないとしている。
　第三に、「内閣総理大臣の地位と権限」については、内閣総理大臣は、内閣の首長（66条1項）であり、他の国務大臣の上位に位置して内閣の一体性を確保するため全体を統率する各種の権限が与えられている。国務大臣の任免と罷免（68条）、内閣を代表して国会への議案提出、一般国務および外交関係についての国会報告、行政各部の指揮監督（72条）、法律、政令への連署（74条）、国務大臣の訴追の同意（75条）などが挙げられる。その他、法律によって内閣総理大臣に特別の権限が与えられている。

　　＊　**内閣総理大臣の指揮監督権**　ロッキード（丸紅ルート）事件で、最高裁は、内閣総理大臣の職務権限について、閣議にかけて決定した方針がな

くても「内閣総理大臣は、少なくとも、内閣の明示の意思に反しない限り、行政各部に対し、随時、その所掌事務について一定の方向で処理するよう指導、助言等の指示を与える権限を有する」とし、内閣総理大臣の運輸大臣への働きかけはその職務権限に属するとした。(最大判平成7年2月22日刑集49巻2号1頁)。

第四に、「国務大臣の地位と権限」については、国務大臣は内閣総理大臣によって任命され (68条1項)、天皇が認証する (7条5号)。国務大臣は、議案について発言するために両議院に出席すること (63条前段)、法律および政令の署名 (74条)、案件の如何を問わず内閣総理大臣に提出して、閣議を求めることができる (内閣法4条3項)。

第五に、「内閣の総辞職」は、衆議院で内閣の不信任決議の可決または信任決議の否決があったとき (69条)、内閣総理大臣が欠けたとき、衆議院選挙後に初めて国会の召集があったとき (70条) のほか、内閣が任意に総辞職する場合がある。総辞職した内閣は、新たな総理大臣が任命されるまでは引き続きその職務を行う。

[163] **内閣の権能と責任**　一般行政事務は内閣の権限に属するが、73条は七つの事務を挙げ、その他に憲法に定める職権を行う (内閣法1条)。内閣は閣議により職権を行い (同法4条1項)、閣議の議決は全員一致の方法がとられている。

第一に、73条では、法律の誠実な執行と国務の総理 (73条1号)、外交関係の処理 (2号)、条約の締結 (3号)、官吏に関する事務の掌理 (4号)、予算の作成 (5号)、政令の制定 (6号)、恩赦の決定 (7号) を挙げている。その中でも①「政令の制定」については、内閣は憲法および法律を実施するために、政令を制定する。この場合、憲法を実施するために法律を制定し、法律を実施するために政令を制定できるのであり、国会が唯一の立法機関としていることから、憲法を実施するために直接政令を制定することはできない。命令は、法律の委任の有無から法律を実施するための執行命令と委任命令に区別される。法律を実施するための細則を定める執行命令は、憲法上認められている (73条6号)

が、法律の個別的授権に基づいて、行政機関が国民の権利義務について定めることがある。法律が自ら規定すべき事項を委任するという委任命令を制定できる根拠については、憲法は正面から認めているわけではないが、6号ただし書は「法律の委任がある場合を除いては、罰則を設けることができない」と定めており、法律の委任を前提としていると解されている。委任命令の代表的な例が、国家公務員法102条に基づく「政治的行為」の制限を列挙した「人事院規則14-7」で、委任立法の限界が論点の一つとなった事例がある（猿払事件・最大判昭和49年11月6日刑集28巻9号393頁）。政令は、法律同様にすべての主任の国務大臣が署名、内閣総理大臣が連署し（74条）、天皇により公布される（7条1号）②「恩赦」は大赦、特赦、減刑、刑の執行の免除、復権の総称である。その決定権を内閣に与え、天皇はそれを認証するのみである（7条6号）。「大赦」は政令で罪の種類を定めたもの（恩赦法2条）で、有罪の言渡しを受けた者についてはその言渡しは効力を失い、有罪の言渡しを受けない者については公訴権が消滅する（同法3条）。「特赦」は有罪の言渡しを受けた特定の者に対して行われ（同法4条）、有罪の言渡しの効力を失う（同法5条）。③「その他の権限」には、内閣は、天皇の国事行為に関して助言と承認を行い（3条・7条）、最高裁判所長官の指名（6条2項）、最高裁判所長官以外の裁判官および下級裁判所の裁判官の任命（79条1項・80条1項）、衆議院解散の決定（69条・7条3号）、国会への議案提出と一般国務・外交関係の報告（72条）、国会の臨時会の召集決定（53条）、参議院の緊急集会の請求（54条2項）、予備費の支出（87条）、決算の国会提出（90条1項）、国会および国民に対する財政状況の報告（91条）などが挙げられる。

　第二に、「内閣の責任」について、66条3項は、内閣は行政権行使について国会に対して連帯して責任を負うと定めており、それは議院内閣制の基本原理でもある。内閣の責任の原因・内容などについて憲法は明示していないが、国会に対する「責任」は、法的責任ではなく、政治責任であると解されている。衆議院の内閣不信任案が可決された

ときは、衆議院が内閣に総辞職か衆議院の解散かを迫るため、総辞職は最も重い責任のとり方といえる。

【参考文献】
・芦部信喜『憲法（第6版）岩波書店・2015年
・浦部法穂『憲法学教室（全訂第3版)』日本評論社・2016年
・杉原泰雄『人権の歴史』岩波書店・1992年
・高橋和之『立憲主義と日本国憲法（第3版)』有斐閣・2013年
・辻村みよ子『憲法（第5版)』日本評論社・2016年

第5編　法の解釈

第1章　法の解釈の意味

1. 法の適用過程としての法的三段論法

[164]　**裁判による紛争解決と法的三段論法**　われわれの日常生活にはつきものである、もめごとが当事者間では解決ができない場合や、殺人事件などのように、個人的な問題として加害者が謝罪したりするだけでは済まされない場合に、近代国家では、裁判所が設けられ、そこで当事者間の話し合いでは折り合いのつかないような紛争の解決にあたることになっている。

　近代国家における裁判で紛争（事件）が解決される場合、紛争に対する決定に理由が付されることが必要であり、それは紛争（事件）に対して法を適用するという体裁で行われる。そして、法の適用とは、一般的・抽象的な法規範を大前提とし、裁判官によって認定された具体的事実を小前提として、前者（法規範）を後者（具体的事実）に当てはめて、結論としての判決を導き出す過程と理解されている。このことから、「法的三段論法」または「判決三段論法」と呼ばれている。

[165]　**意味としての法規範とその表現形象としての法文**　法的三段論法における大前提に据えられる法規範がどのようなものであるかという「法源」の問題に関して、第2編「法の形式」第1章「国家機関が制定する法」で説明されている。そこで説明されているように、わが国で

は制定法主義が第一次的法源として採用されていることから、本章で法の解釈の問題を考える際に、制定法を中心に考えてみることにする。ところで、法源として制定法を選択した場合でも、法規範と制定法に定められた条文（以下、法文と言う）とは同じものではないと考えられている。法文は法規範が文章によって表現されたものであり、法規範は法文を解釈によって構成された意味として理解されている。したがって、法文の意味が法規範であり、法規範の表現形象が法文であるので、法規範と法文は存在のレベルを異にしている。ただし、法文の意味が明らかな場合には、法文と法規範は同じものであるかのように見えるのである。

2．法的三段論法における法の解釈と事実の認定

[166] 〈要件＝効果〉図式としての法文の構造　法文の多くは、一定の事態、すなわち「法律要件」を規定する部分とそれに対する「法律効果」を規定する部分とに分かれている。そして、法文は、「A という事実があれば、B という法律効果が生ずべし」という条件プログラムの形式で、一定の要件事実に対して一定の法律効果が帰属されるべきことを指図するルールの構造を有している。たとえば、刑法 199 条を例に挙げると、「人を殺した者は死刑又は無期若しくは 5 年以上の懲役に処する」という規定において、「人を殺した者」が法律要件の部分であり、それに対して「死刑又は無期若しくは 5 年以上の懲役に処する」が法律効果の部分である。

[167] 法の適用過程に表われる法の解釈と事実の認定　法の適用過程においては、問題となる事案が法律要件に規定されている事態に当てはまるかどうかを判定することが必要となる。そして、その判定の前提として、一方で、法律要件に規定されている事態がどのような事態であるかを明確にすることが必要となり、これがいわゆる法文の意味内容を明らかにするという「法の解釈」の問題であり、他方で、法文に

当てはめられる事実がどのような事実であるかを認定しなければならず、これが「事実の認定」の問題である。ところで、実際の法規範の適用過程においては、数ある法文の中からどの法文が大前提として選択されるのか、さらには、選択された法文の意味内容を明らかにすることと小前提に置かれる事実を認定することとは、まったく別個に行われているわけではなく、実際には両者の間では不断の複雑な相互的なフィード・バックが為されていると考えられている。

第2章 法の解釈の必要性

1. 理論面からの考察

[168] **法文の性質の問題**　なぜ法文を解釈しなければならないかという法の解釈の必要性の問題は、解釈の対象となる法文の性質に関わっている。というのも、法の解釈とは法文の意味内容を明らかにするということであった。それゆえ、解釈の対象となる法文の意味内容が明晰であるならば、解釈をする必要がなくなるからである。したがって、解釈の対象である法文が明晰ではなく、曖昧であることに法を解釈する必要性が生じるのである。更なる問題は、法文が曖昧であることはどこに基因しているかということである。その点を考えてみることにする。

[169] **法文の一般性・抽象性**　第一に、法文の一般性・抽象性が挙げられる。立法者は実際に起こりうる様々な事態（事件）を予想し、それに対応する法文を定立しようとするが、立法者にとって将来の事態の予測は必ずしも容易なものではない。仮に事態を予測することができたとしても、その事態の個別性に応じた様々な規定を設けなければなら

ず、それは立法技術的にも困難であるだけではなく、予測にもれた事態に対処することができなくなるという欠点が生まれる。そこで立法政策的な配慮によって、その予測にもれた事態にも柔軟に対処できるように、法文を一般的・抽象的表現で定立することになる。

　たとえば、殺人事件を例に挙げると、将来に起こりうる殺人事件を予想して、犯人の犯行動機、使用された凶器などの様々な事態に応じて、それぞれの殺人罪の規定を作るとするならば、それぞれの事件に備わっている個別性に適合した具体的に妥当な対処ができるかもしれない。しかし、これでは殺人罪の規定だけでも無数になり、しかも繁雑であるばかりでなく、予想しえなかった新しい凶器を使った事件が起きた場合には、もはや対処することができなくなってしまう。そこで、いかなる類型の殺人事件が起きたとしても、これに対処できるようにするために、これらの類型を包括する一般的・抽象的な法文が作られるのである。したがって、法文に大なり小なり一般的・抽象的な文言が使用される限り、法文を適用する際には、具体的事案が法文の想定している事態に当てはまりうるかどうかを判定できる程度に、一般的・抽象的な法文を具体化する作業、つまり法の解釈が必要となる。

　ここまでは、ある程度具体性を備えた法文でも法の解釈が必要であることを説明したのであるが、法文の中には、わいせつ罪（刑法174条以下の規定）の「わいせつ」という文言のように、具体性や明確性をもたない不確定な文言もまた存在している。さらに、立法政策的な配慮から、規制対象である現実の事態の変化が予想され、しかもどのように変化するかを予測することができない場合には、たとえば、憲法に規定されている「公共の福祉」（憲法12条ほか、民法1条など）とか、民法に規定されている「信義誠実」（民法1条）や「公序良俗」（民法90条）のように極めて抽象的概念を用いることで、法文の内容を空白にし、それを実質的に埋める作業を解釈者に委ねてしまう処置が採られている。これらの法文は「白地規定」または「一般条項」・「概括規定」と呼ばれている。これらの文言がいかなる意味内容を持つのかは、法の解釈

によって明確にされる必要がある。

[170] **法文の欠缺**　第二に、裁判官が具体的事件を処理しようとする場合に、当該事件を処理するための適切な法文が存在していない場合がある。このような状況を「法文の欠缺（不存在）」と呼んでいる。もっとも、刑事事件の場合には、道徳の観点からすればどんなに許し難い行為であったとしても、それに適用されるべき刑罰法規があらかじめ存在していない場合には、「罪刑法定主義」の建前から裁判官は無罪の判決を下さなければならない。したがって、刑事事件においては法文の欠缺の問題は生じようがない。それに対して、民事事件の場合には、裁判官は、裁判所に紛争が申し立てられたならば、法文の欠缺の場合でも、その紛争に対して何らかの解決を与えなければならない。というのも、紛争に対して何らかの解決を与えない限り、当事者間の紛争は将来にわたって、永久に存在し続けることになってしまうからである。それゆえ、民事事件においては、裁判官は何らかの解決を図らなければならないのであるが、その場合に、裁判による解決は、法規範から導き出されていなければならない、という近代に特有な要請（「法による裁判」）が求められているのである。したがって、法による裁判の要請から法文の欠缺を埋めるという作業、いわゆる法の解釈が必要とされるのである。

[171] **法規範の修正**　第三に、具体的事件に対して適用されるべき法文の存在は認められるが、その法文をその文言の通常の意味通りに適用してしまうと、その法文が制定された当時の社会状況の変化によってその法文の内容が新たな事態に適合しなくなっており、不当な結果が生じてしまう場合がありうる。その場合に、不当な結果を避けるためにも、法文の通常の意味内容を修正するという法の解釈が必要とされるのである。たとえば、民法13条では、被保佐人を保護する趣旨から保佐人の同意なしには行うことができない一定の重要な財産行為が限定列挙されており、もしこれらの財産行為が保佐人の同意なしに為された場合には取消すことができる、と規定されている。しかしながら、

これらの限定列挙は現在の経済状態からみると不十分であると考えられるので、民法13条2号に規定されている「借財」を、消費貸借による金銭の借入だけでなく、社会観念上これに準ずべきものを含む広い意味に解釈し、消費寄託（民法666条）、立替金債務負担契約・約定金もしくは違約金の支払契約などによる金銭債務を負担する行為もすべて含まれるとして、文言通りの解釈を修正する解釈が行われている。

2. 実践面からの考察

現実に生じる事件はさまざまである。そのさまざまな事態に対してそれが適法であるか、違法であるかを判断するためには、その判断基準としての法規範が明確に画定されていなければならない。たとえば、ある生命体「X」に対し故意に危害を加え、生を剥奪してしまった場合、ある生命体「X」が、「胎児」であるのか、それとも「人」であるのか、あるいは、既に「死体」であったのかは、その生命体「X」に危害を及ぼした者にとっては重要な問題であろう。というのも、その生命体「X」がもし「胎児」であれば、「女子の嘱託を受けないで、……堕胎させた者」として刑法215条の不同意堕胎罪が、また、その生命体「X」がもし「人」であれば、「人を殺した者」として刑法199条の殺人罪が、あるいは、その生命体「X」がすでに「死体」であれば、「死体……を損壊……した者」として刑法190条の死体損壊罪がそれぞれ適用されるからであろう。このように、問題となるそれぞれの客体に応じて、法定刑が異なっていることから、危害を及ぼした者にとっては自分がどのような犯罪行為に当てはまり、それに応じてどのような法定刑が科されるかは極めて重要な関心事となるであろう。このような場合には、出生過程にある生命体「X」がどの時点で「胎児」から「人」とされるのか、さらに、生死の境にある生命体「X」が「人」から「死体」とされるのはどの時点であるのかを確定する作業、すなわち法の解釈が必要となるのである。

第3章　法解釈の方法

1. 言葉の成り立ち（概念論）

[172]　**概念論の整理**　法の解釈とは法文（制定法で使われている言葉）を解釈するものであるから、言葉がどのように成り立っているかを理解することは法の解釈を理解するうえでも役立つであろう。そこで、伝統的形式論理学における概念論を簡単に整理しておこう。

[173]　**概念における内包と外延、それらの関係**　われわれは言葉を用いて自分の思考内容や思想を表したり、それを他人に伝えたりしている。この思考内容が概念と呼ばれ、そしてそれを表現するために何らかの符号が必要とされ、それを「名辞」と呼んでいる。ところで、言葉によって表現される概念は「内包」と「外延」という二つの側面をもっている。内包とは概念が有する種々の共通性質であり、外延とはその概念が指示する事物の全範囲であるとされている。たとえば、「三角形」という概念について言えば、その内包は「三つの直線で囲まれている」という三角形の有する共通の性質であり、その外延は「正三角形」、「二等辺三角形」、「直角三角形」等々を含む任意の三角形である。また、「時計」という概念についていえば、「時刻を示し、または時間を計測する器機」がその内包を表しており、「日時計」、「水時計」、「砂時計」、「原子時計」などはその外延を指示している。次に、概念の内包と外延の関係を見てみよう。たとえば、概念の意味するところ、いわゆる内包の属性が多くなればなるほど、その概念の適用される範囲、いわゆる外延は逆に狭くなり、限定されることになる。このような関係から、「概念の内包が増大するにつれて、その外延は減少し、逆に外延が増大

すると、その内包は減少する」と説明される。

[174] **法文における概念の内包と外延との関係**　さて、法文の解釈を例にして概念の内包と外延との関係を見ることにする。たとえば、わが国の旧刑法366条には「人の所有物を窃取した者は窃盗の罪と為し、2月以上4年以下の重禁錮に処す」という規定があった。そして電気を盗用した場合に旧刑法366条が適用されるかが問題になった。所有物における「物」という概念の日常的な使い方での内包を考えると、それは「物質すなわち有体物（気体を含めて）」が考えられ、この内包に対応する外延としては「机」であったり、「車」であったりするであろう。このように考えると、電気というエネルギーは、物質性を有するわけではないので、「物」の外延からは除外されてしまうことになり、電気を盗用した者は旧刑法366条に該当しないことになる。しかしながら、大審院の判決では「物」の内包を「物質すなわち有体物」に代えて、「可動性および管理可能性」という内包を与えて、電気というエネルギーを「物」の外延の中に組み込み（大判明治36年5月21日刑録9輯874頁）、電気を盗用した者は旧刑法366条に該当することになったのである。このように、言葉の内包を定義し、それが適用される外延を確定する作業が法の解釈であるとも言えるのである。

2．法の解釈の方法

[175] **法解釈の出発点としての文理解釈**　「文理解釈」とは、法文を解釈する際に、それをわれわれが用いている日常的な意味および用法に従って説明することをいう。たとえば、刑法261条の器物損壊罪に規定されている「損壊」を、「バラバラにする」とか「粉々にする」という行為を念頭に置いて「物質的形態を変更する行為」と説明することである。法文を解釈する上で、この文理解釈が解釈の基礎となり、また出発点とされている。というのは、法文は人々の行為規範として機能しており、違反に対しては制裁が科されるものだからである。

[176]　**文理解釈を修正する解釈の技法**　　文理解釈によって説明された法規範を具体的事実に当てはめて、導き出された結果が不当と感じられた場合には、その文理解釈によって説明された法規範が修正される。それらの解釈技法には次のような拡張解釈・縮小解釈、反対解釈・勿論解釈・類推適用がある。

　　a　拡張解釈と縮小解釈　　文理解釈によって得られた通常の意味より広い意味を付与する解釈が「拡張解釈」であり、それよりも狭い意味を付与する解釈が「縮小解釈」である。

　拡張解釈の例としては、先ほどの刑法261条の器物損壊罪を例に出して説明すると、食器を物理的には壊さずに、それに放尿した者は、文理解釈によると食器の物理的形態を変更してはいないので、器物損壊に当てはまらないことになってしまう。そこで、文理解釈によるその帰結を不当と感じるならば、文理解釈を修正して、器物の損壊を物質的に器物の形態を変更・滅尽する場合に限らず、器物の本来の効用を失わせるすべての行為を含むと解釈して、食器に放尿した者を器物損壊に当てはまるとするのである（大判明治42年4月16日刑録15輯452頁）。

　また、縮小解釈の例としては、民法754条は「夫婦間でした契約は、婚姻中、いつでも、夫婦の一方からこれを取り消すことができる」と規定している。文理解釈によれば、すでに破綻している夫婦関係にある一方の当事者といえども、離婚していなければ、形式的には「婚姻中」と解され、その者から夫婦間の契約を取り消すことができるという結論になってしまう。しかし、夫婦関係がすでに破綻している場合にもその契約を取り消すことができるとする結論に対して不当であると感じた場合には、「婚姻中」を「単に形式的に婚姻が継続していることではなく、形式的にも、実質的にもそれが継続していることをいうもの」と制限して解釈し、夫が妻に対し夫婦間の契約を取消す意思表示をしたのは、夫婦関係がすでに破綻したのちであることから、「婚姻中」には当たらないと判断するのである（最判昭和42年2月2日民集21

巻1号88頁)。

　　b　反対解釈と勿論(もちろん)解釈　　ある事態について規定している法文が存在している場合に、その事態以外には適用されないとする解釈が「反対解釈」であり、それに対して、ある事態について規定された法文は存在するが、他の事態について規定された法文が存在していない場合に、量や程度の大小の比較に基づいて、前者の法文が後者(他の事態)についても適用されるとする解釈が「勿論解釈」である。

　反対解釈の例としては、「時効の利益は、あらかじめ放棄することができない」(民法146条)という法文から、時効完成後の利益の放棄は有効である、とする解釈が反対解釈である。

　勿論解釈の例としては、民法で、「成年被後見人が婚姻をするには、その成年後見人の同意を要しない」(民法738条)と規定されているが、被保佐人の婚姻については何ら規定されていない。そこで、成年被後見人でさえ成年後見人の同意を必要としないで自分の意思だけで婚姻をすることができるのであるから、成年被後見人よりも精神上の障害の程度が軽い被保佐人の婚姻についても、「当然に」保佐人の同意を必要としない、と解釈するのが勿論解釈である。

　　c　類推適用　　ある事態について規定している法文(単数の場合もあれば、複数の場合もある)を一般化することによって新しい規範を作り、それを、その法文が直接規定している事案と重要な点で類似している事案に適用し、これと同じ法的効果を認めようとする操作が「類推適用」である。それゆえ、先ほどの勿論解釈は類推適用の一亜種と考えられている。

　類推適用の例として挙げられるのが、民法94条「通謀虚偽表示」の事例である。民法94条は、債務者甲が債権者からの執行を免れるために相手方乙と通謀して不動産の名義を甲から乙へ移したような場合に、この法律行為を無効と規定しているが(同条1項)、乙からそのことを知らないでその不動産を譲り受けた第三者丙の不動産取引の安全を保護するために、同条2項は、相手方と通じてした虚偽の意思表示の無

効は善意の第三者に対抗できない、と規定して、丙の不動産取引を保護している。ところで、AがBからその所有する土地を購入したが、自己に移転登記をせずに、勝手に身内のCに移転登記をしてしまったところ、Cはこのことに気づき、これを幸いにその土地をDに売却し、移転登記も済ませてしまったとする。本来ならば、民法94条の規定は、AC間に前述のような通謀があるときにだけ適用されるので、AC間に通謀がない場合には、民法94条2項が適用されず、Cから土地を購入したDは、わが国では登記に公信力がないので、保護されないことになってしまう。しかし、これでは不動産取引の安全が害されてしまうという不当な結果となってしまうので、民法94条から「①虚偽の外観の存在、②第三者の信頼、③本人の帰責性」という三つの要件が存在するならば、善意の第三者に対抗できないという一般的規範（権利外観法理）を作り出し、前述の事態はこれらの要件に当てはまるとして、Dを保護するのである。判例でも、本来Aの不動産が登記簿上ではBの名義になっていた場合に、AB間に通謀がないときでも、94条2項を類推して、登記を信頼したCを保護しているのである（最判昭和45年4月16日民集24巻4号266頁など）。

[177] **法的文脈を考慮する解釈方法**

　　a　体系的解釈　　文理解釈から導き出された帰結が不当と感じられた場合、その帰結を修正するため、拡張解釈、縮小解釈、反対解釈、勿論解釈、類推適用という技法が用いられるのである。そして、これらの技法は、ある法文と他の法文との関連、法秩序全体の中でその法文が占める相対的な位置、一般的に認められている法的諸原理、法秩序に内在する目的などの法的文脈を考慮しながら法文の解釈が行われる。このような解釈は「論理的解釈」、ないしは「体系的解釈」と呼ばれている。

　ある法文を他の法文と関連づけるという体系的解釈の例として次のものが挙げられる。すなわち、「私権の享有は、出生に始まる」と規定している民法3条1項の法文は、「出生」を始期として、すべての自然

人に私法上の権利能力が与えられるべきことと解されているが、このことは「法の下の平等」を宣言する憲法14条との関連において、はじめて十分に理解することができる。

　さらに、一般的に認められた法的原理を引き合いに出して法文を解釈する体系的解釈の例としては次のものが挙げられる。すなわち、民法177条は物権変動があっても登記をしないと第三者に対抗できないことを規定しているが、この法文を、文字通りに読むならば、つまり、文理解釈に従うとするならば、登記がなければ物権変動の当事者およびその相続人などの包括承継人以外のすべての者に対抗できないという帰結になる。ところで、AB間の不動産の売買に立ち会ったCがBの未登記に乗じてAよりこの不動産を買い受け、移転登記を得たような場合、民法177条の条文を前述の文字通りに解釈したとすれば、Bは未登記であるのでCに対抗できないことになってしまう。そこで、判例は、不動産登記法4条・5条の趣旨を持ち出して、「実体上物権変動があった事実を知る者において右物権変動について登記の欠缺を主張することが信義に反するものと認められる事情がある場合には、かかる背信的悪意者は、登記の欠缺を主張することについて正当な利益を有しない」（最判昭和43年11月15日民集22巻12号2671頁）として、Cは民法177条の第三者にあたらないとされ、Bは登記なしにCに対抗できると結論づけるのである。このように、当該法文を解釈する際に、信義則という法的原理を引き合いに出してなされる解釈が体系的解釈の一つの例である。

　　b　目的論的解釈　　体系的解釈の一つとして、当該法文が有する目的を考慮してその目的に沿う解釈が「目的論的解釈」と呼ばれている。この目的論的解釈は、現在多くの法律家によって採用されている解釈方法であるが、何が法の目的であるかについては、以下のような二つの見解が対立している。

　①　立法者意思説（主観説）　　立法者意思説は、法の目的を立法者・起草者が立法当時に有していた意思と捉え、その当時の立法者・起草

者の意思を明らかにし、それに従って当該法文を解釈しようとするものである。その際、基本的法典については法案起草者の理由書や立法過程における法典調査会の議事録などの立法資料が公表されているので、それらを参照することによって立法者・起草者の意思を明らかにしたり、立法当時の社会的・政治的・経済的状況を調査し、当時の立法者・起草者が当該法文でどのような問題に対処しようとしたのかを十分に解明しようとするものである。したがって、立法者意思説は、立法の沿革や歴史的状況を考慮する「沿革解釈」や「歴史的解釈」と結びつけて考えられている。

ところで、立法者意思説には、古い法律については立法者・起草者の意思を明らかにする方策がないものが多いという点や立法後長い年月が経った場合でもなぜ当時の立法者・起草者の意思に拘束されなければならないのかという理由づけに困難な点が見出されるから、そこに次の法律意思説が登場する理由がある。

② 法律意思説（客観説） 法律意思説は、当該法文を解釈する場合に、立法当時の立法者・起草者の意思（目的）を明らかにしようとするのではなく、その法文が現在の社会の中で有する目的を明らかにし、それに従って当該法文を解釈しようとするものである。その際に、先程述べた歴史的解釈ないし沿革解釈が参考にされるだけではなく、その後の社会的状況の変化、当該法文を解釈した場合に及ぼされる社会的効果の予測などを考慮する「社会学的解釈」も法律意思を把握するために必要とされている。

ところで、法律意思説については、解釈者が有する主観的目的をあたかも現在での法の目的であるかのように装っているのではないかという疑問が提示されている。したがって、立法者意思説の長所と短所ならびに法律意思説の長所と短所を考えると、目的論的解釈については、まず立法者意思を明らかにし、それに従った解釈では不当な帰結が生ずるとされる場合には法律意思を明らかにすべきであるとされている。

3. 法解釈の二つの要請：法的安定性と具体的妥当性

[178] **法的安定性と具体的妥当性との調和の要請**　法の解釈のそれぞれ技法を説明してきたが、ここでは法を解釈する際の心構え（態度）について簡単に述べておくことにする。このことはよく言われることであるが、法を解釈し、適用する際には、「一般的確実性」または「法的安定性」と「具体的妥当性」との調和を図るようにしなければならないということである。要するに、前者は、法はすべての場合に、画一的に解釈し、適用されなければならない、という要請であり、後者は、法は具体的事件の特殊な事情に応じた、きめの細かい解釈、適用がなされなければならない、という要請である。もちろん、両者の調和が解釈上の難問であることは言うまでもないことであろう。それにもかかわらず、裁判は、本来、紛争の具体的に妥当な解決を図るべきものであるとの性質を前提に考えると、解釈者である裁判官は、具体的妥当性を基本としつつ、法的安定性を損なわないように配慮するという解釈的態度をとるべきであるとされている。

第4章　事実の認定

1．事実認定の意味

[179] **事実認定の意味**　裁判における法の適用過程のもう一つの場面は、その対象となるべき事実の存否およびその内容を確定することである。この作業が「事実認定」と呼ばれる作業である。

　事実認定とは、現実に生じたありのままの、その意味で、「生（なま）の事実」

の単純な客観的な認識と理解されるべきではなく、生の事実の中から法的決定（判決）にとって必要とされる意味のある事実を選び出し、構成することであると理解される。言い換えれば、事実認定の過程の中で、法を適用して処理するだけの価値のある事実だけが選び出され、それ以外の事実は除外されているのである。このように、生の事実から法的に選択され、構成された事実を「法的事実」と呼んでいる。この意味で、事実認定は生の事実を法的事実にまとめる上げる作業ということができ、生の事実の客観的事実の認識ではなく、法という一つの価値基準に基づく価値判断（法的評価）であると言われている。

　事実認定は生の事実の中から法的決定にとって意味のある事実を選択し、構成することであるから、それは同時に、適用すべき法文を選択し、その法文の意味内容を明らかにするという法の解釈の作業と連動して行われている。言い換えれば、法的事実の決定は、生の事実と適用されるべき法規範の間での「視線の往復」を通じて、試行錯誤的になされていくものであると考えられている。

2. 事実認定における裁判官の自由心証主義とその基準

[180] **事実認定の決定主体である裁判官**　　裁判において誰が事実を認定するかというと、それは裁判官である。そのための証拠を提出する責任は、弁論主義のもとでは当事者にあり、職権探知主義のもとでは裁判所にある。わが国の民事裁判では、第6編第2章「民事裁判の仕組み」でも述べられているように、財産関係を対象とする通常の民事訴訟については「弁論主義」が、身分関係を対象とする人事訴訟などの特殊な手続では「職権探知主義」が採られている。いずれにしても、証拠の評価や証拠から事実を推理する際の判断は、ドイツや日本のように自由心証主義を採用する場合には、原則的に裁判官に委ねられている。

＊　**自由心証主義**　　かつて中世において裁判制度が確立せず、裁判官に対する信頼が低かった時代には、法で証拠の能力を規定する法定証拠主義が採用されていたが、近代では証拠能力、証拠価値に法的な制限を加えず、証拠の採否、証拠力の有無の決定を裁判官の自由な判断に任せる自由心証主義が採用されている。自由心証主義は事実認定につき裁判官に広い自由を与えるが、もとより恣意的判断を許すものではない。その認定には、適法と認められた証拠、資料に基づき、論理法則や経験則にしたがって行われなければならない。

［181］　**事実認定の基準**　　証拠は、原則としてその事実を主張する者が立証すべきものとされる（立証責任・挙証責任）が、その事実のすべてが過去の事実であるから、実際上は立証が困難であったり、時には不可能であったりする。そのために、法は立証に代えて一定の事実の存否を推定したり、擬制したりする方法を認めている。

　　a　**事実の推定**　　事実の確定が極めて困難であったり、事情によっては不可能な場合もありうる。そのような場合に、法が立証に伴う煩雑さや困難さも考慮して、通常一般的な場合を想定して、一応事実があったものとして取り扱い、立法的に一応事実を確定させるのである。たとえば、民法162条の取得時効の規定では、20年間あるいは10年間の占有の継続と他の要件が備わることによって他人の所有物の取得時効が認められているが、この場合、同条186条2項によって占有の事実の証明は、前後の2点の占有の事実を証明することができれば、その間は占有が継続したものと推定されるのである。民法762条2項では、ある財産が夫婦のいずれかの財産であるか分からない場合は、夫婦の共有財産と推定されるとしている。これらの規定によって、その事実について反証を挙げて争う者がいない限り、一応の事実があったものとして取り扱われることになる。

　　b　**事実の擬制**　　本来性質の異なっているものを一定の法的取り扱いにおいて同一のものとみなして、同一の効果を付与するものである。たとえば、民法752条においては、未成年者であったとしても、

婚姻をしたならば、その者を「成年者とみなし」、成年者と同じように法的に取り扱われることになる。これは、婚姻した未成年者に社会的に一人前の経済的活動を認めさせようとする価値判断が未成年者を成年に達したという事実に置き換えようとするものである。あるいは、民法3条1項においては、権利能力は出生によって初めて取得されるにもかかわらず、本来権利能力を持たない胎児について、相続、遺贈、違法行為に基づく損害賠償に関しては「既に生まれた者とみなし」それらの権利をもっていることになる（民法721条・886条・965条）。このように、「事実の擬制」は、たとえ事実に反することでも事実として法的に確定させることであるから、擬制された事実に対して後になってこの擬制を覆すことができる事実を持ち出してきても、結論を覆すことは認められないのである。

【参考文献】
・亀本洋「法的思考」平野仁彦=亀本洋=服部高宏『法哲学』（有斐閣・2002年）
・亀本洋『法的思考』（有斐閣・2006年）
・陶久利彦『法的思考のすすめ』（法律文化社・2003年）
・笹倉秀夫『法解釈講義』（東京大学出版会・2009年）
・田中成明編『現代理論法学入門』（法律文化社・1993年）
・田中成明『法的思考とはどのようなものか』（有斐閣・1898年）
・田中成明『法学入門』（有斐閣・2005年）
・広中俊雄『民法解釈方法に関する12講』（有斐閣・1997年）

第6編　法の適用
……法に基づく紛争の解決

第1章　憲法訴訟の仕組み

1. 司法権

[182]　**紛争解決と法**　　日常生活の人間関係のなかで生ずる紛争は多様である。家族・隣人とのいさかい、交通事故、医療過誤など、まさに社会あるところトラブルありである。自分の権利や利益が侵害された場合、裁判で法を適用して紛争を解決することは最終的手段であって、それだけが唯一の手段とは限らない。債権者が人を雇って債権の一部を実力で取り返すなどの実力行使の方法もある。しかし、自力救済は一定の範囲で認められる例外で、自力救済の禁止が原則であり、紛争解決は平和的な手段で行われなければならない。

　まず、普通、当事者同士が話し合いをし、互いに妥協しながら合意に基づいて紛争を解決することが多い。日常で生ずるさまざまなトラブルの解決方法として示談や和解などといわれるものがこの例である。また、当事者間で解決がつかない場合、当事者の間に中立的な第三者が入って紛争を解決する方法もある。多様な裁判外での紛争解決手段はADR（Alternative Dispute Resolution）とも呼ばれ、そのなかには簡易裁判所による民事調停や家庭裁判所による家事調停がある。調停は1名の裁判官と2名の調停委員からなる調停委員会により「当事者の互

譲により、条理にかなう実状に即した解決」(民事調停法1条)をはかるもので、当事者間の合意の内容が調書に記載されると、それは裁判上の和解と同じ効力をもつ(同法16条)。裁判所外でも、各種の行政機関によって当事者間の仲立ちをする斡旋が行われている。特に労働委員会(労働関係調整法10条以下)や公害等調整委員会(公害紛争処理法24条以下)などの行政委員会が行っている斡旋が知られている。仲裁は、紛争の当事者が各分野で専門的知識を有する第三者の仲裁人を選び、その裁定に服するというもので、建築関係の紛争などで利用されている。さらに弁護士会仲裁センターなどにみられるように民間機関もあり、ADRが拡充・活性化の傾向にある。

このような紛争解決の方法の多様化に対応した制度を用いても、当事者間で解決の見込みがない場合、最後の紛争解決方法として裁判がある。

[183] **司法権の意義** 「司法」の観念は、歴史的生成過程で流動的に発展してきており、国家や時代によって一様ではない。しかし、ここでの司法は、近代憲法で統治原理として採用された権力分立制の下での国家作用の一つである。

憲法76条1項は、「すべて司法権は、最高裁判所及び法律の定めるところにより設置する下級裁判所に属する」と定めている。そこには司法とは何かは明らかにされていないが、通説は「具体的な争訟について、法を適用し、宣言することによって、これを裁定する国家の作用」(清宮四郎『憲法〔第3版〕』335頁)であるとしている。したがって、そのような作用を行う権限が司法権であり、司法権が及ぶためには「具体的な争訟」が前提となる。

裁判所制度を定めた裁判所法3条1項は、裁判所は「日本国憲法に特別の定めのある場合を除いて、一切の法律上の争訟を裁判」すると定めており、「具体的な争訟」と「法律上の争訟」は同じ意味とされている。「日本国憲法に特別の定めのある場合」とは両議院の権限に属する議員の資格争訟の裁判(憲法55条)、国会に設置される弾劾裁判所に

よる裁判官の弾劾裁判（64条）である。判例は、「法律上の争訟」とは「法令を適用することによって解決し得べき権利義務に関する当事者間の紛争」（最判昭和29年2月11日民集8巻2号419頁）であるとして、具体的事件性が要件とされている。

[184]　**司法権の限界**　司法権は裁判所に属し、一切の「法律上の争訟」を裁判所が裁判するが、本来は司法作用に属するとされるものでも一定の限界がある。

　第一に、国際法上の例外で、外国の元首・外交使節などには国際法上の治外法権が認められる。また、条約に基づく裁判権の制限、たとえば、日米安全保障条約6条に基づく日米地位協定17条では、合衆国の軍当局は「合衆国の軍法に服するすべての者に対し」第一次裁判権を有すると定めている。

　第二に、憲法は、議員の資格争訟の裁判（55条）、弾劾裁判所による裁判（64条）について明文で例外を定めている。

　第三に、立法権との関係では、国会議員の懲罰、議院の定足数などのような両議院の自律権に委ねられている事項については司法審査が及ばない。また立法裁量（憲法上、立法に関しては立法府の自由な判断に委ねられている）に関しては、判例は憲法25条の生存権の趣旨に関して「具体的にどのような立法措置を講ずるかの選択決定は、立法府の広い裁量に委ねられて」（最大判昭和57年7月7日民集36巻7号1235頁）おり、裁判所の審査判断に適しないとしている。

　第四に、行政権との関係では、内閣総理大臣の国務大臣の任免や閣議の意思決定手続など行政部の自律権に委ねられている事項には及ばない。また、法律が行政庁の専門・技術的判断、政策的・行政的判断に委ねている自由裁量行為は、行政事件訴訟法30条が「裁量権の範囲をこえ又はその濫用があった場合に限り」司法審査の対象となるとしている。

　第五に、団体、たとえば、地方議会、大学、宗教団体、政党などの内部事項については司法審査が及ばないとされることがある。「部分

社会」の法理といわれ、団体内部の紛争に関しては自律的な判断を尊重するためである。大学の単位認定が問題となった富山大学事件では、「特殊な部分社会における法律上の係争のごときは、それが一般市民法秩序と直接関係を有しない内部的な問題にとどまる限り、その自主的、自律的な解決に委ねるのを適当とし、裁判所の司法審査の対象にはならない」（最判昭和52年3月15日民集31巻2号234頁）としている。

　第六に、「統治行為論」と呼ばれるもので、裁判所の審査の対象事項に一応含まれ、法的判断が可能であるとしても、その行為の性質上、裁判所の審査の対象から除外されるという考え方である。条約の締結などの外交問題に関する事項、国会や閣議の議事手続、衆議院の解散などについての事項があげられる。衆議院解散を違憲として訴訟を提起した、いわゆる苫米地事件で、最高裁判所は、「直接国家統治の基本に関する高度の政治性のある国家行為のごときはたとえそれが法律上の争訟となり、これに対する有効無効の判断が法律上可能である場合であっても、かかる行為は、裁判所の審査の外にあり」（最大判昭和35年6月8日民集14巻7号1206号）として、司法権の制約は、三権分立の原理に由来し、司法権の憲法上の本質に内在する制約であるとしている。

[185] **司法権の主体**　司法権の担い手*は、最高裁判所と法律の定めるところにより設置する下級裁判所、すなわち高等裁判所、地方裁判所、家庭裁判所、簡易裁判所である。そのなかでも「憲法の番人」とか「人権の砦」とも呼ばれ、終審としての違憲審査権などの重要な権限をもつ最高裁判所の役割は重要である。

　最高裁判所は、最高裁判所長官と14人の最高裁判所判事からなる（裁判所法5条）。最高裁判所長官は内閣の指名に基づいて天皇が任命し（憲法6条2項）、最高裁判所判事は内閣が任命し（79条1項）、天皇が認証する（裁判所法39条3項）。最高裁判所の裁判官は「見識の高い、法律の素養のある年齢40年以上の者」で、そのうち少なくとも10人は、一定の期間、法律専門家としての経験を有する者でなければならず（同法41条）、定年である70歳で退官する（憲法79条5項、裁判所法50条）。

最高裁判所は15人の裁判官全員で構成される大法廷と、5人の裁判官で構成される三つの小法廷で審理および裁判が行われる（裁判所法9条）。大法廷では9人以上、小法廷では3人以上の裁判官の出席があれば、審理および裁判をすることができる。大法廷は憲法適合性の判断または判例変更などに関わる事件を取り扱う。最高裁判所は、民事・刑事・行政事件に関する訴訟の終審裁判所であり、上告および訴訟法で特に定める抗告について最終的判断を下す裁判権を有する（同法7条）。

　憲法は、下級裁判所の設置は法律の定めるところ（憲法76条1項）として、裁判所法により現在4種の裁判所がある。下級裁判所の裁判官は、最高裁判所が指名した名簿により内閣によって任命され、その任期は10年とし、再任されることがある（80条1項）。下級裁判所の裁判官の定年は、簡易裁判所の裁判官は70歳、その他の裁判官は65歳である（80条ただし書、裁判所法50条）。

　高等裁判所は全国8カ所に設置され、高等裁判所長官と相応な員数の裁判官で構成される（裁判所法15条）。裁判は、原則として3人の合議体で行われ、主として控訴および抗告、例外的に上告および第一審の裁判権をもつ（同法16条）。地方裁判所は、都道府県の県庁所在地などに置かれ、相応な員数の判事および判事補で構成される（同法23条）。裁判は、原則として1人の判事で行われるが、特別な事件の場合は、3人の判事の合議体で行われる（同法26条）。家事・少年以外の通常の訴訟事件の第一審、簡易裁判所の判決に対する控訴などの裁判権を有する（同法24条）。家庭裁判所は、相応な員数の判事と判事補で構成され（同法31条の2）、審判または裁判は、原則として1人の裁判官で行われるが、法律で定められている場合は、合議体で行われる（同法31条の4）。家事審判法で定める審判と調停、少年法で定める少年の保護事件審判などを行う（同法31条の3）。簡易裁判所は、相応な員数の簡易裁判所判事で構成され（同法32条）、裁判は1人の裁判官で行われる（同法35条）。民事事件では訴訟目的の価額が140万円を超えない請求、刑事事

件では、罰金刑以下の刑に当たる罪など比較的軽微な第一審事件を扱う（同法33条）。

＊ 国民の司法関与と参加　日本における国民の司法関与は、現在、裁判手続に関しては①家庭裁判所の家事調停委員制度、②家事審判の参与員制度、③地方裁判所、簡易裁判所の民事調停委員制度、④簡易裁判所の司法委員制度があり、また、起訴自体を決定するものではないが、検察官の権限行使の適正化をはかる手段として、検察官の不起訴処分の当否を審査する⑤検察審査会制度、裁判所運営への国民参加として⑥家庭裁判所の家庭裁判所委員会、さらに、⑦最高裁判所の裁判官に対する国民審査制度も挙げられる。しかし、これまで国民が裁判手続に直接参加することは限定的なものであるといえる。

　国民の訴訟参加には、主として事実認定、法律問題の判断、量刑のどの局面に関わるかにより各制度の特色となって現われる。イギリス、アメリカでは法律問題は裁判官に、事実問題は陪審員にと職分を分けて、素人を裁判に参加させる陪審制を採用している。陪審は大陪審と小陪審に分かれ、大陪審は、刑事事件で正式起訴が必要とされる重大犯罪について被疑者を起訴するか否かを決定するもので、イギリスでは廃止されたが、アメリカでは州、連邦ともこの制度を維持している。陪審という場合、通常は小陪審のことをいい、裁判体は裁判官1名と陪審員12名で構成され、公訴提起後の公判手続で裁判官から独立して事実審理が行われ、裁判官の説示、陪審員による評決の後、原則して全員一致で有罪・無罪の評決が下される。一方、参審制は、各国の制度にバリエーションがあるが、基本的には市民から選ばれた参審員が、裁判官とともに裁判体を構成して、裁判官と同一の権限をもって公判手続において事実認定、法律問題について判断するもので、いずれもイギリスの陪審制にさかのぼり、ドイツ・フランスでは陪審制の不都合により参審制に移行したという経緯がある。

　日本では、明治憲法下での陪審法により陪審制が採用され、刑事事件で陪審裁判が行われていた。その対象として死刑か無期にあたる事件、それ以外の重大事件で被告が陪審裁判を望んだもの、というものがあったが、次第に陪審裁判を望む者が減り、その件数が減少し、昭和18年に停止された。日本国憲法下でも、2004（平成16）年に「裁判員の参加する刑事裁判に関する法律」が成立し、2009（平成21）年より裁判官（3名）と非法律家である国民が裁判員（6名）として刑事訴訟手続へ参加する「裁判員制度」が導入されている。

2. 訴訟の類型

[186] **民事訴訟・刑事訴訟・行政訴訟**　裁判所は一切の「法律上の争訟」を裁判するが、争いの内容は多様であり、民事・刑事・行政事件の訴訟に分かれる。明治憲法では司法権は民事・刑事事件の裁判権のみに限られていたが、日本国憲法では行政事件も含むこととなった。

　行政事件の裁判については大別すると二つの類型がある。ドイツ、フランスなどのヨーロッパ大陸諸国では民事・刑事事件の裁判を司法裁判所の権限に属させ、行政事件の裁判は別系列の行政裁判所に属するとした。他方、イギリスやアメリカでは民事・刑事・行政事件の裁判をすべて通常裁判所の権限としてきた。日本国憲法は、後者の類型をモデルにそれまでの行政裁判所制度を廃止して、「法の支配」の理念を実現するために行政事件の裁判も司法権に属するものとした。そのため、特定の事件・人を対象として裁判するために、通常裁判所と別系列の特別裁判所は設置できない（憲法76条2項前段）が、通常裁判所の系列に属するものであれば、憲法でいう特別裁判所ではない。また、行政機関が、法律上の争訟に関して前審として審判することは認められるが、終審として裁判することはできない（同条2項後段）。

　民事訴訟、刑事訴訟は次章以下で説明されるので、ここでは行政訴訟について概観する。

[187] **行政救済と行政訴訟**　「法律による行政の原理」の要請によれば、行政はすべて法令に適合し、公益のために行われているはずであるが、現実には違法・不当な行政活動によって個人の権利・利益が侵害されることがある。そのため行政上のインフォーマルな制度として、行政運営の改善をはかるため、行政に関する不平不満を受けて行政内部で必要な措置をとる苦情処理制度がある。専門的知識を用いて、簡易な手段で迅速な処理が期待でき、総務省行政評価局、行政相談委員、法務省人権擁護局、地方公共団体で採用されているオンブズマン制度*

など多くの苦情処理機関がある。

　また、行政機関によるフォーマルな争訟として行政不服審査制度がある。この制度は、行政庁の処分その他公権力の行使に当たる行為に関し不服のある者から、違法・不当であるとの申立てにより審査し、紛争解決をはかるものである。厳格な当事者主義によらず、書面審理が原則であるため（行政不服審査法19条1項）、簡易迅速な略式の手続で権利・利益の救済が得られ、処分の妥当性も審査の対象とするため、行政庁の裁量的判断も全面的に審査できるという利点がある。

　行政事件訴訟は、行政上の法律関係に争いがある場合、特定の利害関係人または法律により原告となりうる者からの訴訟の提起によって、裁判所が特別の手続で審理し、紛争を解決するものである。この訴訟手続については行政事件訴訟法が制定されている。

　行政事件訴訟は、口頭弁論主義に基づいて対審、公開の原則、法定手続による証拠調べという審理手続を経て判決が下されるため、その意味では民事訴訟と異ならない。しかし、行政事件が公共の福祉に関連するため訴訟手続上、民事訴訟と異なる特色をもっているといえる。

　行政事件訴訟法は、訴えを起こす場合の型、すなわち訴訟類型を定めており、「抗告訴訟」「当事者訴訟」「民衆訴訟」「機関訴訟」の4種類がある（同法2条）。元来、行政庁の違法な行為により私人の権利・利益が侵害された場合、その行為の取消し、無効、違法であることの確認などによって、私人が被った不利益の救済をはかることがその目的である。このように、私人の権利・利益の救済を中心とする訴訟を主観訴訟といい、抗告訴訟、当事者訴訟がこれである。しかし、一方で、私人の権利・利益の救済とは直接には関係なく、行政庁の違法な行為を是正するという行政の法適合性を問う訴訟を客観訴訟といい、民衆訴訟、機関訴訟がこれにあたる。

　「抗告訴訟」は、行政庁の公権力の行使に関して不服がある場合の訴訟で、「処分の取消しの訴え」「裁決の取消しの訴え」「無効等確認の訴え」「不作為の違法確認の訴え」等の6種類に分かれる（行政事件訴訟法

3条)。前二者は合わせて「取消訴訟」といい、行政行為(行政庁による許可・認可など)の処分または裁決に瑕疵があるため、それを取り消すために提起する抗告訴訟である。「無効等確認の訴え」は、行政処分の瑕疵があまりにも重く、無効や不存在を主張してはじめから法的効果がないことを確認する抗告訴訟である。「取消訴訟」「無効等確認の訴え」は、行政庁の処分後に提起されるものであるが、「不作為の違法確認の訴え」は、たとえば、建築確認の申請をしたのに確認という行政行為がない、つまり不作為の違法性を主張して裁判所に違法を確認してもらう訴えである。

「当事者訴訟」は、法律関係の当事者が原告・被告という訴訟当事者になって権利義務の争いを解決するもので、土地収用法に基づく損失補償に関する訴えのような「当事者間の法律関係を確認し又は形成する処分又は裁決に関する訴訟で法令の規定によりその法律関係が当事者の一方を被告とするもの」と、公務員の給与支払請求の訴えのような「公法上の法律関係に関する訴訟」に分かれる(行政事件訴訟法4条)。

「民衆訴訟」は、国または地方公共団体の機関の法規に適合しない行為の是正を求める訴訟をいい、主観訴訟と区別して、選挙人たる資格、その他の自己の法律上の利益にかかわらない資格で提起するものである(行政事件訴訟法5条)。公職選挙法203条以下では選挙の効力や当選の効力を争う訴訟が定められている。また、地方自治法は、住民に財務会計上の行為の監視・是正のために、地方公共団体の長などの違法・不当な公金の支出、財産の取得・管理・処分などの行為について、自己の利害関係からでなく、住民に原告となる資格を認める住民訴訟を定めている(地方自治法242条の2)。

「機関訴訟」は、普通地方公共団体の長と議会の間の訴訟のように、国または地方公共団体の機関相互の権限の存否やその行使に関する争いについての訴訟である(行政事件訴訟法6条)。

行政訴訟では、個人の権利・利益に直接大きな影響を及ぼす公権力の行使についての抗告訴訟が中心であり、その中でも処分の取消訴訟

がとくに重要である。取消訴訟が提起されると、職権によって裁判所が訴訟要件を満たしているかを審理する。訴訟要件とは、詳細はここでは省くが、①そもそも訴訟の対象となる処分が存在しているか（たとえば、私人の権利を制限するなどの法的効果をもたない行政指導などは処分とされない）、②原告は訴えの利益を有するか（原告適格）、③審査請求前置主義との関係で、求められていれば審査請求を経た後か、④出訴期間を経過していないか、⑤被告となる者に被告適格があるかなどであり、それらを欠くとすれば本案審理を拒否して違法な訴えとして却下される。そして訴訟要件が満たされていると本案審理に入り、原告の請求に理由がない場合は棄却判決、理由があれば容認判決が下される。この場合、処分そのものは違法であっても、公の利益に著しい障害があり、取り消すことが公共の福祉に適合しないときは、処分が違法であることを宣言した上で、取り消さないという、事情判決がある（行政事件訴訟法31条）。議員定数不均衡の判決はこの法理によっている。

* **オンブズマン制度** オンブズマン（Ombudsman）は、1809年憲法上の制度としてスウェーデンで設けられ、その後、行政上の苦情処理を任務として各国で採用されている。元来は、議会がその付属機関として独立の地位を与え、国民の苦情に基づきまたは職権によって行政活動を調査し、行政運営の改善を求めて政府や議会に助言・勧告をする制度として発達した、いわゆる議会型オンブズマンであったが、現在では行政の長が任命する行政型オンブズマンもある。日本では、地方自治体レベルで1990年に東京都中野区が「中野区福祉サービスの適用に係る苦情処理に関する条例」によって「福祉サービス苦情調整委員」を置き、また同年、川崎市が「川崎市民オンブズマン条例」で「市民オンブズマン」を導入した。各自治体の制度は、必ずしもオンブズマンという名称を用いているわけではない。最近では、介護保険法制定後、条例を設けて福祉オンブズマンを設置する自治体も増えている。

3. 憲法訴訟

[188] **違憲審査制**　憲法訴訟は、通常の民事・刑事・行政訴訟のなかで法令などに関して憲法にかかわる争点がある場合、憲法判断がなされるもので、独自の訴訟類型があるわけではない。憲法は、最高裁判所は「一切の法律、命令、規則又は、処分」の憲法適合性を判断する権限を有する終審裁判所である（憲法81条）として、違憲審査制度を採用した。違憲審査権を有する裁判所は司法権の範囲内で行使されるため、最高裁判所のみならず、下級裁判所もこの権限を有する。

違憲審査制度は大別すると2類型に分かれる。すなわち、通常の裁判所が、具体的な法律上の争訟を解決する過程で、適用される法令が憲法に適合するかどうかを判断する制度で、付随的違憲審査制といわれ、アメリカが採用している制度*である。また、具体的な訴訟事件が提起されなくとも、一般的、抽象的に法令が憲法に適合するかどうかを特別の憲法裁判所が審査する制度があり、これを抽象的違憲審査制という。ドイツの場合、連邦議会で制定された法律の違憲を主張して、その無効や執行停止の宣言などを求めて訴訟が提起されると、連邦憲法裁判所が決定を下すことができる。

日本の場合、いずれの違憲審査制を採用しているかは、81条では明らかではないが、通説・判例は付随的違憲審査制を採用しているとしている。警察予備隊違憲訴訟では、「わが現行の制度の下においては、特定の者の具体的な法律関係につき紛争の存する場合においてのみ、裁判所にその判断を求めることができるのであり、裁判所がかような具体的事件を離れて抽象的に法律命令等の合憲性を判断する権限を有するとの見解には、憲法上及び法令上何等の根拠も存しない」（最大判昭和27年10月8日民集6巻9号783頁）として、抽象的違憲審査制を認めていない。

* **アメリカの違憲審査制度**　違憲審査制度は、1803年の合衆国連邦最高裁判所の判例、マーベリー対マディソン（Marbury v. Madison）によって確立した。なお、イギリスでは、形式的意味における憲法が存在せず、実質的意味における憲法が議会制定法、慣習法および判例法の形式で存在し、議会主権の原理によって、常に新たに定められた議会制定法が有効とされるため、憲法に適合するかどうかを判断する違憲審査制度はない。

[189]　**憲法訴訟の具体例**　民事・刑事・行政訴訟のそれぞれの訴訟手続の中で、訴訟当事者が本来の争点に関連して憲法上の争点を主張すれば、裁判所はそれについて審理して判断を下すことになり、憲法訴訟となる。

　民事事件では、私人間の争いのなかに憲法上の争点が取り上げられることがある。憲法上の争点を伴う民事訴訟も憲法訴訟としてとらえられる。今日では、憲法の人権保障を私人間にも適用されるべきであるとされるが、その場合にも間接適用説と直接適用説に分かれている。判例は間接適用説をとり、たとえば、女子若年定年制が憲法の平等原則に反するかという点で、「性別のみによる不合理な差別を定めたものとして民法90条の規定により無効」とした日産自動車事件（最判昭和56年3月24日民集35巻2号300頁）などがある。また、刑事事件にみられる憲法訴訟の代表例としては、刑法200条（平成7年に削除）の尊属殺人罪で起訴された被告が、199条の殺人罪との関係で加重された処罰が憲法14条の「法の下の平等」に反するとして争った尊属殺重罰規定違憲判決（最大判昭和48年4月4日刑集27巻3号265頁）がある。

　また、憲法訴訟は、人権保障の多くの領域では抗告訴訟の提起によって顕在化することがある。行政処分の取消しを求めるにあたって、違憲を主張する例は多数ある。たとえば、精神的自由に関しては、憲法21条・28条違反として厚生大臣による皇居外苑の使用不許可処分の取消を求めた事件（最大判昭和28年12月23日民集7巻13号1561頁）、憲法21・23・26条に違反するとして文部省の教科書検定による不合格処分でその取消しを求めた第二次家永教科書検定訴訟（最判昭和57年4月8

日民集36巻4号594頁)、憲法21条2項に違反するとして、輸入書籍などの税関検査の結果、関税定率法に基づく「風俗を害すべき」物品に該当するとする通知に異議を申し立て、却下の決定があったため、その通知・決定の取消しを求めた税関検査事件(最大判昭和59年12月12日民集38巻12号1308頁)など多くの判例がある。また、経済的自由に関しては、薬局開設に適正配置を求めていた旧薬事法の規定と条例に基づく薬局開設不許可処分の取消しを求めて、距離制限の規制が憲法22条の職業の自由に反するとした薬事法違憲判決(最大判昭和50年4月30日民集29巻4号572頁)などが代表例である。

　行政事件訴訟法5条の民衆訴訟は、憲法訴訟で活用される重要な具体例としてあげることができる。第一に、選挙訴訟の提起である。14条との関係で、各選挙区で議員定数の配分に不均衡があり、人口数との比率で選挙人の投票の価値に不平等が存在するとして、公職選挙法の別表1を違憲とした衆議院議員定数配分規定違憲判決(最大判昭和51年4月14日民集30巻3号223頁)がその代表例である。第二に、地方自治法が定める民衆訴訟による提起である。特に、自治体の行為を問題として政教分離原則違反を争った津地鎮祭事件(最大判昭和52年7月13日民集31巻4号533頁)がその代表である。津市の体育館建設にあたり、神式の地鎮祭へ市の公金を支出したことに対し、住民の監査請求を経て、憲法20条、89条に違反するとして提起されたものである。合憲判断が下されたが、後に違憲の判決を下した愛媛玉串料訴訟(最大判平成9年4月2日民集51巻4号1673頁)がある。住民訴訟はその活用の重要性が指摘されている。

[190]　**違憲審査の対象**　　憲法81条は、裁判所の審査の対象は「一切の法律、命令、規則又は処分」としている。これは憲法より下位の法規範のすべてが違憲審査の対象となることを意味しており、地方自治体の条例も含まれる。また「処分」はすべての国家機関の個別具体的行為をいい、裁判所の判決もこの中に含まれる。

　違憲審査の対象をめぐっては、特に、条約が含まれるかが問題とな

る。憲法と条約の抵触の問題を考える前提として、国内法と国際法が同一の法秩序から成り立つとする一元説と、別個の法秩序として存在すると考える二元説がある。日本国憲法では、国内法である憲法と国際法である条約を一元的にとらえ、条約の効力は新たな立法措置を講ずることなく国内法的効力を有するとされているため、条約が憲法に適合するかが問題となる。その場合、「条約」は憲法 81 条の規定には含まれていないため、違憲審査の対象となるかどうかをめぐり見解が分かれている。憲法 98 条 1 項は、憲法が国法体系の中で最高法規であることを明言しているが、この憲法の位置づけと憲法 98 条 2 項の条約の遵守義務の規定から、憲法と条約が抵触した場合、憲法に対して条約を上位規範とみなす条約優位説と憲法優位説が対立している。条約優位説に立てば、違憲審査の対象外となり問題は生じない。通説・判例は憲法優位説*に立っている。しかし、憲法優位説に基づいた場合でも、条約が 81 条に列挙されていないこと、98 条 2 項の条約遵守義務、条約の特殊性などから違憲審査の対象にならないという見解がある。

　立法の不作為に関しては、正当な理由なしに立法を怠ることは違憲といえ、違憲審査の対象になるといえるが、現行の訴訟制度の下では困難であるといえる。

> *　**砂川事件**　一審のいわゆる「伊達判決」では、憲法優位説に立って条約の違憲審査を肯定したが、最高裁判所は、旧日米安全保障条約は高度の政治性を有するもので「一見極めて明白に違憲無効であると認められない限りは、裁判所の司法審査の対象外」として、憲法判断を差し控えた（最大判昭和 34 年 12 月 16 日刑集 13 巻 13 号 3225 頁）。

[191]　**違憲審査の方法と基準**　違憲審査権が裁判所に与えられているとしても、付随的違憲審査制の下では、当該事件に関する事実を認定し、事実に法を適用して判断をする際に、法令などの合憲性が問題となる場合、裁判所が必ず憲法判断をするとは限らない。憲法訴訟において

は、その訴訟の解決に必要な限りで憲法判断が行われるべきであるとされている。

そのため、裁判所が憲法判断に触れずに当該事件の解決が可能な場合、憲法判断を回避することがある。この「憲法判断の回避」は、アメリカの判例で確立されたものでブランダイス・ルールといわれている。恵庭事件（札幌地判昭和42年3月29日下刑集9巻3号359頁）では、自衛隊法の防衛用器物損壊罪で起訴された被告が、自衛隊の違法性を問い、初めて自衛隊をめぐる訴訟事件となったが、自衛隊法の解釈で無罪とし、憲法判断をしなかった。また、法令の「違憲判断の回避」という方法がある。法令の解釈可能性がいくつかある場合には、合憲となる解釈を採用するもので、「合憲限定解釈」ともいわれる。税関検査事件（最大判昭和59年12月12日民集38巻12号1308頁）では関税定率法21条の解釈に関してこの方法をとり、合憲と判断している。

裁判所が判決の中で違憲判断をする方法にもいくつかある。裁判所が違憲審査権を行使して具体的事件に適用される法令を違憲無効とするものが、「法令違憲」である。この法令違憲が違憲審査権行使の本来の姿である。憲法14条の「法の下の平等」規定、経済的自由に関する規定などに関するものである。

＊　**法令違憲の最高裁判決**　①尊属殺重罰規定違憲判決（最大判昭和48年4月4日刑集27巻3号265頁）、②衆議院議員定数配分規定違憲判決（最大判昭和51年4月14日民集30巻3号223頁）、③ ②と同様の趣旨の判決（最大判昭和60年7月17日民集39巻5号1100頁）、④薬事法違憲判決（最大判昭和50年4月30日民集29巻4号572頁）、⑤森林の共有者が持分価格の2分の1以下の分割請求を認めていなかった森林法を違憲とした森林法違憲判決（最大判昭和62年4月22日民集41巻3号408頁）、⑥郵便法が定める国家賠償責任の免除・制限規定の一部を憲法17条違反とした郵便法違憲判決（最大判平成14年9月11日民集56巻7号1439頁）、⑦在外邦人に対する国政選挙の選挙権行使を制限していた公職選挙法を違憲とした在外邦人選挙権制限違憲訴訟（最大判平成17年9月14日民集59巻7号2087頁）、⑧非嫡出子に対する国籍取得を制限していた国籍法3条が憲法14条に反するとした国籍法違憲判決（最大判平成20年6月4日民集62巻6号1367頁）などがある（[147]法の下の平等参照）。

また、法令自体は合憲であるが、具体的事件への法令の適用を違憲とするものが「適用違憲」である。猿払事件の一審判決（旭川地判昭和43年3月25日下刑集10巻3号293頁）はこの判断方法をとっている。この適用違憲に類似するものとして、法令自体は合憲であるが、法令の運用が違憲と判断する「運用違憲」がある。デモに対する条件付許可処分に関する公安委員会の運用を違憲とした東京都公安条例違反事件の一審判決（東京地判昭和42年5月10日下刑集9巻5号638頁）がある。

　裁判所は、通常、人権を制約する法令の合憲性が問題となる憲法訴訟で、審査の対象によりさまざまな審査基準を示している。一般に、国会の制定した法律は合憲性の推定を受け、その法律の規制が明らかに違憲とされる誤りがないかぎり、違憲とすべきではないという明白性の原則があるとされる。まず、裁判所は、その立法の合理性を支えている社会的、経済的事実（立法事実）を審査する。先に示した薬事法違憲判決ではこの立法事実を審査している。そして基本的な審査の基準として主張されたのが「二重の基準論」である。人権のカタログの中で精神的自由が経済的自由に優越し、経済的自由の規制立法に対して適用される「合理性の基準」（規制目的が一応正当であって、規制目的と規制手段の間に合理的関連性があれば合憲とする）は、精神的自由の規制立法には妥当せず、より「厳格な基準」によって審査されなければならないとされる。したがって、経済的自由の規制と精神的自由の規制のための立法を区別した上で、前者は合憲性が推定され、後者は違憲性の推定が働いて厳格に審査しなければならないとされる。

　具体的審査の基準としては、精神的自由の領域では、「事前抑制の禁止」「明白かつ現在の危険」（実質的な害悪をもたらすことが、明らかに差し迫った危険が存在する場合のみ制限が正当化される）、「明確性の原則」（不明確な法律は、漠然性のために無効とされる）、「LRAの基準」（「より制限的でない他に選びうる手段」としてさらにゆるやかな手段で規制目的が達成できる場合は、その規制立法を違憲とする）などが用いられている。

［192］　**違憲審査の効力**　　裁判所が、法令の規定が違憲無効であると判断

した場合、その法令の効力はどうなるのであろうか。その規定は、当該事件に関する限りは無効であることは当然であるが、その後どうなるのか見解は分かれる。第一は、法令の全部または一部が違憲と判断されれば、当該事件だけでなく、その規定は一般的に効力を失うとするのが「一般的効力説」である。第二は、法令が違憲と判断されても、当然に効力を失うのではなく、その法令の規定は当該事件についてのみ無効であるとするのが「個別的効力説」である。

一般的効力説は、憲法98条1項により違憲とされた法令は当然に無効であるし、個別的効力であるとすれば、同一の法令が有効であったり無効であったりして法的に不安定で、公平性を欠くなどを論拠にあげている。一方、個別的効力説は、違憲審査制度の趣旨、また、一般的効力を認めることにより裁判所が法令を廃止するのと同様の権限をもつことになって、裁判所に消極的立法作用を認めることはできないなどを論拠としている。判例・通説は個別的効力説をとっているが、両者の区別は相対化してきており、現実には法令違憲とされた場合、法律の改正で削除または変更し、実質的に将来に向かって一般的効力をもつような事後措置がとられている。

【参考文献】
・市川正人=酒巻匡=山本和彦『現代の裁判（第6版）』有斐閣・2013年
・高橋和之『立憲主義と日本国憲法〔第3版〕』有斐閣・2013年
・辻村みよ子『憲法（第5版）』日本評論社・2008年
・戸松秀典『憲法訴訟〔第2版〕』有斐閣・2008年
・西村健一郎=西井正弘=初宿正典『判例法学〔第5版〕』有斐閣・2012年
・藤田宙靖『行政法入門〔第7版〕』有斐閣・2016年

第2章　民事裁判の仕組み

1. 実体法と訴訟法

[193]　**法の役割**　　私たちが民法や商法などを学んでいると次のような感じにとらわれることがある。確かに民法や商法には市民生活に必要な法律紛争を解決するための内容が書かれているし、論理的・体系的に構成されている。しかし、それは紙に書かれた法であり、具体的な生活紛争事実とは何となくかけ離れている。実際のところ権利が民法に書かれていてもそのとおりには実現されていないではないか。その意味では民法や商法は建前だけで無力な法であると。

　このように考えるとき、私たちは法の役割というものをどうも見落としていることに気がつかねばならない。民法や商法などの実体法は「かかる場合にはこうあるべし」という実体を規定している法であり、それはそれでその役割を果たしているのであって、現実にその内容が実現されるかどうかという問題は、それが実現されない場合における実現のための手続法の存在と役割との関係を考えなければならない。たとえば、他人から不法に傷害を与えられた者は、その治療費とか慰謝料とかの損害賠償を取ることができると民法には規定してある。しかし、任意に支払いをしようとしない加害者に対してはこれを裁判に訴えてでも強制的に支払いをさせるといった手段を規定するものは民事訴訟法や民事執行法という手続法である。このようにいわゆる実体法と手続法との役割分担を十分にわきまえることが必要とされる。

　では、ここで民法などの認める権利を実現させるために設けられた手続としての民事の裁判はどのように行われるのかということをみて

おくことにしよう。

2. 民事裁判の手続

[194] **訴訟の開始**　民事訴訟は、紛争当事者の一方が訴えを提起することによって始まる。この訴えを提起するには訴状を裁判所に提出するということになるが、この訴状には、当事者（および法定代理人）を表示し、請求の趣旨・原因を記載してその請求の内容を具体的に特定しなければならないものとされている（民訴法 133 条 2 項）。

　ここでの「当事者の表示」というのは、だれが原告*で、だれが被告であるかを明確にすることで、自然人の場合は氏名と住所、法人の場合は商号や主たる事務所の所在場所などを表示することでこれがなされる。

　「請求の趣旨」とはその訴訟において原告によって求められている具体的な判決の内容であるということができよう。たとえば、「被告は原告に対して金 1,000 万円を支払え」とか「原告と被告とを離婚する」との判決を求めるとかいうような訴えの具体的な内容である。

　「請求の原因」とは、その訴えによって求められる請求（これを「訴訟物」という）を具体的な特定の権利主張として根拠づけて法律構成するのに必要な事実のことであるということができよう。

　まず裁判所に訴状が提出され、これが裁判官の手元に回付されてくると、裁判官は訴状に必要な要件が具備されているか、訴訟物の価額に対応する手数料（印紙）が納付されているかなどを審査することになる（民訴法 137 条 1 項）。裁判所は、この訴状が所定の要件を具備していると判断すれば、訴状と第 1 回口頭弁論の期日の呼出状とを被告に送達することになる（同法 138 条 1 項）。

　被告は、訴状を受け取った段階から準備をはじめ、弁護士を依頼したり、被告側の言い分を明らかにする答弁書を裁判所に送り、裁判所がその答弁書を原告に送達する。

このような一連の手続により、民事訴訟の手続は開始される。

＊ **原告と被告**　「原告」とは、民事訴訟手続の第一審についての訴えの提起者のことを言う。「被告」とは、民事の第一審の訴訟手続において原告からその名において訴えられている者のことを言う。

　刑事裁判手続においては公訴の提起がされている者のことを「被告人」というが、民事手続においては訴えを提起された者のことを「被告」と呼び、被告人とは言わないので注意を要する。

```
　　　　　　　　訴　　　状

　　　　　　東京都○○区１丁目１番
　　　　　　　原告　　　○○　○○
　　　　　　東京都○○区２丁目２番
　　　　　　　被告　　　××　××
　　　　　　平成○○年○月○日

　　　　　　　　　　右原告　　○○　○○　㊞
　　　　　東京地方裁判所御中
　　　　　貸金返還等請求事件
　　　　　訴訟物の価額　　金　　150万円
　　　　　貼用印紙額　　　金　　○○○円

　　　　　請求の趣旨
　　被告は原告に対し、金150万円及びこれに対する平成○○年４月１日から支払済にいたるまで年５分の割合による金員を支払え。
　　訴訟費用は被告の負担とする。
　との判決ならびに仮執行の宣言を求める。

　　　　　請求の原因
１　原告は被告に対し、平成○○年４月１日、金150万円を、返済期限平成○○年３月31日の約束で貸し同金額を渡した。
２　しかるに被告は、返済期限を経過しても、貸金を返済しないので、原告は被告に対し、右貸金150万円及び、これに対する返済期限の翌日である平成○○年４月１日から支払済にいたるまで、民法所定の年５分の割合による遅延損害金の支払いを求める。
```

3．訴訟の審理

[195]　**口頭弁論**　この民事訴訟手続の開始に伴い、訴訟の両当事者の要求や主張を裁判所の法廷において直接に口頭でたたかわせることにな

るが、この手続が裁判所において行われる口頭弁論である。裁判所は、この口頭弁論を行わないでは判決することができないものとされており、したがって、この口頭弁論で陳述され、明らかにされたものだけが裁判の資料として利用することができるものとなるのである(民訴法87条1項。これを「必要的口頭弁論の原則」という)。

　そこで、原告と被告の主張と立証などの訴訟活動はすべて口頭弁論の場で展開される。もっとも、口頭弁論期日の審理の進行を円滑にするために準備書面の制度があり、これが活用されている。すなわち訴訟の当事者が口頭弁論などにおいて陳述する事項について、これを具体的に書面に記載し、裁判所に提出して、事前に当事者間で交換してから口頭弁論などに臨むといった制度であり、事前に双方の主張の一致点と相違点が明確にされ、当該口頭弁論期日になすべきことを事前に準備することができ、そのために口頭弁論の期日が無駄に費やされるということがなくなるという便宜がある。

[196]　**立証と証拠**　　裁判所が訴訟上の請求の当否を判断するには、その前提として、事実関係と適用法規が明確でなければならない。しかしながら、実際のところをいえば具体的な訴訟においては法規の解釈や適用ということが問題となるよりも、事実関係の存否が争われることがほとんどであるといってもよいであろう。

　当事者間に争いのないような事項(自白など)や裁判官が持っている知識や経験だけで判断が間に合うもの(法規の存否であるとか裁判所にとって顕著な事実など)は、裁判所がわざわざ資料を集めて認定する必要はない。しかし、争いがある事実については、証拠による証明(立証ということ)が必要となる。すなわち、当事者双方の主張がくい違う争いのある事実に関する裁判官の認定は、恣意的・主観的なものでなく、客観的に公正なものであるべきで、そのためにはその認定の基礎となる資料が訴訟の審理手続によって収集されたものであり、あるいはここに提出されたものであるということが必要となる。

　また、この証拠には、人的証拠となるものとして証人、当事者、鑑

定人があり、これから得られる証拠として証人尋問の内容、当事者尋問の内容、鑑定内容というものをあげることができる。さらに、物的証拠として書証と検証がある。たとえば、貸金返還請求訴訟において原告は金銭を貸したが返還されていない事実を主張し、被告が弁済した事実を主張しているような場合、原告は金銭の貸し借りがあったことを証明するための契約書を書証として、あるいは契約時の立会人を証人として証拠を提出し、被告は弁済の事実を証明するために領収書を書証として提出し、互いに各々の主張の正当性を証明しようとすることになるがごとくにである。

　この証拠調べは、当事者の申し出た証拠についてのみ行われるのが原則である（もちろん当事者尋問などは例外となるのは当然である）。

　証拠調べは、証人尋問、当事者尋問、鑑定人尋問、書証の取調べ、検証、その他を通して行われるが、いずれにしても証拠というものが両当事者に偏在するのが常であるところから、とりわけ書証などについてこれを対等に利用させる意味から、裁判所の文書提出命令がその運用上、広く認められ、これが活用されることになる（223条）。

　次に、このような訴訟審理・証拠調べの手続に基づいて、裁判官がどのような基準で事実の存否につき心証を形成すべきかが問題となってくる。これについて民事訴訟法247条は、裁判所は、口頭弁論の全趣旨および証拠調べの結果に基づいて、自由な判断で事実を認定すると規定している。これを自由心証主義というが、裁判官の自由な判断といっても、恣意的な事実認定であってもこれをを許すという趣旨ではなく、これは経験法則*や論理法則に従った合理的なものでなければならない（裁判所の判断における経験法則違反は上訴の理由となろう）。

　裁判所が判決をなすためには、前述のように証明の対象となる事項について、確実な認定が必要となる。しかしながら、裁判官の知識や当事者の努力にもかかわらず、必要な事項についての認定ができないというような場合が生じてくることも否定することはできない。しかし、そうかといって最終的な紛争解決の手段とされている裁判所が判

決をこのことによって下さないとすれば、当事者間の紛争は永久に解決されず、訴訟制度自体の目的が達成されないことになる。そこで、このような事実関係についての証拠による確定ができないというようなこととなった場合には、訴訟当事者のいずれかがその事実の有無を要件とする自己に有利な法律効果の発生または不発生が認められないことになるという不利益を蒙ることになる。訴訟当事者の一方の蒙るこのような不利益を立証責任といい、この当事者は、そのような不利益な扱いを受けたくなかったならばその事実についてみずから証明する責任を負うということになる。また、どちらの当事者が立証責任を負うかという立証責任の分配については、あらかじめ抽象的に定まっており**、訴訟の経過や立証活動の展開によって相手側に移ったりすることはないと考えられている。

> *　経験法則　　人類がながい経験を通じて当然のこととして得られた知識のことをいう。日常生活から得られた一般周知の常識的なものから専門の科学的研究によって見出された法則まで含まれる。裁判において事実の認定は証拠による立証ということによるのが原則であるが、経験則というものについてはこのような証明を要しないで認定できるものとされている。
>
> **　立証責任　　このような立証責任については実体法の規定によって当初から明確に定まっているというのが通説（法律要件分類説）の立場である。つまり、実体法の各規定のなかでいわゆる権利を積極的に根拠づける要件事実（権利根拠事実）については権利を主張するものが、これを滅却する要件事実（権利滅却事実）については権利を否定するものが立証責任を負担することになるというのである。

[197]　**少額訴訟制度の創設**　　新民事訴訟法は、一般市民が利用しやすい少額訴訟手続を設けた。日常の社会生活から生ずる少額の金銭的トラブルの迅速かつ効果的な解決を裁判所に求める制度であり、少額紛争に見合った時間と費用と労力での紛争解決が目的とされる。訴訟手続は、原則として、裁判所に出頭するのは一日だけ、一回の口頭弁論期日だけで審理を完了し、審理の終了後直ちに判決の言渡しが行われる。

まず、対象を金銭債権、訴額を60万円に制限したのは、手続・裁判

の両面で思い切った処理を実現ができるようにとの配慮である（368条1項本文）。また、利用回数にも制限をおき、同一の原告が同一の簡裁で同一の年に10回をこえて審理・裁判を求めることができないものとされる（368条1項ただし書、民訴規223条）。

　審理は、一審限りで、終局判決に対する控訴はできず（377条）、その判決をした裁判所に異議の申立てをすることができるだけである。

4．訴訟手続の終了

[198]　**判決とその効力**　　口頭弁論で訴訟の両当事者の主張と立証がつくされると裁判所は口頭弁論を終結し、判決を下すことになる。ここでされる裁判所の判断には判決と決定と命令があるが、判決が最も主要なものである。

　判決は、裁判所があらかじめ判決書を作成し、これに基づいてその言渡しが行われることになる。判決の内容は、最後の口頭弁論に関与した裁判官の意見によって決定される（民訴法249条。これを「直接主義の原則」という）。したがって、単独制の裁判の場合は、その裁判官だけの意見により決定できるが、合議制の場合、構成裁判官の評議を経て、原則としてその過半数によって判決内容を確定することになる（裁判所法77条）。判決書の必要的記載事項は、当事者と法定代理人、主文、事実および争点、理由、および裁判所であり、そのほかに裁判官の署名捺印が必要である（民訴法253条、民訴規157条）。

　判決は、言渡しによって成立し、その効力を生じる（民訴法250条）。判決言渡しは、口頭弁論終結後、2月以内にするのが原則である（同251条）。判決の言渡し後、裁判長はすみやかに判決原本を書記官に交付し（民訴規158条）、書記官はその写しを作成し、書記官が判決書の交付を受けた日または判決言渡日から2週間内に当事者に送達しなければならないものとされている（民訴規159）。上訴期間は、判決の送達を受けた時点から2週間内である（民訴285条・313条）。

確定した終局判決には、その判決主文について既判力と呼ばれる拘束力を生ずる。既判力とは後訴において同一事項が問題となった場合に、当事者はこれに反する主張をすることが許されず、裁判所もこれと矛盾抵触する判断をすることが許されないという効力のことである。

訴訟手続は、そのすべてが判決で終了するというわけではなく、訴訟の途中で訴えが取り下げられたり（民訴法262条）、訴訟中で和解が成立したり（同267条）することなどによって訴訟手続が終了することも決して少なくないのである。

当事者の行為により訴訟手続を終了させるものとして、訴訟上の和解を挙げることができる。訴訟上の和解とは、訴訟の係属中に、当事者が訴訟物について互いに譲歩して訴訟を終了させる行為である。訴訟上の和解は、これが口頭弁論期日においてされることが必要とされ、訴訟上の和解の要件となるので、裁判外の和解とは異なるのである。当事者から和解の陳述があった時は、裁判所は、その要件を具備しているかどうかを調査し、それが有効と認めれば、書記官に内容を調書（和解調書）に記載させることになる（民訴規164条2項）。

この和解調書には、確定判決と同一の効力があるので（民訴法267条）、その和解内容が履行されなければ、これに基づいて強制執行もできることになるのがその特色といってもいいであろう（民執法22条7号）。

5．上訴・再審制度

[199] **三審制の機能**　わが国の裁判制度においては、三審制が採用されている。その審級は訴額に応じて行われ、訴額が140万円以下の事件は簡易裁判所→地方裁判所→高等裁判所の順序で行われるし（ただし、特別上告の場合は、第三審が最高裁判所）、これを超える金額の事件や訴額算定不能な事件および不動産に関する事件は地方裁判所→高等裁判所→最高裁判所の順序で審級が進むものとされている。

このような三審制度が採用されている理由は、誤判を是正すること

と、法令解釈の統一をはかることにある。

　第一審裁判所判決に対する不服の申立ての審理は控訴審が行い、ここでは第一審の資料をもとに、さらに新たな主張や証拠を提出して、審理を続行して事実の確定をはかることになる（その意味でいわゆる「事実審」となる）。控訴裁判所の判決に対する不服の申立て（上告）は、上告審で判断し、そこでは控訴審の判決のうち法律問題だけがその対象になり、事実の主張や証拠の提出はできないものとされる（いわゆる「法律審」である）。なお、判決以外の裁判（決定、命令）に対する不服申立ては抗告である。

[200]　**再審**　　判決が確定して訴訟手続が終了すると、これを覆す余地がなくなる。法的安定の上からすれば当然のことであって、もはや裁判の取消しは認められないことになる。しかし、いかに確定した訴訟であるといってみても、その訴訟手続や裁判の基礎資料に重大な欠陥があっても、例外なく取消しを認めないというのでは、裁判の適正の上でも結果的には司法の権威を損うことになる可能性もある。そこで、確定した終局判決でも再審理の必要が認められる一定の事由（民訴法420条）がある場合には、その裁判を行った裁判所に対して、その裁判を取り消して、当該事件について再度の審理を求めることができる制度が認められている。これがいわゆる再審制度である。

[201]　**再審と上訴**　　再審制度と上訴制度を比較すると、上訴制度が裁判の確定を阻止するために確定前の裁判について上級裁判所に対して行う通常の不服申立て方法であるのに対して、再審制度はすでに確定した裁判について、その裁判を行った裁判所に対する非常の不服申立て方法である点で相違がある。

6．執行手続

[202]　**執行手続の迅速性と確実性**　　民事訴訟制度は、私人間の法的紛争を国家権力である裁判所が判決という形で行うものである。このよう

な紛争解決制度としてはほかにも、和解、調停および仲裁などが存在し、私人間の法的紛争に機能している。しかし、これらがあっても、これに従って自主的な解決がされない場合に、当事者にこの判断内容などについてこれを強制し、その内容に従った権利内容の実現をはかる制度が必要となる。これが強制執行制度であり、その手続を規定するのが民事執行法である。強制的権利実現手続である民事執行を主宰するのは、裁判所と執行官である（民執法2条）。この執行手続は書面をもって開始されるものであり、その迅速性の要請から、裁判所は口頭弁論を経ないで裁判（ここでの裁判は「決定」「命令」となる）することができるものとされる（民執規1条）。そのために執行を求める当事者は、執行を開始する際に、自己に権利がある旨の主張だけでなく、それが執行可能な権利であることが公の機関で確認され証明された一定の文書を提出することが必要とされる。これが「債務名義」である。この債務名義に該当するものとして具体的には給付を命じた確定判決、執行を許された支払命令、和解調書、調停調書、執行証書などのものをあげることができる（民執法22条など）。この執行手続においては、請求権自体についての判断は行わないから、この債務名義が備わっていれば、それだけで原則として執行を認められることになる。

[203] **執行手続**　執行手続は民事執行法の規定に基づいて行われるが、その個々の行為は執行機関の裁量に委ねられるものであり、その広い意味においては司法行政に属するものということができる。その執行の目的物によって、金銭の支払いを目的とする債権についての執行と（金銭執行という）、不動産の明渡し、物の引渡し、騒音の差止などの金銭以外の権利に対する執行（非金銭執行という）に分類することができる。金銭執行は、債務者の財産を執行の対象とし、その財産をもって債権者に金銭的満足を与えるものであるという点に特徴がある。したがって、金銭執行においては、債務者がその財産を勝手に処分してしまうことができないように強制的に差し押え、その財産を執行機関を通して売却するなどして金銭化し（換価）、最後に、その金員によって債権

者に弁済する(配当)手続が行われる。このような執行手続は、いずれも複雑なものであり、その対象も多種多様な財産に対してなされるものであり、債権者が競合する場合も多いので、これらの執行手続については民事執行法が綿密な規定をおいている。

これに対して、非金銭執行の手続の場合には、債務者の財産を金銭化するというような煩雑な手続がない点では簡易である。しかし、このように金銭の支払いを目的としない債権の種類は多様であるので、民事執行法においては、これらを「物の引渡・明渡を目的とする請求権についての手続」と、「作為・不作為ないし意思表示を内容とする請求権についての手続」とに分けてその執行手続を定めている。

7. 民事裁判の基本原理

[204] **処分権主義** 民事裁判制度は、当事者間の信頼関係が崩れたり、任意的・自主的な解決が不可能となった場合に、最終的な強制的紛争解決制度として機能するものである。それだけに、訴訟の過程は恣意的ではなく、合理的なものでなければならない。その進め方自体が法によって厳格に規定されなければならないものである。そして、その手続を定める法が民事訴訟法であるが、同法は手続の進め方に関して、紛争当事者だけでなく、紛争解決機関である裁判所に対しても厳格な形式性を要求しているのが特色である。まず、当事者は訴訟の開始、要求の内容、訴訟の終了などを自由に自分の判断で決定することができる(処分権主義)。つまり、訴えを提起しようとすまいと、どのような内容を求めようと、あるいは訴えを取り下げたり、自白したり、和解したりも自由である。これは私法上認められる私的自治の原則の訴訟における現われであるとされ、民事訴訟制度にとっての本質的な原則であるとされる。この原則のもとでは、裁判所は、当事者から紛争の解決を求められたときに、求められた内容について、求められた限度で裁判をすればよいということになる(民訴法246条)。たとえば、交通

事故の被害者と加害者間の損害賠償請求事件について考えてみれば、被害者は治療費などの損害の賠償を訴訟で請求することもできるし、その他の紛争解決制度を利用して請求することも自由である。また、訴訟が係属した後でも、訴えの取下げ、請求の放棄・認諾、訴訟上の和解などといった判決によらない方法で、訴訟を終わらせることも当事者の自由である。さらに、原告である被害者が加害者に対して100万円の支払いを求めているにもかかわらず、裁判所が被害者の損害を150万円と認定して加害者に150万円の支払いを命ずるなどということは、処分権主義の原則に反して許されないこととなる。

[205] **弁論主義と職権主義**　裁判は、いかなる場合でも、事実資料である事件の事実や証拠に基づいて行われなければならない。この事実資料については、これを当事者がみずから収集し、法廷に提出しないと裁判所はみずからこれを調査・収集して裁判の資料とするということをする必要はないとされている。これがいわゆる「弁論主義」である。すなわち、裁判の基礎となる事実資料の収集の権能と責任を当事者に与えるのが、財産関係を対象とする通常の民事訴訟について認められるいわゆる弁論主義であるということになる。一方、身分関係を対象とする人事訴訟手続などの特殊な訴訟手続では、事実資料の収集を当事者に任せずに裁判所の職責とする職権探知主義が採用されている。

[206] **弁論主義の具体的な内容**　弁論主義の具体的な内容には、裁判所は、①当事者の主張しない事実を判決の資料としてはならない、②当事者間に争いがない事実（自白された事実など）は、そのまま判決の資料として採用しなければならない、③当事者間に争いがある事実を認定する場合には、当事者の提出した証拠のみに基づいて判断しなければならない、という三つのルールをあげることができる。

　弁論主義は、私的自治の訴訟過程において現われる点では処分権主義と同様な基盤をもち、裁判所に対しては当事者の事案解明に協力する意味で釈明権を行使することのほかは、みずから積極的に証拠を収集して事実を取り調べることなどは禁じられることになる。民事訴訟

では、何をどう争うかは、当事者に任されているからである。

[207] **その他の諸原則の内容**　口頭弁論期日をいつにするとか、審理を進める順序とか、期間の伸縮などといった訴訟手続の進め方自体については、裁判所にその主導権がある（職権進行主義）。民事訴訟の審理は、公開の法廷において、当事者双方を対席させて、裁判官自らが直接に口頭による弁論を聴くことで行われる（この手続が口頭弁論である）。これは、公開主義、双方審尋主義、直接主義、そして口頭主義などの訴訟審理の方式に関する種々の要求が組み合わされたものである。民事訴訟法における口頭弁論は、審理の方式に関するこれらの諸原則を具体化し、制度化したものであるといえるであろう。双方審尋主義は、当事者に互いの言い分を述べる機会を平等に与えるという原則であり、当事者対等の原則ともいわれている。これは、裁判制度についての根本的原則として憲法上も規定されており（憲法82条1項）、弁論手続を支配するもっとも基本的な原則である。公開主義も、双方審尋主義と同様に、その保障が訴訟制度上の根本原則であり、憲法上に規定されている。民事訴訟制度下では、公開の原則は裁判の公正を維持し、当事者に対する手続上の権利保障のための原則である。

[208] **直接主義**　直接主義とは、事件について判決を下す裁判官が、弁論の聴取や証拠調べを自ら行うという原則のことをいう。直接主義の下では、裁判官が弁論手続に直接に関与することによって裁判の公正が保障されるし、裁判官が証人や当事者の陳述の趣旨を理解し事件の全体的な真相をつかみやすいといわれている。ただし、受託裁判官、受命裁判官による証人尋問などのやむをえない場合に、補充的に間接審理の方法が個別的に認められることがある。

[209] **口頭主義**　口頭主義とは、弁論と証拠調べとが口頭で行われ、口頭でされたものだけが判決の基礎となるという原則である。

口頭主義は、陳述の不明瞭さを直ちに釈明できたり、当事者の真意を把握するのに便宜であり、弁論における訴訟行為を口頭でなすという形態は直接主義の長所を一層徹底できる点で優れているところから

認められる原則である。しかし、裁判官や当事者が複雑な事実関係やすべての口頭弁論期日における陳述を記憶・理解することは困難であるところから、準備書面の交換制度（民訴法 161 条）や口頭弁論調書（同 160 条）の作成などによって、その欠点が補われることになっている。

【参考文献】
・兼子一他『訴訟のはなし〔第 3 版〕』有信堂高文社・1992 年
・兼子一=竹下守夫『裁判法〔新版〕』有斐閣・1978 年
・戒能通孝『日本の裁判』法律文化社・1956 年
・新堂幸司『新民事訴訟法〔第 5 版〕』弘文堂・2011 年
・三ケ月章『民事執行法』弘文堂・1981 年

第3章 刑事手続の仕組み

1. 刑事手続とは何か

[210] **刑法と刑事訴訟法**　犯罪者はどのようにして裁かれるのであろうか。刑法には、人を殺す行為は殺人罪にあたるとか、他人の物を盗めば窃盗罪となって10年以下の懲役または50万円以下の罰金に処せられるということが定められている。しかしこのような規定だけでは実際に犯罪者を処罰することはできない。まず、警察は犯罪の状況を調べて犯人が誰なのか等を捜査し、犯人と思われる者（被疑者）を逮捕し、場合によっては逮捕しないで検察に事件を送る。被疑者や事件を受け取った検察はこれを刑事裁判にかけるべき（起訴すべき）ものなのかどうかを判断し、犯人とする者（被告人）が有罪であることを裁判で証明しようとする。そして裁判所は被告人が有罪か無罪かを証拠に基づいて判断し、どの程度の刑罰を科すべきなのかを決定する。こうしてようやく人を処罰することができる。このように犯罪者を処罰するための一連の手続は、主として、実体法である刑法に定められているのではなく、手続法である刑事訴訟法に規定されているのである。

[211] **刑事訴訟法とは**　刑事手続を進めるにあたって中心となるのは刑事訴訟法という名称の法律（刑事訴訟法典ともいう。以下、刑事訴訟法と記す場合は刑事訴訟法典のことを指す）である。これを形式的意義の刑事訴訟法という。しかし刑事手続に関しては、少年法・検察庁法・刑事収容施設及び被収容者の処遇に関する法律・刑事補償法などといった法律だけでなく最高裁判所規則の一つである刑事訴訟規則にも規定があり、これらを総称して実質的意義の刑事訴訟法という。たとえば、どの裁

判所がどのような刑事事件を扱うかについては裁判所法で定められ、一般人が参加して刑事裁判を行う場合については「裁判員の参加する刑事裁判に関する法律」(裁判員法)で定められている。また、刑法の規定の中にも手続に関するものもあり、これらは実質的意義の刑事訴訟法にあたる。

　現行の刑事訴訟法典は、日本国憲法が制定されたことにともなって、1948年に公布され翌年に施行された。これは第二次世界大戦前の刑事訴訟手続が見直されて制定されたものであり、英米法、とくにアメリカ法の強い影響を受けたものである。明治維新以降の近代における日本の刑事手続は、フランス法を模範として1880年に制定された「治罪法」と1890年制定の「刑事訴訟法」(明治刑事訴訟法ともいわれる)、ドイツ法の体系を取り入れて1922年に制定された「刑事訴訟法」(大正刑事訴訟法ともいわれる)といった大陸法の流れをくむものであったが、そのうえさらに英米法の原理が加わることになった。

[212]　**刑事訴訟法と憲法**　　刑事訴訟法は日本国憲法の人権保障の原理のもとに全面的に改正されたものであるが、憲法自体にも刑事手続に関する規定が置かれている。適正手続の保障(31条)、裁判を受ける権利(32条)、逮捕・抑留・拘禁・捜索・押収についての保障(33条〜35条)、拷問・残虐な刑罰の禁止(36条)、公開裁判・迅速裁判を受ける権利(37条)、黙秘権の保障(38条)、遡及処罰の禁止・一事不再理(39条)、刑事補償(40条)など、国家が刑罰権という強力な権力を行使するにあたって不当に人権が侵害されることのないように明記されており、これらの規定は憲法の理念や精神そのものであり、刑事訴訟法はそれがさらに具体化されたものといえる。とくに31条が定める適正手続の保障は、単に刑事手続が法律に則って行われることを定めるものではなく、手続が「適正」に実現することを保障するものであり、このような観念はアメリカ法において形成された due process of law に由来する。

2. 刑事訴訟法の基本原理

[213] **刑事訴訟法の目的**　刑事訴訟法は第1条で「刑事事件につき、公共の福祉の維持と個人の基本的人権の保障とを全うしつつ、事案の真相を明らかにし、刑罰法令を適正且つ迅速に適用実現することを目的とする」としている。憲法に基づく人権保障を謳っていることは当然であるが、事案の真相解明も法の重要な目的として位置づけられている。刑罰権を行使するにあたっては、まずその前提となる事実が正確に解明されなければならないのであり、このような考え方を実体的真実主義という。犯罪を発見し犯罪者を処罰することで社会の秩序が維持され、法による統制が機能していることを示すことができるのであり、無実の者が処罰されることなく（消極的実体的真実主義）、犯罪を行った者は必ず処罰することで（積極的実体的真実主義）、刑事手続に対する国民の信頼が得られるのであって、個々の事案の真相解明なくして刑罰法令の実現は困難となる。

　しかし、人権保障と真相解明が相反しまたは矛盾することも多く、犯罪を取り締まるためには不当な逮捕や拷問なども行われていた戦前の例を出すまでもなく、現在の刑事訴訟制度においてもしばしば社会的問題として取り上げられることがある。たとえば、冤罪事件は暗い過去のできごとではなく近年になっても生じる問題であり、犯罪事実を証明する充分な証拠がないまま有罪となり、あるいは無辜の者が処罰される背景には、捜査や裁判の段階で人権を侵害するような手続が行われたと疑わざるをえない。刑事手続においては、人は誤りを犯しうるという前提のもと、生命をも奪うことのできる権力を行使するものであることに最大限の配慮をすべきであって、真相の解明のためにこれが損なわれることがあってはならない。

[214] **当事者主義と職権主義**　現行の刑事訴訟法は、検察官と被告人という当事者が中心となって手続がすすめられ、裁判所は第三者として

当事者の主張を審査するという構造をとっている。このように当事者の主張・立証が基本となる訴訟追行の形態を当事者主義という。当事者主義のもとでは、検察官が主張する犯罪事実（公訴事実）の範囲で審理がなされ、事実を明らかにするために証拠の取調べを請求する責任は検察官と被告人にあるのであって、基本的には裁判所が審理の対象を自ら変更したり、当事者が請求しない証拠調べを行ったりすることはない。当事者主義においては裁判所と検察官の機能が分化され、裁判所は当事者の主張の範囲で客観的な判断を行うことが原則となっている。

これに対して、職権主義とは、裁判所が訴訟追行の主導権を掌握する形態をいい、事実を究明する必要があると判断すれば自ら証拠を取り調べ、検察官が示さなかった犯罪事実についても有罪の判断を行うことができる。職権主義は実体的真実を究明するという点では優れた性質を持つものであるが、その反面として、判断する者が積極的に取調べを行うという構造は裁判の公平性において疑問がないわけではない。戦前の刑事訴訟法は職権主義的な性質が強く、真実究明のもとで人権が軽視されたことは周知のとおりである。

ただし、刑事手続において職権主義が本質的に否定されるべきものではなく、ドイツやフランスのようにこれを訴訟の基本としているところもある。また、現行の刑事訴訟法は、アメリカのように当事者主義を徹底するものとなってはおらず（319条3項は当事者としての被告人の権限を否定している）、職権による証拠調べ（298条2項）、訴因の追加・変更命令（312条2項）を認めていることから、日本では当事者主義と職権主義が混在していると考えられる。

3. 刑事手続の流れ

[215] **犯罪の発生から刑の執行まで**　刑事手続は、捜査手続・公訴手続・公判手続・執行手続等の段階に分けることができる。まず、①警察な

どの捜査機関は犯罪を認知すると犯罪に関する証拠を収集し、犯人を特定し、必要に応じては逮捕して身柄を確保し、事件として検察官に送る。②事件を受理した検察官はさらに必要な捜査を行ったうえで、起訴処分とするか不起訴処分とするかを決定し、起訴処分とした重い事件については公判請求を行う。③公判請求がされた事件は裁判所の係属となり、公判前整理手続・冒頭手続・証拠調べ・弁論などの公判手続が行われ、有罪か無罪かの判決を行う。⑤判決に不服がある場合には上訴などが行われ、⑥有罪判決が確定すれば刑が執行される。

[216] **刑事事件処理の実態**　刑事事件はこのような手続に従うことになるが、すべての事件がこうした流れで処理されているわけではない。平成27年の犯罪白書によると、道路交通法上の犯罪は交通反則金通告制度によって700万件以上が警察の段階で処理されるのに対して、検察が受理する事件は124人弱である。また、警察は検挙した事件のうちの約30％を微罪処分（あらかじめ指定された軽微な事件は検察官に送致しないというもの。刑訴法246条ただし書）によって処理している。

　検察官は、受理した事件のうち約38万人を起訴処分にしたのに対し、不起訴処分としたのは約70万人であり、ほぼ3人のうち2人は不起訴となっている。さらに、起訴した事件で公判請求をしたのは9万人であるのに対して、略式請求（略式手続では、書面審理によって100万円以下の罰金または科料を科すことができる）は28万人強である。つまり、検察官が受理した刑事事件のうち公判手続にまで進む割合は1割を下回っているというのが現実である。

[217] **刑事手続の主体**　まず、捜査機関には、検察官、検察事務官、司法警察職員がある。多くの場合、犯罪の捜査を行うのは警察官であるが、警察官は一般司法警察職員（さらに司法警察員と司法巡査にわかれる）にあたり、海上保安官や麻薬取締官などの特別の事項を捜査する者を特別司法警察職員という。警察官は検察官の補助機関ではないので独立して捜査を行うが、警察に対して検察官が捜査を指揮することもある。検察官は、警察と互いに協力して捜査を行うとともに、必要に応

じて自ら捜査することもできる。検察事務官は、補助機関として検察官の指揮の下に捜査を行う。

　検察官は、捜査機関であると同時に、公訴を提起するかしないかを決定し、公判手続等において公訴を維持し、裁判所に法の正当な適用を求める等の諸活動を行う国家機関である。検察権を行使するのは検察庁という組織ではなく個々の検察官であり、このことから検察官は「独任制の官庁」といわれる。しかし、起訴・不起訴の決定にあたっては上司の決裁を受けるのが通常であり、また、強大な権限の行使は統一的になされなければならないことから、一体的に行動するようなしくみとなっている（検察官同一体の原則）。

　裁判所は、刑事事件について事実を認定し犯人に対して刑罰を科すことができる権限を有する。裁判所は、「国法上の意味での裁判所」と「訴訟法上の意味での裁判所」に分けられる。前者は、司法行政上の単位としての裁判所（官署としての裁判所）で、司法行政実務を担うもの（官庁としての裁判所）である。後者は、具体的な事件を審理・裁判する裁判機関であり、刑事訴訟法で裁判所という場合の多くはこの意味で使われる（起訴を受けた裁判所ということで、受訴裁判所と呼ばれることもある）。裁判機関としての裁判所は、1名の裁判官で構成される単独体のものと数名で構成される合議体からなる。最高裁判所と高等裁判所は合議体のみで、地方裁判所は原則として単独体で一定の事件では合議体となり、簡易裁判所は常に単独体である。なお、裁判員については後述する。

　犯罪の嫌疑を受ける者は被疑者（容疑者とは言わない）であり、起訴されると被告人となる。訴訟の主体としての被告人は、黙秘権等の手続上の諸権利を有しているが、法律の専門家である検察官に対抗し自己を防禦することができる知識や能力を持っていないのが普通であり、そのために被疑者・被告人の権利を擁護する弁護人が必要となる。弁護人は原則として弁護士の中から選ばれ、本人や家族などが選任した場合が私選弁護人、金銭的な事情等の理由によって裁判所が選任した

場合が国選弁護人である。刑事事件ではすべてに弁護人が選任されるのではないが、死刑または無期もしくは長期3年を超える懲役・禁錮にあたる犯罪については、弁護人がいなければ開廷されない（必要的弁護事件）。

[218] **犯罪の被害者**　被害者は刑事訴訟の当事者ではないが、一定の訴訟手続において関与等が認められている。そもそも刑事訴追の基本は、検察官が公の利益を代表して犯罪を糺弾（きゅうだん）して犯人の責任を問うことによって成り立っている。しかし、近年では犯罪被害者に対する法的保護や手続上の配慮を図るために、刑事訴訟法の改正や「犯罪被害者等の権利利益の保護を図るための刑事手続に附随する措置に関する法律」の制定などが行われている。これによって、公判における被害者の心情その他の意見陳述、証人尋問に際して遮蔽措置やビデオリンク方式等による保護等が認められ、また一定の犯罪では裁判所の判断によって被害者の法定代理人が手続に参加して、証人尋問や被告人質問等を行うことができる、被害者参加制度が導入された。さらに、刑事手続で得られた成果を、被害者が被告人である加害者に損害賠償を請求する際に利用できることなども認められるようになった。

被害者のための法的保護が必要であり充実されなければならないのは当然ではあるが、被害者および被害者参加人は刑事手続の当事者となり得ないのは言うまでもない。たとえば、判決に不服であったとしても、当事者固有の権利である上訴権を認めることはできない。

4．捜　　査

[219] **捜査のあらまし**　捜査とは、犯罪が発生したときに、犯人を発見し、必要があればその身柄を確保し、起訴および公判の段階で必要な証拠を収集する捜査機関の活動をいう。捜査が始まるきっかけ（捜査の端緒）は、被害者の届出や告訴によることが多いが、第三者による告発、変死体の発見・検視、犯人の自首、現行犯逮捕、余罪の取調べ等によっ

ても生じる。捜査が開始されると、被疑者の取調べや逮捕、証拠物の捜索・押収などが行われる。

　捜査は、将来の公判において犯人の罪責を明らかにするために行われるが、この段階で捜査機関と被疑者の関係をどのようにとらえるかについて二つの考え方がある。糾問的捜査観は、捜査とは捜査機関が真相解明のために強制力を行使しながら被疑者等を取り調べる手続ととらえる。これに対し弾劾的捜査観は、捜査を公判の準備段階で行われる捜査機関と被疑者の独立した活動としてとらえる。多くの学説は弾劾的捜査観に基づいて訴訟における弾劾主義を捜査段階でも徹底させることを強調し、たとえば身柄を拘束されている被疑者も取調べを強要されるべきではないとするが、実務は捜査を糾問主義的に運用しているとみられている。ただし、被疑者等に対する強制処分は裁判官の令状によって行われているのであり、弾劾的な構造が否定されているわけではない。

[220]　**任意捜査と強制捜査**　　捜査は任意処分を原則とし、個人の権利等に重大な制限が生じる強制処分は例外である。強制処分を行うためには法律に特別の規定がなければならず(強制処分法定主義)、令状によって行われることを原則とする(令状主義)。強制捜査としての逮捕、身体検査、勾留、捜索・差押え・検証などは身体の自由や財産等に対して制約を加えることから、捜査機関の判断に加えて司法による抑制が必要とされるのである。

　任意処分と強制処分を区別する基準としては、一定基準以上の直接的な有形力の行使の有無を前提としつつ(取調室から退出しようとする被疑者の手をつかむ程度は認められる)、有形力の行使を伴わないものであっても、たとえば写真・ビデオ撮影や通信傍受、コンピュータ等の機器に存在するデータの収集などのように、プライバシー等の侵害があれば強制処分となりうる(通信や電磁的記録を独立の対象とする強制処分が認められている)と考えるべきであろう。ただし、任意処分であっても何らかの法益を侵害または侵害するおそれがあるので、必要性・緊急性を

考慮した具体的相当性が必要となる。

[221] **被疑者の取調べ**　捜査において被疑者などの供述内容は、直接証拠として公判において重要なものとなる。供述証拠を得る方法には取調べと証人尋問がある。このうち被疑者の取調べに関しては実務と学説のあいだで見解が分かれている。捜査機関は「自己の意思に反して供述する必要がない」旨を告げたうえで行わなければならないが、実務上はこれを欠いた場合でも自白の任意性は失われないとする。また、身体拘束中の取調べで被疑者は、取調室で捜査官による取調べを受けなければならない「取調べ受忍義務」があるとする。さらに、取調べの段階での弁護人の立会いも認めていない。これに対して学説の多くは、実務では被疑者の防禦権として認められている黙秘権・弁護人依頼権・弁護人との接見交通権などが実質的に保障されないことが多いとして批判している。

　なお、2006年から一定の犯罪について勾留状の発付された被疑者に対する国選弁護人制度も実施され、2016年の法改正で対象となる犯罪の限定もなくなった。さらにこの改正により、裁判員裁判対象事件と検察独自捜査事件に関しては取調べを録音・録画する、いわゆる取調べの可視化が図られることとなった。密室での取調べにおける自白の任意性を客観的に確保しようとする試みであるが、事件が限定されていることや拘束中の被疑者の取調べのみ対象としていることなど、今後検討されるべき課題も残されている。

5. 公　訴

[222] **国家訴追主義と起訴便宜主義**　刑事訴訟において公訴を提起することができるのは私人ではなく国家のみである。裁判上の準起訴手続のような例外もあるが、公訴は国家機関としての検察官が行うものとしており、これを起訴独占主義という。また、検察官には、犯人の性格・年齢・境遇・犯罪の軽重・情状・犯罪後の状況によって訴追の必

要がないと判断したときは公訴を提起しない（不起訴処分）という裁量が認められており、これを起訴便宜主義という。これに対して、犯罪の嫌疑があり訴訟条件が備わっているときには必ず起訴しなければならないことを起訴法定主義という。

　2016年の刑訴法改正によって検察官の訴追裁量権はさらに広げられ、他人の刑事事件について捜査や公判の段階で協力すれば引き換えとして、不起訴やより軽い犯罪での起訴等の被疑者・被告人に有利な処分を行うための協議ができることとなった。アメリカなどでは答弁取引（plea bargaining）として一般的に行われているものであるが、真相の解明を目的とした実体的真実主義と調和するのか、また被疑者等が自己に有利な条件を導くために他人を巻き込む危険性が生じるといった疑問もある。これは、検察官の請求により共犯者等について裁判所が免責決定をして証人尋問を行うことができるという刑事免責制度の導入についても当てはまる批判でもある。ただし、刑事免責制度は検察官の裁量権の問題だけではなく、裁判所も含めた司法手続全体に関するものとしてとらえなければならない。

[223]　**訴訟条件**　公訴を提起するための条件を訴訟条件といい、親告罪における告訴の取下げや被疑者・被告人の死亡、公訴時効の完成などのように訴訟条件が欠けている場合、裁判所の公訴棄却または免訴の裁判によって手続は打ち切られることになる。

　このうち公訴時効とは、公訴を提起する期間が定められているということであり、これを過ぎると犯罪の有無についての判断はできなくなる。その理由としては、時間の経過によって処罰の必要性が低くなることや証拠が少なくなって真相を解明することが困難になることがあげられる。かつてはすべての犯罪について公訴時効があったが、2010年の刑訴法改正により、人を死亡させた犯罪であって法定刑に死刑があるもの（殺人罪や強盗致死罪等）については時効が廃止された。

　訴訟条件が欠けていない場合であっても、公訴権濫用という概念によって違法・不当な起訴について手続を打ち切ることが実務のなかで

行われている。嫌疑がない、起訴猶予相当、違法捜査による起訴等については公訴の提起を無効とするもので、限定的ではあるが判例もこれを認めている（チッソ川本事件）。

[224] **公訴の提起**　公訴の提起には、正式裁判を請求する手続と、即決裁判の申立や略式命令請求などの簡易裁判を請求する手続がある。

公訴の提起は起訴状を提出して行う。起訴状には、①被告人を特定する事項（氏名・年齢・住所・本籍・職業等）、②公訴事実（裁判所の審判を求める対象）、③罪名（適用すべき罰条）が記載されるが、裁判官に事件に関して予断を生じさせるおそれのある書類などを添付したり、その内容を引用したりすることは禁じられている。これを起訴状一本主義という。これは、裁判官は事件について当事者の主張が交わされる前に予断を持つことなく公判に臨まなければならないという予断排除の原則からの要請による。起訴状に記載される公訴事実には、できる限り日時・場所・方法が特定された「罪となるべき事実」すなわち訴因が明示されていなければならない。訴因とは犯罪の構成要件に当てはめられた具体的事実であり、裁判所は訴因ではない犯罪事実について審判することはできない。

6．公判と証拠

[225] **公判手続の諸原則**　公訴の提起によって刑事事件は裁判所の係属に移ることになり、裁判が確定するまでの一連の訴訟手続が公判手続であるが、狭義では公判期日に公判廷で行われる訴訟手続のみを指す。そのうえで、有罪・無罪の判断は公判審理によって行われなければならず（公判中心主義）、これは現行法が基盤とする当事者主義からの帰結でもある。公判審理に関する原則としては、公開主義、弁論主義、口頭主義、直接主義などがあげられる。

公開主義とは、国民の傍聴が認められた公開の法廷で審理が行われることをいう。国民が監視できる状況で司法権が行使されることを前

提とするものであり、例外的に一定の理由が認められるときは「対審」について非公開とすることができるが、一定の犯罪や人権が問題となっている場合には常に公開されなければならない（憲法82条2項）。傍聴人の数が制限される場合があるが、報道記者には優先的に席が与えられ、また被害者等からの申出があるときには配慮しなければならない（犯罪被害者保護法2条）。

　弁論主義は、当事者の主張や立証である「弁論」に基づいてのみ判決を行うことであり、裁判所が自ら進んで確定した事実によって判決する職権探知主義と対比される。民事訴訟では弁論主義が徹底されるが、刑事訴訟は例外として裁判所が当事者の主張の変更を命じること（訴因変更命令）や職権による取調べを認めている。

　口頭主義は、口頭による訴訟資料に基づいて審判を行うことを原則とする。公判期日では口頭による弁論が主となることから、口頭弁論主義といわれる。ただし、公訴提起などの手続は書面に基づく書面主義によっている。

　直接主義は、裁判所が直接取調べた証拠に基づいて判決するものである。たとえば、証人による供述が書面のみで提出された場合にはこれを証拠とすることはできず、口頭によるものであっても他人の供述を行ったに過ぎないものは証拠とすることができない（伝聞証拠の排除）。

[226]　**公判の準備手続**　　広義の公判手続は、公判期日で行われる狭義の公判手続と公判期日外で行われる公判準備に分けられる。公判準備は公判が迅速・円滑に進行するために行われるものであり、手続的な準備のために、起訴状の送達、弁護人の選任、公判期日の指定、被告人等の出頭確保、証拠収集のために、公判期日で取り調べることができない証拠の取調べと公判期日で取り調べる証拠を収集すること、公判における争点・証拠の整理をすることなどが行われる。

　被告人等の出頭確保は召喚・勾引・勾留によって行われる。召喚は一定の日時・場所に出頭を命ずる強制処分であり、被告人だけではなく証人や鑑定人に対しても行われる。勾引は、定まった住居がない場

合や正当な理由なく出頭命令等に応じないときに被告人等を一定の場所に引致する強制処分である。勾留は「罪を犯したことを疑うに足りる相当な理由」の有無を調査したうえで、裁判所・裁判官が行う処分である。勾留の執行を停止することを「保釈」といい、無罪の推定の観点から原則として保釈の請求があったときは認めなければならない（必要的保釈または権利保釈）。ただし、罪証隠滅の虞があるとき等の除外理由にあたる場合には請求は却下される。

　2004年に導入された公判前整理手続は、迅速な審理を図るために公判審理が開始される前に、事件の争点や証拠調べに要する時間などを明らかにしておくものであり、裁判員裁判においては必ず行われる手続となっている（裁判員法41条）。具体的には、①訴因の明確化などの争点整理、②立証趣旨や尋問事項の整理などの証拠整理、③証拠開示、④公判期日の決定等の審理計画の策定が行われる。証拠開示に関しては、検察官は、取調べを請求した証拠を被告人または弁護人に対して速やかに開示しなければならず（請求証拠の開示）、請求証拠以外の証拠でも、所定の類型に該当し請求証拠の証明力を判断するために重要であり、被告人の防禦の準備のための必要性と開示することによって生じる弊害等を考慮したうえで相当と認める証拠については請求により開示しなければならない（類型証拠の開示）。

[227]　**公判手続の流れ**　公判期日の手続は、審理手続と判決の宣告手続に分けられる。審理手続は、冒頭手続・証拠調べ手続・弁論の順で進められる。

　冒頭手続では、出頭した被告人が人違いではないことを確かめる人定質問、検察官による起訴状の朗読、被告人に対する訴訟上の権利の告知、事件に関する被告人および弁護人の陳述が行われる。

　次に証拠調べ手続が行われ、まず検察官が「冒頭陳述」を行い、証拠によって証明すべき事実を明らかにする。証拠調べの請求は、検察官が犯罪事実に関する立証を行い、次に被告人・弁護人が立証するという順序で進められる。当事者に請求に基づいて証拠調べが行われる

のは当事者主義に基づくものであるが、補充的に裁判所の職権による取調べも認められている。そのうえで裁判所は証拠の採否の決定を行い、範囲や順序などを決めたのちに、証拠調べが実施されることになる。

　証拠調べが終わった後に弁論が行われる。弁論は、当事者の意見の陳述であり、検察官が事実および法律の適用について意見を陳述することが論告であり、その際に具体的な刑の量定について意見を陳述することが求刑である。なお、検察官の意見陳述の後に、一定の犯罪に関しては裁判所が相当と認める場合に被害者参加人（被害者の法定代理人）が意見を陳述することがある。被告人および弁護人には最終に陳述する機会が与えられる。通常、弁護人が先に意見陳述（弁論）を行い、その後に被告人が最終陳述を行う。これにより弁論が終わり、審理手続も終了する。これを結審という。

　判決の宣告は、公開の法廷において、裁判長が主文および理由を朗読する方法によって告知する。有罪判決を宣告する場合には、被告人に対して上訴期間および上訴申立書を差し出すべき裁判所を告知しなければならない。判決の宣告をした後に、裁判長は被告人の将来について適当な訓戒をすることができる。

　　＊　なお、以上の公判手続の流れは、裁判を傍聴することで身近に接することができるので、是非実際に裁判所を訪れてもらいたい。

[228]　**証拠裁判の意義**　当事者が主張する事実の存否の判断（事実認定）は証拠による。これが近代刑事裁判の原則でもある証拠裁判主義である。ここでいう「事実」は一定の犯罪事実であり、「証拠」は証拠能力と証拠調べ手続において法定の資格を備えた証拠である。証拠能力が認められ適法な証拠調べを経た証拠による証明は「厳格な証明」といわれ、そのような証明の必要がないものは「自由な証明」といわれる。犯罪事実については厳格な証明が求められるが、情状や訴訟法上の事実は自由な証明で足りる。

証拠の証明力が裁判官の自由な判断に委ねられる原則を自由心証主義という。証明されたかどうかの判断には幅があり程度の問題が生じるものでもあるが、「合理的な疑いを超える」(beyond a reasonable doubt) 証明が必要と考えられている。合理的な疑いが残る場合には犯罪事実を認定することはできず、「疑わしきは被告人の利益に」(in dubio pro reo) の原則によって無罪となる。犯罪事実の証明は原則として公訴を提起した検察官が負うことになる（挙証責任の分配）。

　証拠の分類としては、直接証拠と間接証拠、本証と反証、人的証拠と物的証拠などがある。たとえば、直接証拠は、被告人の自白や目撃者の証言などのように要証事実を直接証明するための証拠をいう。これに対して犯行現場に残された兇器に被告人の指紋がついている場合、これによって被告人による犯罪であることを直接証明することはできないが、犯罪事実を推認することはできるので間接証拠または情況証拠となる。

　事実を証明する証拠として認めることができるのは、証拠能力あるいは証拠の許容性が認められる場合のみである。証拠能力を制限するものとして、伝聞法則、自白法則、違法収集証拠の排除法則がある。

　伝聞法則は、伝聞証拠の証拠能力を否定するという原則である。伝聞証拠とは公判期日外で反対尋問の機会がない供述証拠であり、憲法37条が保障する被告人の反対尋問権からも公判手続における直接主義からも認められないものである。

　自白とは自己の犯罪事実の全部または一部を認める供述をいい、自白法則は、強制・拷問・脅迫や不当に長く抑留・拘禁された後の自白は任意性を欠くことから自白の証拠能力を制限するものである（憲法38条2項、刑訴法319条1項）。さらに、自白が唯一の証拠である場合には有罪とならず自白以外の補強証拠を必要とするなど、自白の証明力を制限すること（憲法38条3項、刑訴法319条2項）も自白法則にあたる。

　違法収集証拠の排除法則に関する明文の規定はないが、違法に収集された証拠の証拠能力は否定される。判例は、憲法が保障する適正手

続の原則や令状主義の原則と住居の不可侵等と、これに基づいて刑事訴訟法が捜索・押収について厳格な規定を置いていることなどから、憲法および刑事訴訟法の精神を没却するような「重大な違法があり、これを証拠として許容することが、将来における違法な捜査の抑制の見地からして相当でない」として証拠能力が否定されることを認めている（最判昭和53年9月7日刑集32巻6号1672頁）。

7. 裁判と救済手続

[229]　**裁判とは**　日常的な意味での裁判はこれまで述べた公判手続を指すものであるが、訴訟法上は、裁判所または裁判官の意思表示をいう。裁判は主文と理由からなり、有罪の場合には宣告刑や、執行猶予・保護観察、没収・追徴、訴訟費用の負担などが主文にあたり、罪となるべき事実や法令の適用などが理由として示される。

　　裁判は形式によって判決・決定・命令に区別される。判決は、裁判所による裁判であり、口頭弁論によって行われるものである。決定は裁判所による裁判で、命令は裁判官による裁判であるが、共に口頭弁論によって行う必要がない。

　　裁判は内容によって実体裁判と形式裁判に分類できる。前者は有罪・無罪の判断を行うことであり、後者は管轄違いや公訴棄却等の理由で訴訟手続を打ち切ることである。

[230]　**裁判の効力と執行**　裁判の効力は、裁判が確定することによって生じる。裁判が上訴や準抗告などの通常の不服申立て方法によって取消し・変更できなくなることで生じるのが形式的確定力であり、裁判の内容が確定することで生じるのが内容的確定力である。また裁判の確定によって、同じ犯行について再び裁判を受ける危険にさらされることを禁止する憲法39条に基づく一事不再理効が生じる。

　　裁判の執行は裁判の内容を強制的に実現することであり、原則として検察官がこれを行う。刑の執行が中心的なものであるが、他にも勾

留・捜索・押収などの強制処分や過料などの刑罰以外の制裁処分の執行がある。なお、死刑の執行は、判決の確定した日から6か月以内に出される法務大臣の命令によって行われる。

[231]　**救済手続**　裁判について不服がある場合には他の裁判所の判断を求めることが認められている。その方法としては、裁判が確定する以前に上級の裁判所の審判による救済を求める控訴・上告・抗告（これらを上訴という）と、確定した裁判に重大な誤りがあるため非常手続としての救済を求める非常上告・再審請求がある。

8．国民の司法参加

[232]　**刑事司法と国民**　大規模な事故が生じたときに責任者が起訴されない、あるいは兇悪な事件を起こしているにもかかわらず刑が軽いなどというような、刑事司法に対する国民の不満が生じることがある。このような社会の批判や不審は刑事司法に如何にして反映されるべきなのだろうか。国民が裁判に直接関与するものとしては陪審員制度があり、日本でも1928年に陪審法が施行され（1923年公布）一定の刑事事件について陪審裁判（小陪審）が行われていたが、1943年に停止され、そのままの状態で現在に至っている。

　なお、陪審制以外でも国民が裁判に関与する参審制がある。英米法の影響の強い陪審制は一般人のみで事実の認定を行って判断を下すのに対して、大陸法下の国々で実施されている参審制は裁判官と一般人が共に判断をするという点で異なっている。日本の裁判員制度は本質的には参審制に近いが、関与する事件数などヨーロッパ諸国のものと制度的に違うところも多い。

[233]　**検察審査会制度**　戦後の刑事手続の改革に際して、国民の意識と懸け離れた検察の専断的な公訴権の行使を抑制するものとして、1948年には検察審査会制度が導入された。これはアメリカの起訴陪審（大陪審）をもとにしたものであるが、起訴陪審が起訴するかしないかの

決定を行う権限があるのに対して、検察審査会は検察が起訴しなかったことについて不服がある被害者等の申立てがある場合などに、不起訴処分が妥当であったか否かを判断する権限があるにすぎない。審査によって、①不起訴相当（起訴しなかったことは妥当）、②不起訴不当（捜査を見直して再度判断することが望ましい）、③起訴相当（起訴することが妥当）の議決を行うが、検察審査会法が制定された当初の規定では、これらの議決には法的拘束力はなく、起訴するかしないかの最終的な判断は検察官に委ねられていた。

しかし、2004年には刑事訴訟法と検察審査会法が改正され（2009年に施行）、検察審査会が起訴相当の議決をしたにもかかわらず検察官が再び不起訴としたときに、再度の審査を行ったうえで11人の審査員のうちの8人以上が起訴相当の議決を行うことで起訴できるようになった。この場合、起訴およびその後の手続を担うのは、裁判所が指定する弁護士（指定弁護士）であり、検察官が関与することはない。なお、公務員職権濫用罪などの一定の犯罪に関して、検察官の不起訴処分に不服がある被害者等の申立てによって裁判所がこれを審判に付し、相当の理由があると認めたときにも指定弁護士が手続を行うことになる。これは付審判請求手続といわれるが、裁判所の判断に基づくという点で一般の人々の意思が直接反映されるものとはいえない。

[234] **裁判員制度**　刑事裁判をめぐっては、検察官や裁判官といった専門家と一般の人々のあいだで判断や感覚がずれていると指摘されることがあるが、このような意識や考え方の違いを放置したままにすると刑事司法に対する国民の信頼を失うことになりかねない。そこで政府は1999年に司法制度改革審議会を設置し、2001年にまとめられた意見書にある「広く一般の国民が、裁判官と共に、責任を分担しつつ協働し、裁判内容の決定に主体的、実質的に関与することができる新しい制度」としての裁判員制度導入の提言を受けて、2004年に「裁判員の参加する刑事裁判に関する法律」（裁判員法）が制定され、2009年に施行された。この制度が目的とする国民の司法参加は、一方的に国民

の意思を刑事裁判に反映させようとすることにあるのではなく、「国民の中から選任された裁判員が裁判官と共に刑事訴訟手続に関与することが司法に対する国民の理解の増進とその信頼の向上に資する」（1条）ことにある。

　裁判員制度の導入にあたっては、国民の理解が得られやすいようにと裁判の充実化と迅速化を図るためにさまざまな手続が改正され新たな制度が加えられた。具体的には、あらかじめ争点をしぼり証拠を厳選するための公判前整理手続が創設され、従来の書面中心の審理から人証を主とする直接主義・口頭主義による審理に重点が置かれ、集中的・連日的に行えるように制度が改変された。

　一方、裁判員制度には国民が司法に関与させられるという側面もある。法律上除外される要件を充たさない限りは裁判員としての職務に従事することが求められ、場合によっては死刑を宣告するという重大な決定に一般人が関与させられることになる。また、被告人等による恨みや脅しなどの対象となりうるという不安が生じることもありうる。これらの現状が、本質的な問題として制度そのものを否定する理由となるのか、解決可能な課題として対策を講じながら制度は維持すべきものとするのか、検討を要する問題であろう。

参考文献

碧海=伊藤=村上『法学史』 東京大学出版会・1976 年
五十嵐　清『法学入門』 一粒社・1979 年
伊藤正己編『法学〔第二版〕』 有信堂高文社・1982 年
沢井=清水=鈴木『法学部学生のための法律学概論』 有斐閣・1981 年
高梨　公之『法学〔全訂版〕』 八千代出版・1965 年
田中耕太郎『法律学概論』 学生社・1953 年
田中　英夫『実定法学入門〔第三版〕』 東京大学出版会・1974 年
団藤　重光『法学の基礎』 有斐閣・1996 年
道垣内正人『自分で考えるちょっと違った法学入門』有斐閣・1993 年
中川善之助=泉久雄『補訂版・法学』 日本評論社・1985 年
三ケ月　章『法学入門』 弘文堂・1982 年
山田　晟『法學〔新版〕』 東京大学出版会・1964 年

事項索引

あ
悪法も法たり得るか……………………4
アメリカ法……………………………72, 93

い
イェーリング………………………57, 88
イギリス法……………………………69
違憲審査制……………………………221
違憲審査の効力………………………226
違憲審査の対象………………………223
違憲立法審査権……………………33, 72
EC法（欧州共同体法）……………68, 69
イスラム法……………………………70
一事不再理効…………………………257
一部執行猶予…………………………126
一般条項………………………………196
一般的効力説…………………………227
一般法と特別法………………………35
　　──との関係……………………36
委任命令………………………………30
違法収集証拠の排除法則……………256
違法性…………………………………135
EU法（欧州連合体法）………………69
入会権…………………………………38
インスティトゥーネスシステム……82

う
ヴィノグラドフ………………………16
宇奈月温泉事件………………………103

え
エクイティ……………………………70
エクイティ裁判所……………………71
ADR（Alternative Dispute Resolution）……211
江藤新平…………………………74, 81

お
欧州共同体裁判所……………………68

応報刑論………………………………90
恩赦……………………………………191
オンブズマン制度………………217, 220

か
外国人の人権…………………………153
概念の内包と外延……………………200
概念法学…………………………88, 90
　　──の発生………………………87
下級裁判所……………………………212
学説彙纂………………………………58
拡張解釈………………………………201
学問の自由……………………………164
学力テスト事件………………………173
過失責任の原則……………………97, 99
カノン法（教会法）…………………59, 60
仮登記担保契約に関する法律………46
科料刑…………………………………125
簡易裁判所……………………………215
環境権…………………………………157
慣習（事実たる慣習）……………17, 41
慣習法……………………26, 38, 39, 55
　　──の制定法化…………………56
間接適用説……………………………222

き
議案の発議権・動議提出権…………184
議院規則………………………………27, 29
議院内閣制……………………………187
議院の自律権…………………………186
機関訴訟…………………………218, 219
擬制……………………………………208
起訴状…………………………………252
起訴状一本主義………………………252
起訴便宜主義…………………………250
起訴猶予………………………………252
機能から見た法………………………25
既判力…………………………………235
基本的人権の尊重……………………93

客観的強行性	5	刑事補償請求権	176
旧派刑法理論	90	刑罰	123
旧法	85	——の本質	127
旧民法	85	刑法典	121
旧民法典	82	刑法の社会的機能	122
糾問的捜査観	249	啓蒙思想	61, 80
教育刑論	90	契約自由の原則	106
教育を受ける権利	172	決定	257
協議離婚	51	ゲルマン法	58
強行法規	45	検閲の禁止	163
矯正および保護法	122	厳格な証明	255
行政権	188	原告	230
行政先例	53	検察官	246
強制捜査	249	検察審査会制度	258
行政訴訟	217	原始法	55
居住・移転の自由	165	憲法	27, 28, 138
許容規範	6	——の改正手続	32
緊急避難	136	——の最高法規	33
禁錮刑	124	憲法改正の発議権	185
禁止規範	6	憲法訴訟	222
近代学派	127	憲法判断の回避	225
近代市民社会	105	憲法優位説	224
近代的意味の憲法	139	権利能力平等の原則	97, 98, 106
近代的資本主義国家	96	権利の濫用	103
近代的市民法としての民法	95	権力分立	150
欽定憲法	142	——の理論	151
勤労者の団結権	173	権力分立制	178
勤労の権利	173	権利濫用の理論	92

く

具体的妥当性	206

け

経験法則	232, 233
経済活動の自由	165
経済法	115
経済法則	1, 2
刑事訴訟	217
形式的意義の——	242
実質的意義の——	242
刑事訴訟法	122, 242, 243
——の目的	244
刑事手続	242
刑事被告人の権利	169

こ

行為規範	6, 15, 200
勾引	253
公開主義	252
公共の福祉	154, 166
抗告	258
抗告訴訟	218
公序良俗の法理	92
硬性憲法	140
公正取引委員会	116
構成要件該当性	133
控訴	258
公訴の提起	247, 252
公的扶助	117
高等裁判所	215

口頭主義	240, 253	罪刑法定主義	128
口頭弁論	230, 234	——の沿革	129
口頭弁論主義	218	——の派生原則	130
公判前整理手続	254	最高裁判所	212, 214
幸福追求権	155	最高裁判所規則	27, 29
後法優先の原則	35	最高裁判所大法廷と判例変更	49
拷問・残虐な刑罰の禁止	170	最高裁判所長官	214
拷問の廃止	78	最高裁判所判事	214
勾留	253	財産刑	125
拘留刑	124	財産権	166
国政調査権	186	再審	236, 258
国選弁護人制度	250	財政に関する権限	185
国の唯一の立法機関	179	再度の審査	259
国民	138	裁判員裁判	254
——の司法関与と参加	216	裁判員制度	259
国民主権	93, 144	裁判規範	7, 25
国民代表機関	178	裁判の機能	47
国務請求権	174	歳費を受ける権利	185
国務大臣の地位と権限	190	サビニー	85
個人主義法制	97	差別的取扱いの禁止	159
個人主義法制度の基本原則	97	猿払事件	226
個人主義民法における三原則	100	参議院	179
個人主義民法の基本原理	101	産業革命	105
個人の尊重	101	三審制	50, 235
戸籍事務	54	参政権	150, 176
古代法	97		
国家	138	**し**	
国会	178		
——の権能	185	死刑	124
——の召集	182	自己決定権	156
国会議員	184	事実たる慣習	42, 43
国家からの自由	149	事実認定	195, 206
国家訴追主義	250	自然法	61
国家賠償法	175	自然法則	1, 13
国権の最高機関	179	自然法論	75
古典学派	127	思想及び良心の自由	160
個別的効力説	227	質疑権・討論権・評決権	184
コモンロー	70	執行証書	237
コモンロー裁判所	71	執行手続	236
コンメンタール	89	執行命令	30
		執行猶予	126
さ		実体的デュープロセスの原則	132
		嫉妬建築事件	104
罪刑の均衡	131	質問権(一般質問と緊急質問)	184
罪刑の法定	130	私的自治の原則	97, 99

自白の任意性	250
支払命令	237
司法警察職員	246
司法権	211
——の限界	213
——の優位	152
司法省法律学校	77
資本主義経済機構	95
市民法	57
社会規範の特徴	12
社会権	108, 149, 154
社会主義法学	92
社会手当	118
社会福祉	119
社会保険	118
社会保障制度	116
社会倫理的機能	123
集会・結社の自由	162
集会の自由の規制	162
衆議院	179
——の解散	182
——の優越性	181
自由刑	124
自由権	149
自由国家観	106
自由心証主義	207, 208, 256
自由選挙	177
自由な証明	255
自由法運動	90
自由法論	67, 89, 91
自由保障機能	123
受益権	149
縮小解釈	201
出頭命令	254
上位の法規範は下位の法規範に優先する	32
常会（通常国会）	181
少額訴訟制度	233
商慣習	19
消極的実体的真実主義	244
証拠	255
上告	258
証拠調べ	232, 255
商事慣習法	40
肖像権	156
上訴期間	234
譲渡担保	45
小法廷	215
条約	27, 31
——の批准	31
条約承認権	185
条約優位説	224
条例	27, 30
職業選択の自由	166
職権主義	244, 245
職権探知主義	207, 239
処分権主義	238
所有権絶対の原則	9, 799, 106
所有権の絶対性と権利の濫用	102
白地規定	196
自力救済の禁止	56
知る権利	164
信義誠実の原則	91, 92
信教の自由	161
人権保障	147
親告罪	251
人身の自由	167
迅速な裁判を受ける権利	169
新勅法彙纂	58
人的証拠	231
新派刑法理論	90
審判離婚	51
新律綱領	78

せ

西欧法継受	74
生活保護法	117
請願権	174
請求の原因	229
請求の趣旨	229
請求の認諾による離婚	51
政教分離	19
精神的自由	160
生存権	171
制定法	25, 27
制定法主義	26
制定法の段階構造	32
正当業務行為	136
正当防衛	136

266　事項索引

成文法主義……………………………38
性法…………………………………76
性法講義……………………………77
生命刑………………………………124
政令の制定…………………………190
積極的実体的真実主義……………244
絶対的不定期刑の禁止……………132
全体主義法学………………………92
全部執行猶予制度…………………126
先例拘束の原理……………………49
先例拘束の理論……………………69

そ

訴因…………………………………252
訴因変更命令………………………253
捜査…………………………………248
　――の端緒………………………248
捜査機関……………………………246
遡及処罰の禁止……………………131, 170
組織規範……………………………8
訴訟条件……………………………251
訴訟上の和解による離婚…………51
訴訟の開始…………………………229
尊属殺人罪の廃止…………………53

た

大学の自治…………………………165
体系的解釈…………………………203
ダイシー……………………………152
大統領制と議院内閣制……………151
大日本帝国憲法……………………80
代表民主制…………………………146
大法廷………………………………215
大陸法………………………………60
　――とイギリス法との近接……68
鷹の湯事件…………………………41
弾劾裁判所…………………………212
弾劾裁判所設置権…………………185
弾劾的捜査観………………………249
男女の本質的平等…………………101
団体交渉権…………………………173
団体行動権（争議権）……………173

ち

地方裁判所…………………………215
懲役刑………………………………124
調停調書……………………………237
調停離婚……………………………51
直接主義……………………………240
　――の原則………………………234
直接選挙……………………………177
直接適用説…………………………222
勅法彙纂……………………………58
沈黙の自由…………………………160

つ

追徴…………………………………126
通信の秘密…………………………164
津地鎮祭事件………………………223
津田真道……………………………76
罪となるべき事実…………………252

て

適正手続の保障……………………167
天皇の国事行為……………………188
伝聞法則……………………………256

と

ドイツ民法第一草案………………65
ドイツ民法第二草案………………65
ドイツ民法典………………………63
登記事務……………………………54
当事者主義…………………………244, 245
当事者訴訟…………………………218, 219
統治権（主権）……………………138
独占禁止法…………………………115
独占資本主義………………………107
　――主義の修正…………………107
特別会………………………………182
特別刑法……………………………121
特別法優先の原則…………………35
取調べ受忍義務……………………250
取調べの可視化……………………250
奴隷的拘束および苦役からの自由…………167

な

内閣 …………………………………… 187
　　――の権能と責任 ………………… 190
　　――の責任 ………………………… 191
　　――の組織 ………………………… 188
内閣総理大臣
　　――の指揮監督権 ………………… 189
　　――の指名権 ……………………… 185
　　――の任命 ………………………… 189
内閣不信任の議決 …………………… 187
ナシオン主権 ………………………… 145
ナチズム ………………………………… 93

に

西周 ……………………………………… 76
日本国憲法の基本原理 ……………… 144
任意捜査 ……………………………… 249
任意法規 ………………………………… 45

は

陪審制 ………………………………… 258
罰金刑 ………………………………… 125
判決 …………………………………… 257
判決書 ………………………………… 234
犯罪の成立要件 ……………………… 132
反対解釈 ………………………… 201, 202
パンデクテンシステム …………… 65, 85
パンデクテン法学 ……………………… 66
万民法 …………………………………… 57
判例 ……………………………… 48, 50
判例は法か ……………………………… 50
判例法 …………………………………… 26
判例法主義 ……………………………… 69

ひ

被害者参加人 ………………………… 248
被疑者 ………………………………… 247
　　――の権利 ……………………… 168
　　――の取調べ …………………… 250
被告 …………………………………… 230
被告人 ………………………………… 247
非常上告 ……………………………… 258
人の人たる所以は、人と人との結合にある … 10

秘密選挙 ……………………………… 176
表現の自由 …………………………… 163
平等原則に関する代表的判例 ……… 159
平等選挙 ……………………………… 176

ふ

ファシズム ……………………………… 93
プープル主権 ………………………… 145
フォイエルバッハ …………………… 129
付審判請求手続 ……………………… 259
不逮捕特権 …………………………… 184
普通選挙 ……………………………… 176
不当労働行為 ………………………… 112
不平等条約 ……………………………… 74
不文法 …………………………………… 38
プライバシーの権利 ………………… 156
プラグマティズム法学 ………………… 73
ブラックストン ………………………… 71
フランス刑法典 ………………………… 78
フランス人権宣言 …………………… 141
フランス民法典 …………………… 62, 75
ブランダイス …………………………… 73
踏んだり蹴ったり判決 ………………… 52
文理解釈 ……………………………… 200

へ

平和主義 ………………………… 93, 152
弁論主義 ………………… 207, 239, 253

ほ

ボアソナード ……………… 75, 76, 77, 78, 81
法益保護機能 ………………………… 123
法源 ……………………………… 25, 26, 39
　　――としての慣習 ………………… 41
法社会学 ………………………………… 91
法たる慣習 ……………………… 39, 42, 43
法的安定性 ……………………… 22, 206
法典解釈 ………………………………… 86
法典継受 ………………………………… 75
法典編纂 ………………………………… 77
法典論争 ……………………………… 64, 82
冒頭陳述 ……………………………… 254
報道の自由 …………………………… 163
法と道徳 ………………………… 20, 22

268　事項索引

法の意義……………………………1	村八分………………………………17
法の解釈…………………………194	**め**
法の概念……………………………1	明治憲法…………………………142
法の継受…………………………61	明法寮………………………………77
法の支配……………9, 72, 151, 217	名誉法………………………………57
法の定義……………………………3	命令……………………27, 29, 257
法の適用に関する通則法………40	免責特権…………………………185
法の分類……………………………17	**も**
法の下の平等………72, 101, 157	燃えない火、照らない燈火……5
法の役割…………………………228	目的論的解釈……………………204
法の類型……………………………5	黙秘権……………………………170
法文………………………………195	勿論解釈……………………201, 202
——の欠缺………………………197	物…………………………………200
法律………………………………27, 28	**や**
法律意思説………………………205	薬事法違憲判決…………………223
法律効果…………………………194	夜警国家観………………………106
法律法則……………………………1, 2	**ゆ**
法律要件…………………………194	唯物史観……………………………92
法令違憲の最高裁判決…………225	有権的解釈…………………………53
法令行為…………………………136	有責性……………………………137
ホームズ判事……………………72	ユスチニアーヌス………………58
補強証拠…………………………256	**よ**
保釈………………………………254	ヨーロッパ大陸法学………………66
穂積八束……………………………83	**り**
没収刑……………………………126	立証責任…………………………233
ま	立法者意思説……………………204
マグナ・カルタ……………141, 147	立法の不作為……………………224
マクリーン事件…………………153	領土………………………………138
み	臨時会……………………………182
箕作麟祥………………74, 76, 81	**る**
「身分から契約へ」………………97	類推解釈の禁止…………………131
民事訴訟……………………217, 229	類推適用……………………201, 202
民衆訴訟……………………218, 219	**れ**
民法出て忠孝ほろぶ……………84	令状主義の原則…………………257
民法制定……………………………74	歴史法思想…………………………82
民法典の成立………………………81	レスラー……………………………85
民法典編纂…………………………74	
む	
無過失責任の原理………………102	
無過失責任の法理…………………92	
無罪の推定………………………254	

ろ

労働委員会 …………………………………… 114
労働関係調整法 ……………………… 109, 113
労働基準法 …………………………… 109, 110
労働基本権（労働三権） ………………… 173
労働協約 ……………………………………… 112
労働組合 ……………………………………… 112
労働組合法 …………………………… 109, 111
労働争議 ……………………………………… 113
労働法 ………………………………………… 109
労働法の歴史 ………………………………… 109
ローマは三たび世界を征服した ………… 57
ローマ法 ………………………………… 56, 58, 60
論理的解釈 …………………………………… 203
論理法則 ……………………………………… 232
ワイマール憲法 ………………………… 66, 67

わ

和解調書 ………………………………… 235, 237

〔経歴と執筆担当部分〕

山川一陽（やまかわ　かずひろ）【編者】
1944年　埼玉県に生まれる。
1968年　日本大学法学部卒業。
現　在　日本大学名誉教授，博士（法学），弁護士。専攻は民法。
主　著　『担保物権法』（弘文堂・2011年）
【担当部分】　第1編第1章，第2章，第3章，第2編第2章，第3編，第
　　　　　　4編第1章，第6編第2章

根田正樹（こんだ　まさき）【編者】
1947年　山形に生まれる。
1972年　日本大学法学部卒業。
現　在　日本大学商学部教授。専攻は商法。
主　著　『アプローチ商法』（弘文堂・2014年）

和知賢太郎（わち　けんたろう）【編者】
1951年　東京に生まれる。
1976年　日本大学法学部卒業
現　在　山梨学院大学法学部教授・日本大学商学部講師。専攻は憲法・行
　　　　政法。
主　著　『新憲法講義』（南窓社・2012年）
【担当部分】　第4編第4章，第6編第1章

髙須則行（たかす　のりゆき）
1959年　茨城県に生まれる。
1984年　日本大学法学部卒業。
現　在　八戸学院大学ビジネス学部准教授。専攻は法哲学。
著　作　『法学』〔共著〕（弘文堂・2017年）
【担当部分】　第2編第1章，第4編第2章，第5編

岡西賢治（おかにし　けんじ）
1961年　京都に生まれる。
1984年　日本大学法学部卒業。
現　在　日本大学法学部准教授。専門は刑法。
著　作　『刑事法入門』〔共著〕（弘文堂・2014年）
【担当部分】　第6編第3章

末澤　国彦（すえざわ　くにひこ）
1964年　東京に生まれる。
1989年　日本大学法学部卒業
現　在　日本大学法学部・駒澤大学法学部非常勤講師。専攻は日本法制史。
著　作　「弁護士法制定審議に見られる松岡康毅の思想について」（大学
　　　　史論輯叢誌11号（2016年））
【担当部分】　第4編第3章

杉山幸一（すぎやま　こういち）
1980年　神奈川県横浜市に生まれる。
2003年　日本大学法学部卒業
現　在　日本大学危機管理学部准教授。専攻は憲法
主　著　『憲法』〔共著〕（弘文堂・2013年）
【担当部分】　第1編第4章，第5章

アプローチ法学入門

2017（平成29）年2月28日　初版1刷発行

編　者	山川　一陽 根田　正樹 和知賢太郎
発行者	鯉渕　友南
発行所	株式会社　弘文堂

101-0062　東京都千代田区神田駿河台1の7
TEL 03(3294)4801　振替 00120-6-53909
http://www.koubundou.co.jp

装　幀　水木喜美男
印　刷　三報社印刷
製　本　井上製本所

ⓒ2017　Printed in Japan

〈(社)出版者著作権管理機構　委託出版物〉
本書の無断複写は著作権法上での例外を除き禁じられています。複写される場合は、そのつど事前に、(社)出版者著作権管理機構（電話03-3513-6969、FAX 03-3513-6979、e-mail: info@jcopy.or.jp）の許諾を得てください。
また本書を代行業者等の第三者に依頼してスキャンやデジタル化することは、たとえ個人や家族内での利用であっても一切認められておりません。

ISBN978-4-335-35697-1

弘文堂プレップ法学

これから法律学にチャレンジする人のために、覚えておかなければならない知識、法律学独特の議論の仕方や学び方のコツなどを盛り込んだ、新しいタイプの"入門の入門"書。

プレップ	法学を学ぶ前に	道垣内弘人
プレップ	法と法学	倉沢康一郎
プレップ	憲　　　法	戸松秀典
プレップ	憲法訴訟	戸松秀典
プレップ	民　　　法	米倉　明
＊プレップ	家　族　法	前田陽一
プレップ	刑　　　法	町野　朔
プレップ	行　政　法	高木　光
プレップ	環　境　法	北村喜宣
プレップ	租　税　法	佐藤英明
プレップ	商　　　法	木内宜彦
プレップ	会　社　法	奥島孝康
プレップ	手　形　法	木内宜彦
プレップ	新民事訴訟法	小島武司
プレップ	破　産　法	徳田和幸
＊プレップ	刑事訴訟法	酒巻　匡
プレップ	労　働　法	森戸英幸
＊プレップ	知的財産法	小泉直樹
プレップ	国際私法	神前　禎

＊印未刊

━━━━━演習ノートシリーズ━━━━━

憲法演習ノート
……憲法を楽しむ21問

宍戸常寿=編著／大河内美紀・齊藤愛・柴田憲司・西村裕一・
松本哲治・村山健太郎・横大道聡=著
3000円

民法演習ノートⅢ
……家族法21問

窪田充見・佐久間毅・沖野眞已=編著／磯谷文明・浦野由紀子・
小池泰・西希代子=著
3200円

刑法演習ノート
……刑法を楽しむ21問

只木誠=編著／奥村丈二・北川佳世子・十河太朗・髙橋直哉・
安田拓人・安廣文夫・和田俊憲=著
3000円

租税法演習ノート
……租税法を楽しむ21問［第3版］

佐藤英明=編著／岡村忠生・渋谷雅弘・髙橋祐介・谷口勢津夫・
増井良啓・渡辺徹也=著
2800円

知的財産法演習ノート
……知的財産法を楽しむ23問［第3版］

小泉直樹・駒田泰土=編著／鈴木將文・井関涼子・奥邨弘司・
上野達弘・宮脇正晴=著
3000円

倒産法演習ノート
……倒産法を楽しむ22問［第3版］

山本和彦=編著／岡正晶・小林信明・中西正・笠井正俊・沖野眞已・
水元宏典=著
3300円

労働法演習ノート
……労働法を楽しむ25問

大内伸哉=編著／石田信平・魚住泰宏・梶川敦子・竹内(奥野)寿・
本庄淳志・山川和義=著
3200円

━━━━━弘文堂━━━━━

＊定価(税抜)は、2017年1月現在のものです。